Serhy Yekelchyk

Ukrainische Erfahrungen im Zweiten Weltkrieg

Serhy Yekelchyk

Ukrainische Erfahrungen im Zweiten Weltkrieg

—

DE GRUYTER
OLDENBOURG

Die Übersetzung dieses Buches ist ein Projekt des Goethe-Institut gefördert durch Projektmittel des Auswärtigen Amtes zur nachhaltigen Stärkung der Resilienz der ukrainischen Kultur- und Bildungspartner.

ISBN 978-3-11-139682-8
e-ISBN (PDF) 978-3-11-139712-2
e-ISBN (EPUB) 978-3-11-139732-0
DOI https://doi.org/10.1515/9783111397122

Library of Congress Control Number: 2025944929

Bibliografische Information der Deutschen Nationalbibliothek
Die Deutsche Nationalbibliothek verzeichnet diese Publikation in der Deutschen Nationalbibliografie; detaillierte bibliografische Daten sind im Internet über http://dnb.dnb.de abrufbar.

© 2026 bei den Autorinnen und Autoren, publiziert von Walter de Gruyter GmbH, Berlin/Boston, Genthiner Straße 13, 10785 Berlin
Dieses Buch ist als Open-Access-Publikation verfügbar über www.degruyterbrill.com.

Einbandabbildung: Sowjetunion, Ukraine, Kyjiw.- Deutscher Wachtposten. Im Hintergrund Kyjiwer Höhlenkloster („Kloster Laora") und brennende Brücke über den Fluss Dnipro, 19. September 1941, Fotograf: Schmidt; Bild 183-L20208, Bundesarchiv.
Satz: Integra Software Services Pvt. Ltd.

www.degruyterbrill.com
Fragen zur allgemeinen Produktsicherheit:
productsafety@degruyterbrill.com

Vorwort

Der Ausbruch der russischen Aggression gegen die Ukraine im Jahr 2014 warf die Frage nach der Interpretation der ukrainischen Erfahrung des Zweiten Weltkriegs auf. Die russische Version, die auch in den besetzten Gebieten propagiert wurde, basierte auf dem leicht modifizierten stalinistischen Mythos des „Großen Vaterländischen Krieges", schloss aber auch die Gegenwart mit ein, in der dem Westen und den ukrainischsprachigen Ukrainern die Rolle der „Nazis" zugewiesen wurde. Die Versuchung, symmetrisch zu reagieren, war groß. Sie äußerte sich zunächst in Bemühungen, die neuen Verteidiger der Ukraine mit der sowjetischen Tradition zu verbinden.

Die neue ukrainische Regierung erwog die Umbettung des „unbekannten Soldaten" des gegenwärtigen Krieges in den Park des Ewigen Ruhmes in Kyjiw und versuchte, das Motto „Lasst uns gedenken — lasst uns siegen" zum neuen Leitmotiv der Feiertage in Mai zu machen, um so das sowjetische Erinnern an den Sieg im Zweiten Weltkrieg mit dem bewaffneten Widerstand gegen Putins Russland zu kombinieren. Der Richtungswechsel in der Erinnerungspolitik manifestierte sich bald in dem Versuch, einen Kanon von Nationalhelden zu verabschieden, der sich entschieden von der sowjetischen Version des Krieges trennte und ein anderes historisches Narrativ präsentierte, das allerdings aus der gleichen totalitären Ära stammte.

Inmitten des Kampfes um die Existenz einer demokratischen Ukraine, die sich der Invasion ihres autoritären nördlichen Nachbarn widersetzte, schien es manchmal, als sei die Wahl zwischen zwei Mythologien – der sowjetischen und der nationalistischen – unvermeidlich, und als müsse der Widerstand gegen die russische Aggression im 21. Jahrhundert durch die Übernahme einer heroischen Version der nationalen Geschichte aus den 1940er Jahren verstärkt werden.

Vielleicht war es genau das, was die russische Regierung wollte, denn eine solche Vereinfachung der ukrainischen Vergangenheit wäre ideal für ihre Propaganda gewesen. Aber die ukrainische Gesellschaft ist durch das Feuer des Maidan im Namen der europäischen Werte, die die Menschenrechte, die demokratischen Grundsätze und die Verantwortung des Staates gegenüber seinen Bürgern betonen, gegangen.

Auf dem Maidan entstand eine neue ukrainische politische Gemeinschaft, deren bekanntestes Symbol der gefallene Held der Himmlischen Hundertschaft wurde – Serhij Nihoyan, ein ukrainischer Patriot aus einer armenischen Familie, einer der Demonstranten, die von der Polizei getötet wurden. Die neue Ukraine wuchs schnell über die traditionellen Kennzeichen des Ukrainertums hinaus, auch wenn sie manchmal die altbekannten, einst eng parteilichen Identitätszeichen neu interpretierte, wie beispielsweise den Gruß „Slava Ukrajini –Ruhm der Ukraine" und die Antwort „Herojam Slava – Ruhm den Helden".

Das erste Zeichen dafür, dass die neue ukrainische Regierung dies verstanden hat, zeigte im Jahr 2015 die Einführung des „Tages des Gedenkens und der Versöhnung", der am 8. Mai begangen wird. Zusammen mit der Symbolik der roten Mohnblume und dem Slogan „Nie wieder" — direkte Anleihen an die westliche Tradition des Gedenkens an Kriege — hatten westliche Ansätze zur Erforschung des Zweiten Weltkriegs und der Pflege seiner Erinnerung die Chance, in die ukrainische Öffentlichkeit und den medialen Mainstream vorzudringen. Das vorliegende Buch entstand im Zuge dieser Veränderungen. Mir ging es darum, die Bedeutung der Überlebenserfahrung der einfachen Menschen zu betonen, den westlichen Heldentypus — den Verteidiger der Schwachen und Retter der Verlorenen — hervorzuheben und die Vergangenheit aus der Perspektive der Werte der neuen Ukraine — vor allem Demokratie und Menschenrechte — zu betrachten. Dies sind die Lehren der westlichen Geschichtsschreibung, und Erinnerungspolitik, die den radikalsten Bruch mit dem offiziellen Russland und den so genannten „Volksrepubliken" im Donbas bedeuten würden. Sie wären diejenigen, die der neuen Ukraine am ehesten entsprechen würden, die die Helden der Himmlischen Hundert und die ukrainischen Verteidiger der Donbas-Grenze am umfassendsten ehren würden.

In den darauf folgenden Jahren hat sich gezeigt, dass diese neuen Formen der Geschichtsforschung und des Gedenkens tatsächlich eine starke Dynamik in sich tragen. Im Gegensatz zu Putins Mythologie werden in der ukrainischen Wissenschaft die Geschichte des militärischen Alltags und die Oral History weiterentwickelt. Das Nationalmuseum des Zweiten Weltkriegs erwägt, den Ersten Weltkrieg in seine Ausstellung aufzunehmen, und zeigt bereits eine Ausstellung über den Donbas — eine ganz und gar westliche Entscheidung, die mit dem langfristigen Verständnis der Kriegserfahrung zusammenhängt.

Der Marsch heutiger Kriegsveteranen und Angehöriger der Gefallenen am 8. Mai - eine vom Staat unterstützte Initiative der Zivilgesellschaft - wurde zu einer würdigen Antwort auf Putins „Unsterbliches Regiment"[1] und Schweigen in

---

1 „Unsterbliches Regiment" (ein von der Regierung genehmigter öffentlicher Marsch am 9. Mai, bei dem die Teilnehmer Fotos von Verwandten mit sich führen, die am Krieg teilgenommen haben – eine tatsächliche Volksinitiative, die der Staat in ein Ritual der Verehrung verwandelt hat) wurden von der russischen demokratischen Opposition die Initiative „Unsterbliche Baracke" (von Gulag) und Wandtafeln mit der Aufschrift „Letzte Adresse" an den Häusern der stalinistischen Opfer ins Leben gerufen.

Russland bis 2022. ihre eigenen Toten im nicht erklärten Krieg auf ukrainischem Boden.

Es ist die Betonung der Bedeutung des Menschen als zentralen Wertes der neuen Ukraine, die einen neuen Umgang mit der Vergangenheit von der dogmatischen Verherrlichung des Staates in stalinistisch-putinistischer Manier unterscheidet. Eine neue Geschichtsschreibung und eine neue Erinnerungskultur werden der Zivilgesellschaft in ihrem Kampf um die Umsetzung der Maidan-Ideale helfen.

Dieses Buch entstand aus einem Minikurs, einer vierteiligen Vorlesungsreihe zum Thema „Ukrainische Erfahrung des Zweiten Weltkriegs", die vom 25. bis 28. Mai 2015 im Zentrum für visuelle Kultur (ZVK) in Kyjiw gehalten wurden. Zu diesem Zeitpunkt arbeitete ich bereits seit langem mit dem ZVK zusammen, noch schon seit der Zeit, als es Teil der Struktur und der Räumlichkeiten der Nationalen Universität Kyjiw-Mohyla Akademie war. Eine Vorlesungsreihe zu diesem Thema war jedoch eine neue Idee, die im Zusammenhang mit den damaligen Diskussionen über die Überwindung des sowjetischen Erbes beim Gedenken des Krieges entstand. Die Einladung erhielt ich von Kateryna Ruban, die die Details mit der damaligen Koordinatorin der Heinrich-Böll-Stiftung, Julia Popova, abstimmte. Schon damals waren mehrere andere Mitarbeiter des ZVK, vor allem Lesia Kultschynska, von dem Projekt begeistert. Neben der Böll-Stiftung wurde der Minikurs auch von der ERSTE Stiftung und der Charles Stewart Mott Foundation gefördert. Die Zeitschrift „Politytschna Krytyka" und das ZVK haben die Vorträge gemeinsam organisiert, und das Nationale Oleksandr-Dowzhenko-Zentrum war ein Partner des Projekts. Ich bin all diesen Kollegen und Institutionen zutiefst dankbar für die Möglichkeit, wichtige Themen vor einem so interessanten und aufmerksamen Publikum zu diskutieren, das an den ZVK-Veranstaltungen immer teilnimmt.

Das Buch entstand aus einem zufälligen Gespräch mit Nelja Vakhovska auf der Treppe des ZVK-Gebäudes in der Hlybotschytska-Straße. Sie war es, die mich an den Medusa-Verlag verwies, der von Leuten geführt wird, die ich bereits von dem ZVK und dem Dowzhenko-Zentrum kannte. In Gesprächen mit Lesia Kultschynska und Kateryna Mischtschenko, die das Projekt seitens „Medusa" koordinierte, kristallisierten sich nach und nach die Konturen des Buches heraus. Ich hatte die Idee, meine Rede beim Runden Tisch zum Gedenken an den Zweiten Weltkrieg, der am 12. Mai 2015 im ZVK stattfand, als Einleitung zu den vier Vorträgen zu verwenden. Es folgten vier Aufsätze über neue Methoden in der Kriegsforschung und über die Modellierung der Erinnerung an den Krieg, die in englischer Sprache für die Zeitschriften Harvard Ukrainian Studies, Canadian Slavonic Papers, Nationalities Papers und Australian and New Zealand Journal of European Studies geschrieben wurden[2]. Ich danke den Herausgebern für die Erlaubnis zum Abdruck dieser Texte, die von Lesia Kultschynska, Anna Krawets und Olesja Kamyschnykowa übersetzt wurden. Kateryna Mischtschenko und Stanislaw Menzelewskyj halfen bei der Bearbeitung der Übersetzungen. Die Rede am Runden Tisch habe ich selbst transkribiert; die Transkription der Vorträge, deren erstes Transkript von Natalka Jurtschyschyn erstellt wurde, war eine weitaus größere Aufgabe. Natalka Neschewets schickte mir die Audiodateien der Vorträge, die für viele Wochen zum wichtigsten Soundtrack meiner Abende wurden.

In der Zwischenzeit kristallisierten sich meine Ansichten über den Krieg und die Erinnerung an ihn in Interviews mit mehreren ukrainischen Journalisten weiter heraus: Kateryna Serhatskowa, Oleksandr Mychajlenko, Zhenja Olijnyk und Kateryna Jakowlenko. Ein langes Interview mit Natalia Humenjuk von Hromadske TV, das im Sommer 2019 im Nationalmuseum des Zweiten Weltkriegs in Kyjiw aufgezeichnet wurde, hatte den größten Einfluss auf die endgültige Formulierung der Ideen in diesem Buch. Während dieses Sommers und Herbstes haben Stanisław Menzelewskyj und Kateryna Mischtschenko viel dazu beigetragen, dieses Projekt endlich zu vollenden. Ljudmyla Korohod übernahm in vorbildlicher Weise die wissenschaftliche und literarische Überarbeitung des Textes, der nun endlich ein kohärentes Ganzes zu sein begann.

Mein aufrichtiger Dank gilt Olena Kovalenko und ihren Kollegen am Ukrainischen Institut in Kyjiw, die dieses Buch für die deutsche Übersetzung ausgewählt und mit De Gruyter vereinbart haben, die deutsche Ausgabe im Open Access zu veröffentlichen. Auf Seiten von De Gruyter hat Rabea Rittgerodt dieses Projekt kompetent koordiniert. Vielen Dank an die Übersetzerinnen Olga Sydor und Friederike Raderer für die hervorragende Übersetzung dieses recht komplexen Textes, der ursprünglich nicht für ein westliches Publikum bestimmt war.

Vielen Dank an alle, die in verschiedenen Phasen zu diesem Projekt beigetragen haben, sowie an diejenigen, die meinen Vorträgen zugehört und gute Fragen gestellt haben. Teile dieses Buches basieren auf Familiengeschichten aus dem Zweiten Weltkrieg. In der Zeit zwischen dem Minikurs, den ich 2015 geghalten habe,

---

2 Siehe: Yekelchyk, Serhy. Daily Survival amidst Total War. Harvard Ukrainian Studies. 2004–2005. Bd. 17. Nr. 1–4; Yekelchyk, Serhy. Nationalization through Total War. Nationalities Papers. Forthcoming; Yekelchyk, Serhy. People's War, State's Memory? Canadian Slavonic Papers. 2019. Bd. 61, Nr. 4, S. 439–452; Yekelchyk, Serhy. Memory Wars on the Silver Screen: Ukraine and Russia Look Back at the Second World War. Australian and New Zealand Journal of European Studies. 2013. Bd. 5, Nr. 2.

und 2019, der Veröffentlichung der ersten Ausgabe dieses Buches in ukrainischer Sprache, ist meine Familie gewachsen. Mein größter Traum ist, dass mein Sohn Lesyk in einer Welt ohne Kriege aufwächst und dass die Ukraine, die er kennenlernt, ein starkes, geeintes und demokratisches Land mit einer starken Zivilgesellschaft sein wird, ein Land, das nie wieder von einer Aggression bedroht sein wird.

Inhaltsverzeichnis

Vorwort —— V

Teil 1: **Der Zweite Weltkrieg: Geschichte und Erinnerung**

Krieg als Erfahrung und Narrativ —— 3

Narrative des Krieges —— 12

Der Alltag des Krieges —— 37

Die Nationalisierung des Krieges —— 58

Das Gedenken an den Krieg —— 81

Teil 2: **Die Kriegserfahrung lesen**

Alltägliches Überleben inmitten des totalen Krieges —— 101

Krieg und die Nationalisierung der Städte —— 118

Krieg der Menschen, Erinnerung des Staates? —— 128

Eine humanistische Perspektive —— 131

Neuzählung der Toten —— 138

Erklärungsversuche für den Verrat —— 145

Kriege der Erinnerung auf der Kinoleinwand —— 153

Register —— 169

Teil 1: **Der Zweite Weltkrieg: Geschichte und Erinnerung**

Krieg als Erfahrung und Narrativ

Nicht jeder Kriegsforscher hat die Gelegenheit, Vorträge zu diesem Thema an dem Ort zu halten, an dem seine Familie während des Zweiten Weltkriegs lebte. So kam es, dass sich 2015 die Räumlichkeiten des Zentrums für visuelle Kultur in Kyjiw in der Hlybochytska-Straße 44 fast an der gleichen Stelle befanden, an der das Elternhaus meiner Mutter während des Krieges stand (Hlybochytska-Straße 42, nach der damaligen Nummerierung). Im Frühjahr 1943 wurde es durch eine Bombe zerstört —ob es eine deutsche oder eine sowjetische Bombe war, weiß ich nicht. Sie fiel in den Brunnen im Hof und explodierte nicht, aber die Druckwelle beschädigte das Haus schwer. Oma Katja, ihre Mutter und die anderen Kinder zogen in eine Wohnung auf der anderen Straßenseite in der Hlybochytska-Straße 51/3. Bereits im September zwangen die Deutschen die meisten Einwohner, Kyjiw zu verlassen, ehe sie mit der Verteidigung der Stadt begannen, obwohl es in der Stadt letztendlich fast keine Kämpfe gab[3]. Als Großmutter Katja, meine Mutter und ihre Geschwister im November 1943 aus dem Dorf in die Stadt zurückkehrten, blieben sie in der Hlybochytska-Straße. Die große Familie von Großvater Serhiy, einem einfachen Arbeiter, der den gesamten Krieg als einfacher Soldat miterlebt und überlebt hatte, wohnte dort bis Mitte der 1960er Jahre.

Für sie wie für die meisten Einwohner Kyjiws jener Zeit war der Krieg keine heroischer Kampf für die sowjetische Regierung oder für die Unabhängigkeit der Ukraine in der Version der radikalen Nationalisten, sondern in erster Linie eine Erfahrung des Überlebens, der gegenseitigen Hilfe unter Verwandten und Nachbarn und des Wartens auf die Rückkehr der Männer von der Front.

Diese Erfahrung, die mir in Bruchstücken, in Erinnerungsfragmenten überliefert wurde, stand zunächst in einer komplexen Wechselwirkung mit den großen Erzählungen über den Krieg, die von den staatlichen Ideologen geprägt wurden. Laut Oral-History-Forschern negieren Erzählungen familiärer Erfahrungen in der Regel die großen Narrative nicht. Sie scheinen getrennt von der staatlichen Version der Ereignisse zu existieren. Doch genau betrachtet stehen diese beiden

---

3 Der Befehl zur Evakuierung der Einwohner von Kyjiw aus den an den Dnipro angrenzenden Gebieten wurde am 23. September 1943 gegeben, aber gleichzeitig deportierten die Deutschen die Menschen aus anderen Teilen der Stadt als kostenlose Arbeitskräfte. Siehe: Kyjiw: wijna, wlada, suspilstwo. 1939–1945 rr.: Sa dokumentamy radjanskych spezsluschb ta nazystskoji okupazijnoji administraziji [Kyjiw: Krieg, Macht, Gesellschaft. 1939–1945: Nach Dokumenten sowjetischer Geheimdienste und der nationalsozialistischen Besatzungsverwaltung] / Redaktionskollegium: Smolij, Valerij Andrijovyč; Baschan, Olha Wiktoriwna; Borjak, Hennadij Volodymyrovyč u. a.; geschrieben und zusammengestellt von Wronska, Tamara Vasylivna; Sabolotna, Tetiana Volodymyrivna; Kentij, Anatolij V u. a. Kyjiw: Tempora, 2014. S. 144, 578–579, 581, 594.

Arten des Diskurses über die Vergangenheit in einer Symbiose. Sie können sich einander anpassen, sich gegenseitig verstärken und in dieser Wechselwirkung eine neue Identität schaffen[4]. Wenn es jedoch einen Widerspruch zwischen dem herrschenden Narrativ und dem Bericht der Familie über die tägliche Erfahrung der Vergangenheit gibt, entsteht eine Lücke, ein Schweigen im Chor der Stimmen über die Vergangenheit.

Wenn also in den Jahren 2015–22 in der ukrainischen Gesellschaft über die sogenannte Dekommunisierung, also die Entfernung aller Reminiszenzen an die kommunistische Zeit, und die Feier des Tages des Sieges am 9. Mai, über die Rolle Stalins oder über die ukrainischen Nationalisten diskutiert wurde, sollte man nicht vergessen, dass sie mit den großen Narrativen zusammenhängen, die sich oft erst nach dem Krieg entwickelt haben (wie z. B. der Tag des Sieges, der nach drei Feiern in den Jahren 1945–1947 erst 1965 wieder als großer Feiertag mit einem arbeitsfreien Tag eingeführt wurde.)[5]

In der unabhängigen Ukraine hat sich ganz natürlich ein neues großes Narrativ herausgebildet, das die Ereignisse der Vergangenheit im Hinblick auf die aktuelle Existenz der Ukraine als Nation bewertet. Diese Art von Kriegserzählung beschreibt nicht, sondern strukturiert die Erfahrung des täglichen Überlebens, wie es der sowjetische Diskurs zu tun pflegte. Das Subjekt der Geschichte ist in diesem Narrativ nicht der Mensch, sondern eine Nation[6].

Was war denn der Krieg aus der Sicht des Nationalstaates? Vor dem Zweiten Weltkrieg waren die ukrainischen ethnischen Gebiete kein einheitlicher politischer Organismus, aber mit wenigen Ausnahmen wurden sie infolge des Krieges zu einer solchen Einheit.

Dieses Narrativ basiert auf dem Begriff der Nation, und zwar einer ethnischen Nation, nicht einer zivilen Nation, die auch Minderheiten einschließt. Paradoxerweise ist dieses ukrainische Narrativ des Krieges tragisch in seiner Tonart (die Niederlage der Nationalisten, der Sieg Stalins), aber triumphal in seinem Inhalt (die Wiedervereinigung der ukrainischen Gebiete, aus denen die moderne Ukraine hervorging). Wenn wir mit diesen Narrativen umgehen, ist es wichtig,

---

4 Siehe: Ilic, Melanie; Leinarte, Dalia (Hrsg.). The Soviet Past in the Post-Socialist Present: Methodology and Ethics in Russian, Baltic and Central European Oral History and Memory Studies. New York, London: Routledge, 2016.

5 Siehe: Tumarkin, Nina. The Living and the Dead: The Rise and Fall of the Cult of World War II in Russia. New York: Basic Books, 1994.

6 Über das sogenannte „nationale Paradigma" siehe: Plokhy, Serhy. Ukraine and Russia: Representations of the Past. Toronto: University of Toronto Press, 2008. S. 288–289; Yekelchyk, Serhy. Bridging the Past and the Future: Ukrainian History Writing Since Independence. Canadian Slavonic Papers. 2011. Bd. 53. Nr. 2/3/4. Juni/September/Dezember. S. 559–573.

eine kritische Distanz zu ihnen sowie zu unseren eigenen Erzählungen und Familiengeschichten zu wahren. Letztere lassen in der Regel einige Dinge weg und betonen andere; sie werden fast jedes Mal geändert, wenn sie erzählt werden, sogar am Familientisch. Meistens verschiebt sich der Schwerpunkt in Richtung der dominierenden Fernsehversion der Vergangenheit. Schließlich schreiben auch die Staaten (als politische Nationen) die Geschichte „ihrer" Kriege um[7].

Wir sind jetzt Zeugen einer äußerst interessanten Phase, in der sich die staatliche Erinnerungspolitik verändert. Einige von uns haben bereits eine ähnliche Periode des diskursiven Bruchs erlebt. Als im Juli 1990 am Kyjiwer Stadtrat zum ersten Mal die ukrainische Flagge gehisst wurde, waren die Emotionen und Diskussionen groß! Dieses Ereignis schien so bedeutsam zu sein, dass heute dort eine Gedenktafel angebracht ist[8]. Aber nur zehn Jahre später, Anfang des 21. Jahrhunderts, gingen die russischsprachigen ukrainischen Fußballfans in Kyjiw bereits mit der ukrainischen Flagge ins Stadion, um die Nationalmannschaft oder einen ukrainischen Verein bei einem internationalen Turnier zu unterstützen. Weder in Kyjiw noch weiter östlich entstanden deswegen politische Konflikte. Der Konflikt im Zusammenhang mit nationaler Identität und der Erinnerung konzentriert sich jetzt auf andere Dinge. Dies ist ein natürlicher Prozess, der mit dem Verschwinden der sowjetischen Identität und — hoffentlich — der totalitären Art der ideologischen Kennzeichnung von Symbolen („unser" — „Feind") einhergeht. Gleichzeitig handelt es sich aber auch um einen Prozess der politischen Mobilisierung oder Demobilisierung bestimmter Symbole für die politischen Bedürfnisse der Gegenwart: Demobilisierung der Fahne, aber Mobilisierung der Lenin-Denkmäler oder der Erinnerung an den Krieg[9]. Gleichzeitig handelt es sich aber auch um einen Prozess der politischen Umdeutung bestimmter Symbole für die politischen Bedürfnisse der Gegenwart, wie der völlige Bedeutungswandel des Symbols der Fahne, aber auch der Wertverlust der Lenin-Denkmäler oder der Erinnerung an den Krieg.

Aus der Perspektive der aktuellen Brüche in der Erinnerungspolitik wird der Zweite Weltkrieg zu einem Schlüsselmoment im nationalen Narrativ. Zudem geschieht dies auf eine erzwungene Art und Weise angesichts der Rolle, die der My-

---

7 Zum ukrainischen Fall mit Fokus auf dem Zweiten Weltkrieg siehe: Marples, David R. Heroes and Villains: Creating National History in Contemporary Ukraine. Budapest: Central European University Press, 2007.
8 Über den Streit um die blau-gelbe Flagge Ende der 1980er Jahre siehe: Krawchenko, Bohdan. National Memory in Ukraine: The Role of the Blue and Yellow Flag. Journal of Ukrainian Studies. 1990. Bd. 15. Heft. 1. S. 1–22.
9 Über die Lenin-Statuen außerhalb der Westukraine siehe: Hajdaj, Oleksandra. Kamjanyj hist: Lenin u Zentralnij Ukrajini [Der steinerne Gast: Lenin in der Zentralukraine]. Kyjiw: K.I.S., 2018.

thos des „Großen Vaterländischen Krieges" in Putins Russland und der so genannten „DNR" und „LNR"[10] spielt. Deshalb ist eine kritische und humanistische Analyse der täglichen Kriegserfahrungen wichtig, die die Bedeutung jedes menschlichen Lebens hervorhebt, und anerkennt, dass es wichtig ist, den Krieg als tägliche Praxis des Leidens und Überlebens zu verstehen. Dies ist ein westliches Verständnis des Krieges, das mit dem westlichen demokratischen Modell und der Betonung der Menschenrechte im Einklang steht. Die Entwicklung eines solchen Verständnisses ist auch ein wichtiger Bestandteil der Dekonstruktion der organischen, anthropomorphen Vision einer „Nation", die um ihre Existenz und die Erfüllung des uralten Traums von einem unabhängigen Staat kämpft. Schließlich wurden die ukrainischen Gebiete in erster Linie aufgrund einer günstigen Konstellation internationaler Faktoren zu einem einzigen politischen Organismus zusammengefügt — nicht für die ukrainischen Nationalisten, sondern für Stalin und Chruschtschow, die die Macht der Roten Armee und der Staatsbürokratie nutzten, um eine vergrößerte Ukrainische SSR zu schaffen. Die Tatsache, dass sie dies unter dem Slogan der Wiedervereinigung der Ukraine und der Ukrainer taten, sagt uns viel über die Rolle der Rhetorik der nationalen Selbstbestimmung im zwanzigsten Jahrhundert. Für die Analyse der alltäglichen Kriegserfahrungen ist diese Rhetorik jedoch noch weniger hilfreich als das sowjetische Modell des „Großen Vaterländischen Krieges". Für die Mehrheit der ukrainischen Bevölkerung war der Krieg in erster Linie eine Tragödie, ein Kampf ums Überleben, und diese Erfahrung tritt in den großen Narrativen vom sowjetischen Sieg oder vom nationalistischen Sieg in den Hintergrund[11].

Auch die Kategorien „Widerstand" und „Kollaboration" sind im ukrainischen Kontext nicht eindeutig, vor allem, weil die ukrainische Kriegserfahrung die analytische Dichotomie zwischen diesen beiden Begriffen untergräbt. Der Schlüssel ist stattdessen der damalige Begriff der „Gemeinschaft": die Aufteilung in „wir" und „sie" auf der Grundlage von Identitäten aus der Vorkriegs- oder gar Vorrevolutionszeit.

Zeitgenössische westliche Forscher zeigen (und dies wird auch in vielen Memoiren deutlich), dass in der Zentral- und Ostukraine das Konzept von „uns" in

---

10 Siehe: Zhurzhenko, Tetjana; Lewis, Sajmon; Fedor, Dschulija. Wijna i pamjat w Rossiji, Ukrajini ta Bilorussi [Krieg und Erinnerung in Russland, der Ukraine und Belarus] Ukraine Moderna, 2. Feb. 2018, http://uamoderna.com/demontazh-pamyati/memory-wars [letzter Zugriff am 29.07.2024].

11 Über die zentrale Rolle des Überlebens, die während der Kriegszeit als Strategie der Mehrheit der Bevölkerung in der Sowjetunion diente, siehe: Edele, Mark. Toward a Sociocultural History of the Soviet Second World War. Kritika: Explorations in Russian and Eurasian History. 2014. Bd. 15. Nr. 4. S. 829–835.

der Regel ethnische Russen einschloss. Emissäre der Organisation Ukrainischer Nationalisten (OUN) konnten in diesen Regionen mit der Bevölkerung eine gemeinsame Basis im Kampf gegen die Deutschen oder sogar gegen das stalinistische Regime finden, aber nicht gegen die Russen oder die Rote Armee[12].

Das Gegenteil ist in Galizien der Fall: Im Frühjahr 1943 schlossen sich 82.000 Freiwillige der SS-Division Galizien an, weil sie als „unsere" die ukrainische Sache wahrnahmen, denn die regionale Identität definierte sich im Kampf gegen Polen und das Russische Reich, nicht aber gegen die Deutschen. (Wie heutige Wissenschaftler zeigen, ließ dieser Enthusiasmus im Herbst 1943 nach, als die deutsche Niederlage und die Ankunft der Roten Armee immer wahrscheinlicher erschienen. Ende 1944 wurde die SS-Division Galizien durch Zwang, unter anderem durch Razzien rekrutiert.)[13]

Eine tragische Bestätigung des engen nationalen Verständnisses von „unserer" Gemeinschaft, das sich im Polen der Zwischenkriegszeit entwickelt hatte, war die ethnische Säuberung der Polen in Wolhynien im Jahr 1943, die von den radikalen ukrainischen Nationalisten der Ukrainischen Aufständischen Armee (UPA) organisiert wurde.

Wissenschaftler verweisen häufig auf das Fehlen einer nationalen Staatlichkeit als wichtigen Faktor bei der Bewertung der Handlungen der Ukrainer während des Zweiten Weltkriegs[14]. Dieser Faktor erlaubt unter anderem, die Zusammenarbeit mit dem sowjetischen und dem nationalsozialistischen Regime in einem anderen Licht zu sehen. Die einfachen Bürger haben jedoch offensichtlich

---

12 Weiner, Amir. Making Sense of War: The Second World War and the Fate of the Bolshevik Revolution. Princeton: Princeton University Press, 2001. S. 250–251; Berkhoff, Karel. Schnywa rospatschu: schyttja i smert w Ukrajini pid nazystskoju wladoju / autorisierte Übersetzung aus dem Englischen. Kyjiw: Krytyka, 2011. S. 210; Kurylo, Taras. Syla ta slabkist ukrajinskoho nazionalismu u Kyjewi pid tschas nimezkoji okupaziji (1941–1943) [Harvest of Despair: Life and Death in Ukraine Under Nazi Rule. Kurylo, Taras. Die Stärke und Schwäche des ukrainischen Nationalismus in Kyjiw während der deutschen Besatzung (1941–1943)]. Ukraine Moderna. 2008. Nr. 13. S. 115–131; Vinnytska, Irajida. Gespräch mit Mark Antonowytsch. Ukraine Moderna. 2008. Nr. 13. S. 160.
13 Skorochod, Olha. Historikerin Oksana Chom'jak über die Division „Galizien": Wstup do neji osnatschaw unyknennja polizijnoho nahljadu ta robit u Nimetschtschyni [Die Historikerin Oksana Khomyak über die Division „Galizien": Der Eintritt bedeutete, der polizeilichen Überwachung und der Arbeit in Deutschland zu entgehen]. Censor.net, 28. Mai 2018, https://censor.net. ua/resonance/3066865/storik_oksana_homyak_pro_divzyu_galichina_vstup_do_ne_oznachav_uni knennya_poltsyinogo_naglyadu_ta_robt?fbclid=IwAR1GJxuymCjqgqn7tWisujFLQ_xMHjqAjAYzBA J5ErLmLO0xjMUs_raUZhM [letzter Zugriff am 29.07.2024].
14 Siehe z. B.: Hrynewytsch, Wladyslaw. Rosdumy pro pamjat Druhoji switowoji wijny w Jewropi [Gedanken zu den Erinnerungen an den Zweiten Weltkrieg in Europa]. Dzerkalo tyžnja, 10. Dezember 2010, https://dt.ua/SOCIETY/rozdumi_pro_pamyat_drugoyi_svitovoyi_viyni_v_evropi.html [letzter Zugriff am 29.07.2024].

nicht die möglichen Folgen für eine hypothetische ukrainische Staatlichkeit abge-
wogen, bevor sie im Strudel der militärischen Gewalt irgendeine schwierige Entscheidung trafen. Die Vorstellung von Staatlichkeit verschmolz mit einer eher in-
stinktiven Identifizierung von Freund und Feind, d. h. mit einem festen
Verständnis von „unserer Gemeinschaft". Sie wurde nicht von der Ideologie getrennt, funktionierte aber anders. Dieses Analyseschema erklärt auch die bekannte Tatsache, dass die sexuelle Gewalt der Roten Armee in Bulgarien weniger
verbreitet war als in anderen Ländern der Alliierten Deutschlands[15]. Für die sowjetischen Soldaten waren die gleiche Struktur der ländlichen Gesellschaft, die
gleichen Ikonen und das vertraute Alphabet ein Signal des „Wir-Gefühls", das
auch durch die Verknüpfung zweier nationaler Mythen verstärkt wurde, die das
Bild des russischen Soldaten mit der Befreiung Bulgariens von der türkischen
Herrschaft verbanden. Natürlich trug auch die Abwesenheit aktiver Kriegshand-
lungen zu einer anderen Einstellung gegenüber der Zivilbevölkerung bei.

Eine solche Verwendung des Begriffs „Gemeinschaft", der wenig mit staatlichen Ideologien zu tun hatte, regt auch zum Nachdenken über unsere Gegenwart
und die Erinnerungspolitik in der unabhängigen Ukraine an. Schließlich bestand
das Pathos der sogenannten „Dekommunisierungs"-Gesetze von 2015 darin, die
Definitionen im sowjetischen Erinnerungskanon zu ändern. Doch wenn man
Minus in Plus umwandelt (und umgekehrt), berührt das nicht unbedingt den pro-
blematischsten Aspekt des Erbes des sowjetischen Staatssozialismus — die Struktur des Kanons des einzig richtigen Heldennarrativs selbst und die Praxis des
„Othering" des inneren Feindes. Im Rahmen der europaorientierten Entscheidung
der Ukraine würde es naheliegen, in die Erinnerungspolitik solche Momente einzubeziehen wie die Betonung der Kriegsopfer, die Heroisierung vor allem der Retter, die Anerkennung der Mitschuld an den Gräueltaten beider Regime sowie ein
inklusives (ziviles und politisches) Verständnis der Nation als demokratische mul-
tiethnische Gemeinschaft. Zweifellos ist dies ein schwieriger Weg, insbesondere
für ein Land, das sich in einem nicht erklärten Krieg mit seinem nördlichen Nachbarn befindet. Dies ist in etwa der Weg, den Polen fast ein Jahrzehnt lang — nicht
ohne Komplikationen und zeitweilige Rückschläge — beschritten hat, bevor
„Recht und Gerechtigkeit", die PiS-Partei, an die Macht kam, und auf dem es nicht
geblieben ist. Aber früher oder später werden die Länder Mittel- und Osteuropas
zu diesem Weg zurückkehren müssen[16].

---

15 Naimark, Norman M. The Russians in Germany: A History of the Soviet Zone of Occupation,
1945–1949. Cambridge, Mass.: Harvard University Press, 1995. S. 70.
16 Stryjek, Tomasz. Wijna sa wijnu (2005–2010 rr). Stratehiji polityky pamjati pro podiji
1930–1950 rokiw u Zentralnij ta Schidnij Jewropi. Sutschasni dyskussiji pro Druhu switowu
wijnu: sbirnyk naukowych statej ta wystupiw ukrajinskych i sarubischnych doslidnykiw [„Krieg

Die moderne Ukraine ist die Erbin zweier totalitärer Projekte aus den 1940er Jahren — des sowjetischen und des nationalistischen -, aber gleichzeitig ist sie ein multinationaler demokratischer Staat, der eine politische Nation nach europäischem Vorbild aufbaut. Als die Ukrainer 2015 zum ersten Mal sowohl den 8. als auch den 9. Mai feierten, wurde deutlich, dass die Erinnerung an den Zweiten Weltkrieg der Lackmustest für diese Transformation ist. Der Unterschied zwischen dem 8. und dem 9. Mai ist nicht nur die Zeitverschiebung zwischen Berlin und Moskau im Jahr 1945, auch wenn die Diskrepanz bei den Daten des Kriegsendes aus dieser Zeitverschiebung resultiert[17]. Für uns geht es jetzt um die Frage, welche Art von Gesellschaft und Staat in der Ukraine aufgebaut wird. Es ist die Frage der Gegenüberstellung der Menschenrechte und des Staatspatriotismus des stalinistisch-putinistischen Modells.

Dies ist auch eine Frage, die aktiv politisiert wird, zum Teil wegen des Stillstands echter Reformen in der Wirtschaft, im Justizwesen und bei der Korruptionsbekämpfung, da es Politikern leichter fällt, die Wähler zu mobilisieren, indem sie Erinnerungskriege schüren, wie sie es mit der Kontroverse über die blaugelbe Flagge und später über den Status der russischen Sprache in der Ukraine getan haben.

Die westliche Praxis des Gedenkens ist nicht wirklich an den 8. Mai gebunden, sondern an den 11. November, den Tag des Endes des Ersten Weltkriegs. Daher haben die Sonderberichte in ukrainischen Zeitungen im Mai 2015 und 2016 darüber, wie der Westen den 8. Mai „feiert", nur Verwirrung gestiftet und die westliche Praxis mit sowjetischen Begriffen beschrieben. Erstens ist es nicht der 8. Mai, und zweitens wird er nicht „gefeiert". Der Westen begeht den 11. November als Gedenktag für die Gefallenen aller Kriege, und diese Praxis ist mit der allgemeinen Betonung der Menschenschicksale und Menschenrechte in den westlichen Demokratien verbunden. Dieser Ansatz sollte im Gegensatz zur Betonung der Nation oder des Staates in anderen Ländern, wie z. B. in Putins Russland, analysiert werden. Der Staat und die Nation „feiern", sie veranstalten eine Parade, während eine starke Zivilgesellschaft um die Toten trauert. Natürlich betrachten wir die westliche Praxis, wie sie jetzt besteht, da der Erste Weltkrieg ein Jahrhundert zurückliegt. Die Veteranen und Opfer der nachfolgenden Kriege werden nämlich in den bestehenden Kanon des 11. November aufgenommen, der als Tag des Gedenkens und der Ehrung der Veteranen festgelegt wurde, ein Tag, an dem

---

um den Krieg" (2005–2010): Strategien der Erinnerung an die Ereignisse der 1930er–1950er Jahre in Mittel- und Osteuropa. Aktuelle Diskussionen über den Zweiten Weltkrieg: Sammlung wissenschaftlicher Artikel und Vorträge ukrainischer und ausländischer Forscher] / hrsg. von Hryzak, Jaroslav; Kendsjor, Petro und Turkanyk, Swiatoslaw, Lwiw: ZUKZ, 2012. S. 34–49.

17 Gilbert, Martin. The Day the War Ended. London: HarperCollins, 1995. S. 151, 319–320.

Blumen niedergelegt werden, aber keine Paraden und Feierlichkeiten stattfinden[18]. Es ist kein Tag des „Gedenkens für den Sieg im nächsten Krieg", wie Plakate in der Ukraine 2015 suggerieren, sondern eher ein Tag des „Gedenkens für die Menschen" oder im Namen der Menschen.

In der Tat hat der Tag des Sieges als Tag des Kriegsendes für die Menschen immer eine Symbolik der Trauer um die Opfer gehabt, einen erlaubten emotionalen Raum, in dem sie ihre Reaktion auf die realen Tragödien des Krieges zum Ausdruck bringen konnten. Belarussische Dokumentarschriftstellerin und Nobelpreisträgerin Swetlana Alexijewitsch schrieb einmal zu Recht, dass dieser Tag in den Dörfern der ehemaligen Sowjetunion ein Tag der Tränen war[19].

Die Einführung des Siegestages als offiziellen Feiertag während der Amtszeit des sowjetischen Führers Leonid Breschnew war gerade deshalb so erfolgreich, weil man sich dabei auf frühere Volkstraditionen stützte, ihn jedoch als Feiertag des staatlichen Sieges gestaltete.

Diese emotionale Art des Feierns und des Trauerns lässt sich noch immer auf die sowjetische Tradition zurückführen. Obwohl russische Beamte versuchen, diese Tradition symbolisch — durch das so genannte St.-Georgs-Band und das „unsterbliche Regiment" mit der Verherrlichung des zaristischen, stalinistischen und putinistischen Russlands zu verbinden, handelt es sich dabei um eine jüngere Tradition, die aus der Zeit des reifen Putinismus stammt.

Obwohl das St.-Georgs-Band auf dem imperialen Nationalismus vergangener Tage basiert – schließlich entlehnte Stalin das schwarz-orange Band den Farben der Zarenmedaille – machten es die Führer der späten Sowjetära zu einem Gardeabzeichen und einem Symbol des Sieges. Aber gerade deshalb ist es einfacher, sie zusammen mit der Kolonialvergangenheit abzutun. So kann die Neue Ukraine die Komponente der Trauer und Ehrerbietung, die in der Volkstradition der Feierlichkeiten zum Kriegsende seit jeher vorhanden war, allmählich auf den 8. Mai übertragen.

Dies kann jedoch nicht ohne eine Umgestaltung der gesamten Staatspolitik, ohne die Betonung der Menschenrechte und des Wohls der Menschen und damit der Opferbereitschaft der Menschen geschehen. Heute spiegelt das Nebeneinander von 8. und 9. Mai, dem Tag der Erinnerung und Versöhnung und dem Tag des Sieges, die Ambivalenz der postsowjetischen Ukraine wider, ihren langen Ab-

---

18 Über die Geschichte der Entwicklung dieser Tradition siehe: Winter, Jay. Sites of Memory, Sites of Mourning: The Great War in European Cultural History. Cambridge: Cambridge University Press, 1995.
19 Alexievich, Svetlana. The Unwomanly Face of War: An Oral History of Women in World War II. New York: Random House, 2017. S. 250.

schied von alten Mythen und die Versuchung, neue zu schaffen[20]. Allerdings gibt es einen neuen Akteur in diesem Bereich — die Zivilgesellschaft.

Bereits 2015, als der 8. Mai zum ersten Mal begangen wurde, konnte man auf den Straßen von Kyjiw zahlreiche Menschen mit einem Mohnblumenabzeichen sehen. Dies lässt hoffen, dass sich der Tag der Erinnerung und Versöhnung erfolgreich als öffentliche und nicht als staatliche oder gar nur staatliche Gedenkveranstaltung etablieren wird. Es ist auch bezeichnend, dass diese britische und kanadische Tradition schon im ersten Jahr so gut aufgenommen wurde; offensichtlich brauchte die ukrainische Gesellschaft ein solches Symbol, vielleicht weil der Krieg für die Ukrainer im Jahr 2015 kein abstraktes Konzept aus dem Bereich der historischen Erinnerung war.

---

20 Pro heterohennist jak vysnytschalnu rysu polityky pamjati v Ukraini do Revoljutsciji Hidnosti: Portnow, Andrej. Upraschnenyja s ystoryej po-ukraynsky [Zur Heterogenität als entscheidendem Merkmal der Erinnerungspolitik in der Ukraine vor der Revolution der Würde siehe: Portnow, Andrej. Geschichtstraining auf Ukrainisch]. M.: OGI Objedinjonnoje gumanitarnoe isdatel'stvo; Polyt.ru; Memoryal, 2010. S. 101–102

Narrative des Krieges

Jeder Forscher, der sich mit Kriegsnarrativen befasst, sollte mit einer kritischen Untersuchung seines eigenen methodischen Hintergrunds beginnen. Es wird nützlich sein, weil es meinen Ansatz zur ukrainischen Erfahrung des Zweiten Weltkriegs unmittelbar umreißt.

Meine beiden Hauptmonographien, die auf detaillierten Analysen von Archivmaterial und gedruckten Quellen beruhen, sind diesem Zeitraum gewidmet. In keiner von ihnen werden jedoch militärische Operationen untersucht oder der heroische Sieg einer Seite hervorgehoben. „Stalin's Empire of Memory: Russian-Ukrainian Relations in the Soviet Historical Imagination", 2004 von der University of Toronto Press in englischer Sprache und 2007 von dem Verlag „Krytyka"[21] in ukrainischer Sprache veröffentlicht, ist eine Studie über die Entstehung des sowjetischen Kanons des ukrainischen historischen Gedächtnisses und insbesondere über den Mythos der historischen Freundschaft zwischen dem jüngeren ukrainischen und dem älteren russischen Volk. Es handelt sich um ein kulturgeschichtliches Werk, das sich auf den Prozess der Entwicklung eines politischen Diskurses über die Vergangenheit und dessen Umsetzung in gedenkenorientierten Veranstaltungen, Texten und künstlerischen Projekten konzentriert.

Das zweite Buch wurde 2014 von Oxford University Press veröffentlicht. Auf Englisch heißt es „Stalin's Citizens: Everyday Politics in the Wake of Total War" und befasst sich mit den alltäglichen politischen Praktiken des Lebens in Kyjiw von 1943 bis 1953, d. h. den letzten zehn Jahren des stalinistischen Regimes. Während es im ersten Buch um Kultur, um die Schaffung von Mythen, um die Schaffung von Erinnerung ging, so geht es im zweiten Buch um den politischen Alltag. Der Kyjiwer Verlag Laurus veröffentlichte die Übersetzung unter einem anderen Titel – „Alltäglicher Stalinismus". In der Tat ist es schwierig, den Alltag nicht politisch zu definieren, vor allem in Stalins Sowjetunion mit ihren totalitären Ambitionen. In der Monographie geht es also gerade um den politischen Alltag, um das Verhalten der Menschen im politischen Raum, insbesondere vor dem Hintergrund der letzten Kriegsjahre und der ersten Nachkriegsjahre. Ein bezeichnendes Symbol für das paternalistische politische und erzieherische Projekt der sowjetischen Regierung nach ihrer Rückkehr nach Kyjiw ist das berühmte Foto von Nikita Chruschtschow im Generalsmantel, der sich im Stadtzentrum mit einem klei-

---

21 Ukrainische Ausgabe: Yekelchyk, Serhy. Imperija pamjati. Rossijsko-ukrajinski stossunky w radjanskij istorytschnij ujawi [original: Empire of Memory: Russian-Ukrainian Relations in the Soviet Historical Imagination] / autorisierte Übersetzung aus dem Englischen von Klimtschuk, Mykola und Tschuschak, Chrystyna; hrsg. von Zimbal, Jaryna. Kyjiw: Krytyka, 2008.

nen Mädchen unterhält, als die Rote Armee Anfang November 1943 gerade in die ukrainische Hauptstadt einmarschiert war. Das Buch behandelt den Krieg, aber der Krieg ist nicht das zentrale Thema meiner Forschung; er bietet einen Kontext für etwas anderes, nämlich für die sich verändernde Darstellung von Identitäten im öffentlichen Raum während der Rückkehr der Sowjetmacht[22].

Aus dieser Perspektive als Spezialist für Kultur- und Sozialgeschichte nähere ich mich der ukrainischen Erfahrung des Zweiten Weltkriegs. Dieser Schwerpunkt auf Gesellschaft, Kultur und Repräsentation spiegelt einen tieferen Trend in der westlichen Geschichtswissenschaft der letzten Jahrzehnte wider. Sie hat sich längst von der Beschreibung epischer Siege und ungerechter Niederlagen wegbewegt, um die menschliche Erfahrung in Kriegszeiten zu verstehen. Doch kehren wir zum Thema der nationalen Kriegsnarrative zurück.

Das Hauptproblem der traditionellen Kriegsnarrative ist, dass wir weiterhin mit ihnen leben. Wir sind nicht frei von diesen Narrativen, und es fällt uns schwer, eine kritische Distanz zwischen unserer heutigen Ukraine im 21. Jahrhundert und den Interpretationsmodellen des Zweiten Weltkriegs oder des „Großen Vaterländischen Krieges", die in den Nachkriegsjahrzehnten entstanden sind, herzustellen. Sie sind immer noch lebendig, sie werden immer noch diskutiert, und sie stehen sehr oft im Mittelpunkt des politischen und gesellschaftlichen Geschehens von heute. Russland befindet sich mit der Ukraine im Krieg, unter anderem wegen ihrer Interpretation des Zweiten Weltkriegs.

Das ist die eine Komplikation. Die zweite ist, dass diese Narrative tatsächlich in ideologischer Symbiose mit dem Krieg selbst existieren, da sie aus der direkten Propagandaerfahrung beider Kriegsparteien entstanden sind. Diese Begriffe und Erzählmodelle wurden nicht von Forschern irgendwo in einem anderen Land, in einer anderen Zeit als Methode zum Verständnis des Krieges geschaffen, sondern von den Teilnehmern des Krieges formuliert. Und das macht es auch für uns kompliziert, wenn wir versuchen, diese Erfahrung kritisch zu reflektieren.

Der Begriff „Großer Vaterländischer Krieg" wurde von Stalin und den sowjetischen Ideologen während des Krieges geschaffen: Er enthielt bereits die ideologische Definition dieser Ereignisse. Erinnern wir uns an die bekannte Sammlung von Stalins Reden und Befehlen „Über den Großen Vaterländischen Krieg der Sowjetunion", die erstmals 1942 auf 50 Seiten in einer massiven Auflage veröffentlicht wurde, bis 1946 fünf Auflagen erlebte und auf über 200 Seiten angewachsen

---

22 Ukrainische Ausgabe: Yekelchyk, Serhy. Powsjakdennyj stalinism: Kyjiw i kyjany pislja Welykoji wijny [original: Stalin's Citizens: Everyday Politics in the Wake of Total War] / übersetzt aus dem Englischen von Stricha, Jaroslawa. Kyjiw: Laurus, 2018.

war[23]. Als grundsätzliches Instrument war das Konzept des „Großen Vaterländischen Krieges" also bereits im Krieg als Ideologie der Sowjetunion vorgegeben und erforderte, alle wichtigen Ereignisse im sowjetischen Sinn zu interpretieren. Auch die Ideologie der ukrainischen Staatlichkeit und die entsprechenden Ansichten der Nationalisten über die Bedeutung verschiedener Kriegsereignisse für die Verwirklichung des Ideals der ukrainischen Staatlichkeit sowie die Folgen des Krieges für die weitere Entwicklung der ukrainischen Nation und des ukrainischen Staates – auch das ist eine ideologische Position, eine zeitgenössische und auf den Krieg selbst abgestimmte, eine Position, die es uns nicht erlaubt, kritische Distanz zu wahren. Dies ist ein weiteres großes Narrativ. Leider haben die Ereignisse der ersten drei Jahre nach der Einführung der neuen staatlichen Politik hinsichtlich des „Tages des Sieges" (2015–2018) gezeigt, dass wir uns immer noch in diesem Kampf der Narrative befinden, die so miteinander verbunden sind, dass es noch nicht möglich ist, das diskursive Feld des staatlich-patriotischen Ansatzes zum Zweiten Weltkrieg zu verlassen. Wenn es möglich wäre, eine kritische Distanz zum „Erinnern als Sieg" aufzubauen, würde sofort klar, dass diese großen Narrative selbst Produkte des Krieges und der entsprechenden Ideologien der Zeit sind und daher keine brauchbaren analytischen Werkzeuge für dessen Verständnis sein können.

Und der Krieg unterscheidet sich erheblich sowohl vom aktuellen Krieg im Donbas in den Jahren 2014 bis 2022 als auch von der großen russischen Invasion, die 2022 begann. Es ist unmöglich, zu entscheiden, welches dieser Interpretationsmodelle richtig ist, da es sich in der Tat um historische Artefakte handelt, die als solche aus der Distanz des 21. Jahrhundert, aus einer demokratischen und humanistischen Perspektive betrachtet werden sollten.

Diese beiden Narrative sind jedoch nicht die einzigen Möglichkeiten, über den Krieg nachzudenken. Und das ist vielleicht das Hauptargument dieses Vortrags: sie sind nicht die einzige Art und Weise und sollten es auch nicht sein. Es ist interessant, darüber nachzudenken, welche anderen Denkweisen über den Krieg es damals (in den 1940er Jahren) gegeben haben könnte. Aus irgendeinem Grund überrascht es uns heute nicht, dass der Klassenansatz in der Erzählung über den „Großen Vaterländischen Krieg" völlig unsichtbar ist, und das, obwohl Stalin im Frühjahr 1939 auf dem 18. Parteitag der Kommunistischen Partei über den Beginn des Großen Krieges sprach — im März 1939, nicht im September — und den Versuch einer marxistischen Klassenanalyse des Krieges unternahm. Er nannte ihn einen „neuen imperialistischen Krieg", der sich auf ein Gebiet mit

---

23 Stalin, Josif Vissarionovič. O Velikoj Otečestvennoji vojne Sovetskogo Sojusa. 5-e izd [Über den Großen Vaterländischen Krieg der Sowjetunion. 5. Auflage]. M: OGIZ, Gospolitizdat, 1946.

einer Bevölkerung von über 500 Millionen Menschen erstreckte, von Gibraltar bis Shanghai. Dieser Krieg war laut Stalin der „zweite imperialistische Krieg", der in der gleichen Weise wie in Lenins Analyse des Ersten Weltkriegs zu definieren ist und durch die Widersprüche zwischen den kapitalistischen Staaten, die ungleiche Entwicklung des Kapitalismus und die daraus resultierende Notwendigkeit einer territorialen Aufteilung der Welt verursacht wurde. Er wurde von Italien, Deutschland und Japan entfesselt und begann mit der italienischen Invasion in Abessinien 1935[24]. Das sollte heißen, ein neuer imperialistischer Krieg wäre bereits im Gange, und es gäbe marxistische Modelle, um ihn zu analysieren. Aber Stalin sagt weiter, dass dieser Krieg noch nicht zu einem Weltkrieg geworden ist, weil die westlichen Verbündeten den Aggressoren Zugeständnisse machen. Er sieht dafür zwei Hauptgründe: die Angst vor einer Revolution im Westen und die Hoffnung, dass Hitler und seine Verbündeten zum Kampf gegen die Sowjetunion übergehen[25]. Man kann darüber streiten, ob dies eine echte marxistische Analyse ist, aber Stalin versucht zumindest, an einem einigermaßen einfachen wirtschaftlichen Determinismus festzuhalten, indem er auf die Interessen der herrschenden Klassen als Grundlage für den imperialistischen Krieg hinweist. In den sowjetischen ideologischen Dokumenten der Jahre 1941–1945 ist der Klassenansatz jedoch praktisch nicht vorhanden. Er wurde durch ein völlig anderes Narrativ ersetzt — ein patriotisches, das im Wesentlichen ein nationalistisches ist. Es handelt sich um einen sehr eigentümlichen Großmachtnationalismus, der in der führenden Rolle des russischen Volkes wurzelt, der aber zugleich bei den anderen großen Völkern der Sowjetunion ein Gefühl des ethnischen Patriotismus zulässt und sogar erwartet[26].

Diese Rhetorik, die mit dem Konzept des „Großen Vaterländischen Krieges" verbunden ist, wurde während des Krieges geschaffen. Dies zeigt sich sehr deutlich an einem Beispiel aus meinem Buch „Alltäglicher Stalinismus": Als die Rote Armee im November 1943, am Jahrestag der Revolution, Kyjiw befreite, wurde sofort eine Riesenauflage des erwähnten Stalin-Buches „Über den Großen Vater-

---

24 Stalin, Josif Vissarionovič. Otčetryj doklad na XVIII s'ezde partii o robote CK VKP(b), 10 marta 1939 g.. .[Stalin, Josif. Rechenschaftsbericht auf dem XVIII. Parteitag über die Tätigkeit des CK VKP (b), 10. März 1939] In: Stalin, Josif Vissarionovič. Werke. Moskau: Verlag Pissatel, 1997. Bd. 14. S. 290, 293–294

25 Ebd. S. 297.

26 Siehe dazu: Brandenberger, David. National Bolshevism: Stalinist Mass Culture and the Formation of Modern Russian National Identity, 1931–1956. Cambridge, Mass.: Harvard University Press, 2002; Yekelchyk, Serhy. Stalinist Patriotism as Imperial Discourse: Reconciling the Ukrainian and Russian's Heroic Pasts, 1939–45. Kritika: Explorations in Russian and Eurasian History. 2002. Bd. 3. Nr. 1. S. 51–80.

ländischen Krieg der Sowjetunion" herausgegeben — über 73.000 Exemplare[27].
Und das, obwohl zu dem Zeitpunkt nur etwa 200.000 Einwohner in Kyjiw lebten[28]. Das Buch enthält praktisch keine Klassenanalyse, und die Sowjetunion wird
als beleidigte Großmacht dargestellt, die ihre legitimen Interessen verteidigt. Das
Buch war im Nu ausverkauft, es gab Warteschlangen an den Bücherständen, und
Spekulanten verkauften es unter der Hand weiter, weil es notwendig war, die
ideologischen Richtlinien für sich selbst sofort wiederherzustellen, um zu verstehen, was in der Zwischenzeit mit der sowjetischen Interpretation der Welt und
des Krieges geschehen ist. Diese Interpretation wurde zu einer Großmachtinter-
pretation, die auf einer Hierarchie von ethnischen Patriotismen aufbaute, an
deren Spitze der russische Patriotismus stand. Zu dieser Zeit wurde die Komintern aufgelöst, die Nationalhymne geändert und der Staat schloss Frieden mit der
russisch-orthodoxen Kirche.

Plötzlich, als der Krieg zu Ende war und Wahlen zum Obersten Rat (Parlament) der Sowjetunion anstanden, hielt Stalin am 9. Februar 1946 in Moskau eine
berühmte Rede vor den Wählern.

Diese Rede bringt die Klassenanalyse der Welt und die Klassenanalyse des
Krieges zurück ins diskursive Feld. Und es geschieht etwas unglaublich Interessantes mit dieser Rede: Sie wird zu einem Artefakt des Kalten Krieges, und von
westlichen Diplomaten analysiert. Sie schicken Telegramme an den Westen, in
denen sie berichten, dass Stalin einen neuen Krieg plant[29]. In dieser Rede erklärt
Stalin, dass der Zweite Weltkrieg eine natürliche Folge der „Entwicklung der wirtschaftlichen und politischen Kräfte in der Welt auf der Grundlage des modernen
Monopolkapitalismus" sei[30]. Dies impliziert natürlich, dass der Kapitalismus

---

27 Yekelchyk, Serhy. Powsjakdennyj stalinism [original: Stalin's Citizens: Everyday Politics in the
Wake of Total War]. S. 84.

28 Kyjiw u dni nazystskoji nawaly: Sa dokumentamy radjanskych spezsluschb: Do 60-
ritschtschja wyswolennja Ukrajiny wid hitleriwskych saharbnykiw: sb. dok. ta materialiw [Kyjiw
während der Nazi-Invasion: Aufzeichnungen der sowjetischen Geheimdienste. Zum 60. Jahrestag
der Befreiung der Ukraine von den Hitler-Besatzern: Sammlung von Dokumenten und Materia-
lien] / verfasst von Wronska, Tamara Vasylivna; Kentij, Anatolij V.; Kokin, Sergej A. und anderen.
Kyjiw, Lwiw: [Verlag nicht bekannt] 2003. S. 72.

29 Es geht um das sogenannte „lange Telegramm", das der Berater der US-Botschaft in Moskau,
George F. Kennan, am 22. Februar 1946 an das Außenministerium der USA schickte. Dieses Dokument bildete den Ausgangspunkt für die Entstehung der amerikanischen Politik der „Eindäm-
mung" des Kommunismus. Siehe: Gaddis, John Lewis. George F. Kennan: An American Life.
New York: Penguin, 2011. S. 201–224.

30 Stalin, Josif Vissarionovič. Reč' na predvybornom sobraniji izbiratelej Stalinskogo izbiratel-
nogo okruga g. Moskvy 9 fevralja 1946 g [Rede in der Wahlversammlung der Wähler des Stalin-
Wahlkreises der Stadt Moskau am 9. Februar 1946]. In: Stalin, Josif Vissarionovič. Werke. Bd. 16.
S. 4.

Kriege hervorbringt, und dass sie auch in Zukunft stattfinden werden. Im Westen wird dies als Signal verstanden, dass die Sowjetunion bereit ist, einen neuen Krieg zu planen und ihn ideologisch zu rechtfertigen.

In Wirklichkeit führte Stalin hiermit die Staatsideologie in das diskursive Feld der Klassenanalyse zurück und löste sie von dem ethnisch gefärbten Patriotismus des Krieges.

Letzterer verschwindet jedoch nie ganz. Liest man die nach dem Krieg in der Sowjetukraine erschienenen Geschichtswerke und Schulbücher, so fällt auf, dass sie kein richtiges Klassennarrativ enthalten. Gegenstand der Geschichte sind die „Völker der UdSSR" — im Wesentlichen ethnische Nationen, die durch die Idee der Staatlichkeit und nicht durch den Klassenkampf geeint sind. Das Streben des ukrainischen Volkes nach „Wiedervereinigung" in einem einheitlichen Staat mit seinem älteren russischen Bruder ist in Wirklichkeit eine Geschichte über die Schaffung eines großen Staates — des russischen Sowjetimperiums.

Auch Kriegsnarrative dienen der Großmachtidee, wenn auch nicht unmittelbar. Stalin hatte es nicht nötig, einen Siegeskult im „Großen Vaterländischen Krieg" zu schaffen, denn der Sieg war nur ein Aspekt von Stalins Geschenk des Lebens und des Wohlstands an das gesamte sowjetische Volk. Daher ist der „Tag des Sieges" seit 1948 kein wichtiger Feiertag und kein arbeitsfreier Tag mehr. Der Kriegs- und Siegeskult wurde jedoch in den 1960er Jahren wiederbelebt, als er dazu diente, das Breschnew-Regime zu legitimieren und die sowjetische Gesellschaft angesichts des Kalten Krieges zu konsolidieren. Unter Breschnew kehrte die Sowjetunion zum Konzept des „Großen Vaterländischen Krieges" zurück, das mit einem etwas umgestalteten, aber erkennbaren mythologischen Inhalt gefüllt war[31].

Es sei auch daran erinnert, dass die Sowjetukraine zur Entstehung dieses Konzepts beigetragen hat (Chruschtschow war einer der ersten Anhänger des Siegeskults), allerdings in einer anderen Form als in der Breschnew-Version der 1960er und 1970er Jahre.

Als Chruschtschow 1943 nach Kyjiw zurückkehrte, dachten er und seine Berater, zu denen auch *der berühmte Filmregisseur Alexander* Dowschenko gehörte, bereits darüber nach, wie man den Krieg verewigen könnte und eine Allee der Helden schaffen könnte (dieser Traum wurde erst von dem Präsidenten Janukowytsch vollständig verwirklicht, der ab 2010 mit ihren Standbildern im Park des Ruhms die Allee der zweifachen Helden der Sowjetunion schuf).

---

31 Hrynewytsch Vladyslav. Mit wijny i wijna mitiw [Mythos des Krieges und Krieg der Mythen]. Krytyka. 2005. Nr. 5. S. 2–8.

Bereits 1944 dachte Chruschtschow über die Gründung eines Museums des Großen Vaterländischen Krieges nach, das ab 1974 in einem extra Gebäude in Kyjiw und ab 1981 als Teil des majestätischen Gedenkkomplexes, den Breschnew einweihte, existierte. Mit anderen Worten, all diese Ideen waren bereits in den 1940er Jahren in das Denken eingebettet[32]. Bei der Arbeit mit diesen Quellen habe ich selbst, wie auch andere Forscher, jedoch nicht darauf geachtet, dass sich diese Vorschläge in gewisser Weise vom stalinistischen Siegeskult als „Geschenk des Führers" unterscheiden. Und das aus gutem Grund, denn Chruschtschow war offensichtlich auf der Suche nach seiner eigenen Vision vom Krieg, von der Rolle des Volkes, des Staates und der Nation in der Weltgeschichte — eine Vision, die später zu einem Versuch werden sollte, ein antistalinistisches Modell des Sozialismus zu entwickeln. In Chruschtschows Zeit wurde der Kult um den Unbekannten Soldaten auf den sowjetischen Boden übertragen, ein bedeutendes Ereignis, auf das wir später noch näher eingehen werden. Der Park des Ruhmes mit dem Denkmal für den Unbekannten Soldaten wurde ursprünglich in Kyjiw im Jahr 1957 angelegt, und erst dann wurde dieses Modell nach Moskau übertragen. Unter Breschnew trat „Mutter Heimat" (d. h. der Staat) an die Stelle des Unbekannten Soldaten (d. h. des Volkes), und die Narrative des „Großen Vaterländischen Krieges" heiligten die Größe der Sowjetunion, anstatt die Toten zu ehren. Diese Förderung des Patriotismus übertrumpft die Trauer um die Toten ganz entscheidend.

Das stalinistische Modell vom Mythos des „Großen Vaterländischen Krieges" ist also historisch vergänglich, und andere Narrative sind vor und nach ihm sichtbar. Im Frühjahr 1939, als die Sowjetunion noch nicht in den Konflikt verwickelt war, konnte ein erster Versuch unternommen werden, diese Erfahrung unter Klassengesichtspunkten zu begreifen. Er lässt sich noch in den Propagandatexten vom September 1939 zurückverfolgen, als die Rote Armee die „Brüder" — Ukrainer und Belarusen — von der Unterdrückung durch die „Herren Polen" befreite, obwohl das ethnische Kriterium bereits die Ideologie dieser „Wiedervereinigung" dominierte. Dieses Narrativ verschwand im Jahr 1941. Im Westen gibt es dazu interessante Untersuchungen, die den Finnischen Krieg als den entscheidenden Moment für das Umdenken nennen. Offensichtlich hat die sowjetische Führung (Sta-

---

32 Zu diesen Projekten der Jahre 1943–1945 siehe: Zentralarchiv der der zivilgesellschaftlichen Vereinigungen der Ukraine, Fond 1, Bestand 23, Akte 449, Blätter 1–8; Fond 1, Bestand 23, Akte 784, Blätter 7–9; Fond 1, Bestand 70, Akte 170; Staatsarchiv der Region Kyjiw, Fond 5, Bestand 2, Akte 400, Blatt 25; Hrynewytsch, Vladyslav. Chruščov jak tvorec' ukraïns'koho radjans'koho patriotyzmu v roky nimečko-radjans'koyi vijny 1941–1945 rr. Problemy istoriï Ukraïny: Fakty, sudžennja, pošuky [Chruschtschow als Schöpfer des ukrainischen sowjetischen Patriotismus während des Deutsch-Sowjetischen Krieges 1941–1945. In: Probleme der Geschichte der Ukraine: Fakten, Urteile, Suche.] Kyjiw: Institut für Geschichte der Ukraine, NANU, 2004. Nr. 11. S. 483–493.

lin, Verteidigungsminister, Marschall Kliment Woroschilow und andere) unter dem Einfluss der ersten Niederlagen der Roten Armee zum ersten Mal ernsthaft über die Verwendung der Klassensprache nachgedacht. Es gibt eine Abschrift einer Debatte darüber, warum die finnischen Arbeiter und Bauern nicht zur Sowjetunion überliefen und warum die Rotarmisten von der Idee der Befreiung der finnischen Arbeiter nicht allzu motiviert zu sein schienen[33]. Die Folge dieser Diskussionen ist die Betonung der patriotischen Erziehung auf der Grundlage des Konzepts des „Vaterlandes". Es sei daran erinnert, dass dieser Begriff „Vaterland" nun rehabilitiert wurde, nachdem viele Jahre lang in Anlehnung an die Klassiker des Marxismus die im Manifest der Kommunistischen Partei aufgestellte These wiederholt wurde, dass „die Proletarier keine Heimat haben" und dass patriotische Slogans von der Bourgeoisie benutzt wurden, um die Arbeiter dazu zu verleiten, für die Interessen der herrschenden Klassen zu sterben[34].

Der Kult um den „Großen Vaterländischen Krieg" erfordert also von Natur aus, dass die Klassenanalyse in den Hintergrund gedrängt wird. Das Subjekt der Geschichte ist das Sowjetimperium, das aus einer Hierarchie ethnischer Nationen besteht, aber vorgeblich im Namen der Arbeiterklasse handelt. Dieses Narrativ hat mehrere Modifikationen erfahren, von Stalin bis Breschnew, aber alle enthalten bestimmte theoretische und sprachliche Tropen — stabile Ausdrücke, die in gewisser Weise den Klang des Narrativs „kodieren". In der Regel handelt es sich um wiedererkennbare Begriffe, oft Namen von Lehrbuchkapiteln. In der sowjetischen Ära fällt einem diese Terminologie einfach von alleine ein, und der Versuch, sich ihrer Hegemonie zu widersetzen, erfordert nicht nur politischen Mut, sondern auch intellektuelle Anstrengungen, um eine alternative Beschreibungssprache zu entwickeln. Es ist nicht verwunderlich, dass einige der sowjetischen Tropen in den Erzählungen über den Zweiten Weltkrieg in der Zeit der unabhängigen Ukraine fortbestehen. Zu den bekanntesten gehören zum Beispiel „die Heldentaten der Arbeiter im Hinterland", „treue Söhne und Töchter des Volkes" und „Hilfe für die Front". Auch Ausdrücke wie „Volksrächer" und „Verbrechen der Nazi-Invasoren" sind zu nennen.

Wenn ein Leser eine solche Kapitelüberschrift sieht, die den Ton für den gesamten Text angibt, liest er oder sie vielleicht gar nicht weiter. Und wenn man diese Bücher aus der späten Sowjetunion durchblättert, wird der Mechanismus des Erkennens des sowjetischen Kriegsdiskurses aktiviert. Man sieht die Überschrift eines Kapitels und kann weiterblättern, bis man plötzlich in der mehrbän-

---

33 Brandenberger, David. National Bolshevism. S. 58–59.
34 Näheres dazu siehe: Yekelchyk, Serhy. Imperija pamjati. [Stalin´s Empire of Memory: Russian-Ukrainian Relations in the Soviet Historical Imagination] S. 35–36.

digen „Geschichte der Ukrainischen SSR", in einem Band über den Krieg, etwas so Ungewöhnliches sieht, das man von dem Narrativ über den „Großen Vaterländischen Krieg" nicht erwartet. Als ich mich zum Beispiel auf diese Vorlesung vorbereitete, fiel mir der Titel des Kapitels „Der Beginn des Kampfes um die Anerkennung der neuen Westgrenzen der Sowjetunion"[35] auf. Dieses Thema ist für das gegenwärtige nationale Narrativ von zentraler Bedeutung, aber offensichtlich problematisch für die sowjetische Kriegsbeschreibung, weil es sich nicht auf den jahrhundertealten Kampf der Nation um ihren Nationalstaat oder die Großmachtpläne der Sowjetunion beziehen kann. Man fragt sich, wie sie dies in die korrekte Darstellung des „Großen Vaterländischen Krieges" einfügen wollen? Und es stellt sich heraus: Genau dort, wo der sowjetische Diskurs in eine Sackgasse gerät, tauchen die Klassenkategorien wieder auf. In dem Buch wird erklärt, dass die neue Grenze im Interesse des Volkes, sowohl des unseren als auch des polnischen Volkes errichtet wurde. Aber die Kapitalisten in England, Frankreich und den Vereinigten Staaten wollten das nicht verstehen.

Generell gibt es in den großen Kriegsnarrativen ein interessantes Phänomen der diskursiven Anerkennung. Es bestimmt übrigens unsere Bewertung des Narrativs; deshalb lohnt es sich, bei diesen großen Schemata und großen Narrativen mit der Frage nach dem Subjekt der Geschichte zu beginnen. Das Verständnis dieses Themas bestimmt nicht nur den Topos der Texte, sondern auch die chronologischen Grenzen der Narrative. Die Frage nach dem Subjekt der Geschichte steht übrigens auch im Mittelpunkt der gegenwärtigen hitzigen Debatte über die Rolle des Zweiten Weltkriegs in der Geschichte der Ukraine.

Schauen wir uns die Bände 7 und 8 der russischen Ausgabe der „Geschichte der Ukrainischen SSR" an. Sie wurden 1984 veröffentlicht und sind eine Art konzentrierter Ausdruck der historiografischen Konzepte der späten Sowjetzeit in der Ukraine. Band 8 beginnt mit den Ereignissen vom Juni 1941. Dies ist eigentlich durch das stalinistische Narrativ bestimmt, das mit diesen Ereignissen zeitgleich ist. Das Gleiche gilt für den Befreiungsfeldzug der Roten Armee in der Westukraine und in Westweißrussland – genau so einen Titel trägt das entsprechende Kapitel im vorangegangenen Band; der Begriff „Befreiungsfeldzug" erinnert sofort an eine Reihe stalinistischer Interpretationen des „Goldenen Septembers" von 1939[36].

Darüber hinaus kann der „Befreiungsfeldzug" per Definition nicht im selben Band wie der „Große Vaterländische Krieg" stehen, da sonst die Sowjetunion als

---

35 Istoriia Ukrainskoj SSR [Geschichte der Ukrainischen SSR] / Red. Kondufor, Jurij. Kyjiw: Naukova Dumka, 1984. Bd. 8. S. 159.

36 Istoriia Ukrainskoj SSR [Geschichte der Ukrainischen SSR] / Red. Kondufor, Jurij. Kyjiw: Naukowa Dumka, 1984. Bd. 7. S. 618.

Hitlers Verbündeter und Mitinitiator des Zweiten Weltkriegs erscheinen würde –
er wird im vorhergehenden 7. Band beschrieben. Wie wir sehen, unterscheidet
sich die sowjetische Geschichtserzählung des „Großen Vaterländischen Krieges"
vom globalen Phänomen des Zweiten Weltkriegs nicht nur durch eine gewisse
stabile Terminologie, sondern auch durch eine völlig andere Chronologie. Wer ist
dann das Subjekt der Geschichte in dieser Erzählung? Das sowjetische Volk, das
heißt die Gemeinschaft, die das ukrainische Volk als Teil des einheitlichen sowjetischen Volkes einschließt.

Das Sowjetvolk kann keinen Weltkrieg beginnen, also ist der September 1939
ein „Befreiungsfeldzug". Der „Große Vaterländische Krieg" der Sowjetunion hingegen begann 1941 und wurde von Menschen gewonnen, die in einer bestimmten
Gemeinschaft vereint waren, die als „Sowjetvolk" definiert wurde. Über die Definition des „sowjetischen Volkes" haben sich die Gelehrten viele Gedanken gemacht, aber für unsere Analyse reicht es aus, festzustellen, dass dieses Konzept
keine völlige Fiktion war. Noch in den 1990er Jahren gab es Menschen, die ihre
Identität auf diese Weise definierten (z. B. im Donbas), die sagten, sie seien „So-
wjetmenschen"[37]. Das heißt, dieser Begriff gehört nicht nur in den Bereich des
politischen Diskurses und des historischen Narrativs, sondern ist auch verinner-
licht worden.

Was also ist das Subjekt der Geschichte in den Narrativen, die sich seither
entwickelt haben, und wie sind dementsprechend die Chronologie und die Tropen in den Narrativen, die sich seit der Unabhängigkeit der Ukraine entwickelt
haben? Betrachten wir den Stand der Dinge vor dem Euromaidan 2013/14, so eig-
net sich hierfür sehr gut die Definition meines Kollegen Andriy Portnov, die ich
bereits erwähnt habe: Es handelt sich um ein hybrides Gedächtnis oder ein hete-
rogenes Feld von Narrativen[38]

Von Hybridität oder Heterogenität spricht man, wenn, vor allem während
der Ära des Präsidenten Leonid Kutschma, eine offizielle Version im Donbas und
eine andere (gegenteilige) Version in der Westukraine zugelassen wird. Der Präsident tritt auf und fängt an, die allgemein richtigen Worte zu sagen, alle Feiertage
werden gefeiert: dort der „Tag der Roten Armee", hier der *Pokrova*, der „Tag der
Fürbitte" (Tag der ukrainischen Armee).

Dies ist eine Art unartikulierte Versöhnung dieser Narrative ⸺ sie dürfen nebeneinander existieren, ohne dass eine wirkliche kritische Reflexion über eines
von ihnen stattfindet. Das ist natürlich keine Lösung, denn es fehlt die Kompo-

37 Wilson, Andrew. Elements of a Theory of Ukrainian Ethno-National identities. Nations and
Nationalism. 2002. Bd. 8. Nr. 1. S. 37.
38 Portnov, Andrej. Upraschnenyja s ystoryej po-ukraynsky [Geschichtstraining auf Ukrainisch].
Moskau: OGI; Polit.ru; Memorial, 2010. S. 101–103.

nente unserer kritischen Distanz zu diesen Narrativen. Es fehlt die Komponente dessen, was schon damals unter dem Slogan der europäischen Orientierung der Ukraine, dem Slogan der Ukraine des einundzwanzigsten Jahrhunderts, einer neuen, demokratischen Ukraine, verkündet wurde und sogar vom späten Kutschma als „Multivektorismus" akzeptiert wurde. Dieser Slogan des europäischen Weges ging natürlich von einem Präsidenten zum anderen, von einer Regierung zur anderen; das Problem war jedoch, dass sich im Laufe der Zeit in den Geschichtsbüchern und in den Reden der Präsidenten über den Krieg ein sehr eigenartiges Konzept eines neuen Subjekts der Geschichte herausbildete – das des ukrainischen Volkes[39].

Im Wesentlichen handelt es sich hierbei um einen Prozess der Übernahme bestehender Konzepte des nationalen Narrativs, der sich in den späten 1980er und frühen 1990er Jahren vollzog.

Als ich 1989 an das Institut für Geschichte der Ukraine an der Nationalen Akademie der Wissenschaften der Ukraine kam, wurde ein spezieller Bestand, ein Sonderfonds, mit zuvor verbotenen Büchern eröffnet. Und alle lasen „Geschichte der Ukraine" von Dmytro Doroschenko, einem Diasporahistoriker der staatlichen Schule der 1920er Jahre, und seiner Zeitgenossen. Die Übersetzung einer moderneren englischsprachigen Geschichte der Ukraine von Orest Subtelny aus dem Jahr 1988 wurde in der Ukraine etwas später veröffentlicht.

Die Metapher der „verbotenen Wahrheit" aus dem Sonderfonds wurde damals wörtlich genommen; Schließlich glauben viele Historiker noch heute daran.

Doch „Doroshenko" ist, genau wie Vyacheslav Lypynsky und deren Zeitgenossen und Schüler, eine Erzählung über die Vergangenheit in der Methodik der 1920er Jahre, die nun in unsere Erzählung eingeflossen ist.

Es hat einen Sprung in die Vergangenheit gegeben – vorbei an allen Errungenschaften der westlichen Sozialgeschichte zurück zur staatlichen Version des Diaspora-Kanons. Es ist bemerkenswert, dass „Subtelny" später auf die gleiche Weise gelesen wurde: Alle schwierigen Momente wurden übersprungen und das Modernisierungsparadigma – das im Wesentlichen aus sowjetischen Lehrbüchern bekannt war – wurde nur akzeptiert, um die Niederlagen der ukrainischen Nationalbewegung zu erklären, die den Kern des teleologischen Narrativs der ukrainischen Nation bilden[40].

39 Analyse der Reden der Präsidenten am 9. Mai finden sich im Artikel: Klymenko, Lina. World War II or Great Patriotic War remembrance? Crafting the nation in commemorative speeches of Ukrainian presidents. National Identities. 2015. Bd. 17. Nr. 4. S. 387–403.
40 Yekelchyk, Serhy. A Long Goodbye: The Legacy of Soviet Marxism in Post-Communist Ukrainian Historiography. Ab Imperio. 2012. Nr. 4. S. 401–416.

Aber war das Konzept des „ukrainischen Volkes als Subjekt der Geschichte" völlig neu? Das Konzept existierte in der Sowjetunion, und es existierte unter Stalin. Der „Befreiungsfeldzug" oder vielmehr die sowjetische Darstellung des „Befreiungsfeldzugs" von 1939 wurde schließlich in erster Linie durch eine historische Notwendigkeit gerechtfertigt, eine Art ethnische Gerechtigkeit — die Wiedervereinigung des ukrainischen Volkes in einem einzigen ukrainischen Sowjetstaat. Es ist schwierig, zwischen der Sprache von Stalins Ideologen und dem Vokabular der ukrainischen Nationalisten zu unterscheiden. Letztere hatten nämlich ihr eigenes Konzept der „ukrainischen Nation" — ein zutiefst ethnisches Konzept, das aus den Erfahrungen der osteuropäischen Zwischenkriegszeit stammte, aus der Erfahrung der ethnischen Koexistenz in Staaten, die sich selbst als einheitlich betrachten wollten, in denen es aber tatsächlich bedeutende nationale Minderheiten gab.

Tatsächlich wies dieses Narrativ viele Ähnlichkeiten mit dem sowjetischen Narrativ auf, und es gab sogar einige gemeinsame Helden – beispielsweise Bohdan Chmelnyzkyj, den Kosakenführer aus dem 17. Jahrhundert, und Taras Schewtschenko, den Nationaldichter des 19. Jahrhunderts.

Darüber hinaus hatte das nationalistische Narrativ eine andere Einstellung zum russischen imperialen Projekt und zum Konzept der ukrainischen Staatlichkeit und enthielt auch Elemente des Sozialdarwinismus der ersten Hälfte des 20. Jahrhunderts mit seiner Sicht der Geschichte als Feld des Wettbewerbs zwischen den Nationen um Lebensraum. Es ist leicht, gemeinsame Wurzeln mit den rechtsradikalen Bewegungen jener Zeit zu erkennen, auch mit jenen in Deutschland, wie der bekannte amerikanische und kanadische Historiker der Ukraine Ivan Lysiak-Rudnytsky feststellte[41].

Als die Historiker Anfang der 1990er Jahre nach einem neuen Subjekt der Geschichte suchten und aufgrund der aktuellen Situation der unabhängigen Ukraine das Konzept des ukrainischen Volkes vorschlugen, mussten sie diese beiden Konzepte der ukrainischen Nation irgendwie miteinander verbinden. Das eine Volks-Konzept hatte einen ethnischen Hintergrund, war aber im Wesentlichen eine multikulturelle Gemeinschaft, die einen wichtigen Bestandteil des Imperiums bildete; dieses Volk hatte bereits den Höhepunkt seiner historischen Entwicklung erreicht. Dagegen wurde das andere Volks-Konzept immer noch als eine ethnische Gemeinschaft betrachtet, die um ihre Rechte kämpfte – nun aber im Einverneh-

41 Lysjak-Rudnyzkyj, Iwan. Istorytschni esse [Historische Essays]: in 2 Bänden / Red. von Sysyn, Frank, verfasst von Hryzak, Jaroslaw, übers. aus dem Englischen von Badik, Marta. u. a. Kyjiw: Osnowy, 1994. Bd. 2. S. 489, 502–503.

men mit den ethnischen Minderheiten (mit Ausnahme der russischen; vor dem Ende des Zweiten Weltkriegs war die Liste dieser Ausnahmen länger).

Im Prozess der Wahrnehmung und des Überdenkens dieser Konzepte in der unabhängigen Ukraine in den 1990er Jahren gab es nicht immer ein klares Verständnis für den Unterschied zwischen dem ethnischen und dem zivilen bzw. staatsbürgerlichen Konzept des ukrainischen Volkes, vor allem, wenn es um das nationale Gedächtnis im Allgemeinen oder um das nationale Gedächtnis der Ukrainer im Besonderen ging.

Tatsächlich stellte sich bis zur Annexion der Krim durch Russland und der Aufnahme des 1944 begangenen Stalinschen Völkermords an den Krimtataren in den ukrainischen Erinnerungskanon nicht die Frage, wie wir „Ukrainer" in diesem Zusammenhang verstehen, wie wir den Begriff „ukrainisches Nationalgedächtnis" interpretieren.

Erst die tatsächliche Anerkennung der Krimtataren als vollwertige Teilnehmer am ukrainischen Geschichtsprozess, mit einer Geschichte des Völkermords durch denselben Feind wie dem der Ukrainer, veranlasste die Autoren ukrainischer Schulbücher, von Ukrainern und Tataren als „zwei Völker, die durch ein Mutterland vereint sind" zu sprechen[42]. Dies hat jedoch bisher noch nicht zur Entwicklung gemeinsamer Modelle des historischen Gedächtnisses, etwa für die Kosakenzeit, geführt.

Diese theoretische Verwirrung, die sich in den 1990er Jahren entwickelte, vollzog sich vor dem Hintergrund der Schaffung eines ukrainischen Staates, der sich bewusst nicht auf das eine oder andere Narrativ des Krieges festlegen und daher politisch balancieren wollte.

Das ist ein schwieriger politischer Balanceakt, eigentlich ein fast unmöglicher politischer Balanceakt, aber er hält sich hartnäckig. Es wurde etwas sehr Wichtiges nicht anerkannt: die Erkenntnis, dass es keine einheitliche ukrainische Erfahrung des Zweiten Weltkriegs gibt. Übrigens, als ich in der Werbung für meinen Sommer-Minikurs am Zentrum für visuelle Kultur den Titel „Die ukrainische Erfahrung des Zweiten Weltkriegs" sah, erschrak ich ein wenig. Als ich ihn für den Jahresbericht ins Englische übersetzte, setzte ich die „ukrainische Erfahrung" in Anführungszeichen, um zu betonen, dass es sich um ein intellektuelles Konstrukt handelt, dass wir nicht die Existenz einer einzigen spezifischen ethnischukrainischen Erfahrung des Krieges postulieren. In der Ukraine wird dieser Begriff jedoch anders verstanden — als eine Gesamtheit verschiedener Erfahrungen

---

42 Swiderskyj, Jurij; Romanyschyn, Nataliia; Ladytschenko, Tetiana. Istorija Ukrajiny. Pidrutschnyk dlja 7 klassu sahalnooswitnich nawtschalnych sakladiw [Geschichte der Ukraine. Lehrbuch für die 7. Klasse der allgemeinbildenden Schulen]. Kyjiw: Hramota, 2015. S. 196.

aus allen Teilen der modernen Ukraine. Obwohl ich vermute, dass am Rande des akademischen Lebens auch eine ausschließlich ethnische Lesart zu finden ist.

Wir werden also davon ausgehen, dass es keine einheitliche ukrainische Erfahrung des Zweiten Weltkriegs gab. Stattdessen werden wir versuchen, die „nationale" Dimension des Krieges als ein Konglomerat verschiedener historischer Bewegungen zu analysieren. Die erste ist das osteuropäische Modell des ethnischen Konflikts, der Kampf um das Recht der ukrainischen Nation auf einen eigenen Staat. Diese Vorstellung gehört zum Denken des organischen, nicht einmal metaphorischen, sondern eines wahrhaft anthropomorphen, organischen Nationalismus; die Vorstellung einer durch ethnische Kriterien definierten Gemeinschaft, zu denen im Galizien des 20. Jahrhunderts auch Religionskriterien sehr gut passten. Die zweite Bewegung ist mit einer vagen Vorstellung von „sowjetischem" Patriotismus und der Verteidigung des Vaterlandes verbunden. Sie war nicht klar definiert, denn es gab keine einheitliche Antwort auf die Frage, wo das ukrainische Volk begann und wo es aufhörte, warum die Hauptstadt des Vaterlandes Moskau war und nicht Kyjiw, aber diese Unbestimmtheit war ihre Stärke. Haben sich diese Bewegungen überschnitten? Man kann sagen, dass sie sich in bestimmten Momenten ideologisch angenähert haben, ohne es zuzugeben. Auf sowjetischer Seite war dies während des Krieges, vor Stalins Kritik an Dowschenko und vor den ideologischen Säuberungen von 1946 zu beobachten[43]. Das Gleiche gilt für die andere Seite. Wie wir aus der Erfahrung der nationalistischen Propagandisten wissen, die sich während des Krieges in der Ostukraine befanden, mussten sie eine gewisse ideologische Entwicklung durchmachen, um zu verstehen, dass ihre Parolen hier nicht funktionierten, und dass die Menschen im sowjetischen Leben vielleicht nicht sehr glücklich waren, aber dass diese Erfahrung des sowjetischen Lebens für sie etwas Wichtiges enthielt.

Aufgrund dieser Erfahrungen im Osten tauchen im nationalistischen Programm ader Dritten Außerordentlichen Großen Versammlung der OUN (eigentlich der OUN(B)) im August 1943 die Begriffe der sozialen Gerechtigkeit und des Staates als Beschützer des Volkes auf, während die „Feinde der Nation" allmählich nicht mehr als ethnische Gruppe definiert wurde. verwischt wurde. Hören wir uns die neue zentrale Formulierung des neuen Programms genau an:

„Die Ukrainische Volksmacht wird alle wirtschaftlichen Ressourcen und alle menschliche Energie auf der Aufbau einer neuen staatlichen Ordnung, eines gerechten Gesellschaftssystems, auf den wirtschaftlichen Aufbau des Landes und

---

43 Yekelchyk, Serhy. Imperija pamjati. [Stalin´s Empire of Memory: Russian-Ukrainian Relations in the Soviet Historical Imagination] S. 35–99.

den kulturellen Aufschwung des Volkes richten."[44] Eine vertraute Terminologie, nicht wahr? Weiter geht es um die „Beteiligung der Arbeiter an der Leitung der Fabriken", den 8-Stunden-Arbeitstag und die „Ausweitung des Netzes" von Kindergärten[45]. Auch die Gleichheit aller Bürger und die kulturellen Rechte von Minderheiten werden erwähnt. Offensichtlich verstehen die Nationalisten, dass dies im Osten funktionieren wird, wo die populäre Vorstellung von „Gerechtigkeit", die im Diskurs der Sowjetukraine existiert, mit diesen Chiffren verbunden ist. Und in der von der OUN-Konferenz 1950 verabschiedeten Fassung sind westukrainische Einflüsse zu erkennen: Die „neue" Staatsordnung wird „demokratisch", und es ist die Rede von der unerhörten „Freiheit der politischen und öffentlichen Organisationen".[46]

So verstanden die Historiker der 1990er Jahre ihre Aufgabe darin, diese beiden historischen Bewegungen des Zweiten Weltkriegs zu verbinden und einen gemeinsamen nationalen Diskurs über den Krieg zu schaffen. Dies war natürlich prinzipiell unmöglich, vor allem im Kontext von Kutschmas Kampf gegen die offiziellen Linksparteien in den späten 1990er Jahren. Auf dem Höhepunkt der Meinungsverschiedenheiten, als die verschiedenen politischen Kräfte weit von einem Kompromiss entfernt waren, wurde 1997 eine Regierungskommission eingesetzt, die die Aktivitäten der OUN und der UPA untersuchen sollte; die eigentliche Arbeit wurde jedoch von einer Historikerkommission unter dem Vorsitz von S. Kulchytskyi durchgeführt.

Im Jahr 2000 erkannte die Kommission die OUN und die UPA als Teilnehmer am Krieg gegen Deutschland an, doch bei der Ausarbeitung des nächsten Dokuments im Jahr 2004 wurde diese Schlussfolgerung unter veränderten politischen Umständen revidiert. Es wurde nun betont, dass die OUN und die UPA nicht zu den Streitkräften der Vereinten Nationen gehörten und daher nicht als Kriegsteilnehmer gesehen werden konnten[47]. Natürlich geht es hier mehr um die Machtverhältnisse im Parlament und die Politik des Präsidenten als um die Erforschung der Geschichte oder die Entwicklung eines gemeinsamen Verständnisses des Krieges.

---

44 OUN w switli postanow Welykych Sboriw, Konferenzij ta inschych dokumentiw s borotby 1929–1955 [ohne Ort]: Sakordonni tschastyny Orhanisaziji ukrajinskych nazionalistiw, [Die OUN im Lichte der Beschlüsse der Großen Versammlungen, Konferenzen und anderer Dokumente aus dem Kampf von 1929–1955 [o. O.] Ausländische Teile der Organisation Ukrainischer Nationalisten.] 1955. S. 108.

45 Ebd. S. 109, 112.

46 Ebd. S. 108, 112.

47 Myshlovska, Oksana. Establishing the "Irrefutable Fact" about the OUN and UPA: The Role of the Working Group of Historians on OUN-UPA Activities in Mediating Memory-based Conflict in Ukraine. Ab Imperio. 2018. Nr. 1. S. 223–254.

Es war auch unmöglich, eine Erzählung über die Ukraine während des Krieges um das Konzept des Widerstands herum zu organisieren. Im Westen gibt es eine vereinfachte, dualistische Darstellung der Kriegserfahrung, die in der Populärkultur sehr beliebt ist: Es gab gute Menschen, den Widerstand, (resistance); es gab schlechte Menschen, die Nazis und ihre Kollaborateure. Alles dazwischen ist eine Grauzone, die den Widerstandskämpfern am Ende der Geschichte folgen sollen. Es scheint, dass die Definition von Kollaborateuren ziemlich klar ist, aber in Wirklichkeit funktioniert sie nur in den Narrativen der Massenkultur, und selbst dann nur in bestimmten westeuropäischen Ländern. In den meisten Fällen in Osteuropa war die Situation viel komplizierter. Im ukrainischen Fall hätte die Erzählung vom „Widerstand" des Volkes beispielsweise gleichzeitig die sowjetischen Partisanen und die UPA einschließen müssen, aber selbst im sowjetischen Diskurs wurde die Hervorhebung der Partisanen als falsch angesehen. Es gab eine wunderbare Episode, als das Zentralkomitee der Kommunistischen Partei der Ukraine im Herbst 1945 darüber diskutierte, wie der erste Jahrestag der so genannten „vollständigen Befreiung der ukrainischen Gebiete" (Oktober 1944) gefeiert werden sollte. Jemand schlug vor, eine Parade von 5.000 Partisanen zu organisieren, um die ukrainische Besonderheit zu betonen. Doch Chruschtschow sprach sich dagegen aus, und die Parade wurde nicht organisiert, weil sie symbolisiert hätte, dass die Ukraine von ukrainischen Partisanen befreit worden wäre. Und damit wäre man zu weit gegangen, denn es gab heilige Wahrheiten über die führende Rolle der sowjetischen Armee, die leitende Rolle des Genossen Stalin usw.[48] In Kyjiw gab es keine Partisanenparade, obwohl es in Minsk im Juli 1944, unmittelbar nach der Befreiung der Stadt, einen Präzedenzfall gab, und vor kurzem gab es dort sogar eine Reenactment-Parade, wie sie generell in Russland und Belarus üblich ist[49]. Im ukrainisch-sowjetischen Diskurs wurde die Rolle der Partisanen jedoch bewusst als zweitrangig angesehen.

Dies hing natürlich mit der UPA zusammen, der sehr aktiven Präsenz dieser „anderen" Partisanen. Es ist bezeichnend, dass die Betonung der Bedeutung der sowjetischen Partisanen nach Stalins Tod Ende der 1950er Jahre möglich wurde, als die Parteiführung begann, Stalins „Personenkult" zu entlarven und die Rolle des Volkes beim Sieg hervorhob.

Es gibt ein berühmtes Foto einer Parade auf dem Chreschtschatyk, der Hauptstraße Kyjiws, anlässlich des 40. Jahrestages der Sowjetukraine, bei der die ehe-

---

48 Yekelchyk, Serhy. Powsjakdennyi stalinism [original: Stalin's Citizens: Everyday Politics in the Wake of Total War]. S. 55.
49 „V centre Minska vossozdali istričeskoje šestvije partizan 1944 roka" TASS 26 travnja 2019. [Im Zentrum von Minsk wurde der historische Marsch der Partisanen von 1944 wiederhergestellt. TASS, 26. Mai 2019.], [letzter Zugriff am 29.06.2025].

maligen Partisanenführer Oleksij Fedorow, Sydir Kovpak und Tymofij Strokatsch mit all ihren Auszeichnungen auf der Brust an der Spitze marschieren, Kovpak zudem mit einer erbeuteten Schmeisser[50].

Das Konzept des „Widerstands" beruhte also auf der Frage, ob die Aktionen der Partisanen Teil der Gesamtanstrengungen der Roten Armee waren. Wenn ja, konnte dann auch der Dienst in der Roten Armee als eine Form des Widerstands des ukrainischen Volkes gegen die Nazi-Aggression angesehen werden? Denn in diesem Fall handelte es sich um das gesamte sowjetische „Mutterland" mit seiner Hauptstadt Moskau. Wenn nur die OUN und die UPA für den Widerstand des Volkes stehen, und zwar sowohl gegen die Bolschewiki als auch gegen die Nazis, was ist dann mit den Kriegserfahrungen der Mehrheit des ukrainischen Volkes, und wie lässt sich dies in das westliche Konzept des Triumphs der Vereinten Nationen einfügen? Man könnte sagen: Was ist mit dem Schulbuch von Turtschenko, das bereits Anfang der 1990er Jahre die Idee von zwei Strömungen des ukrainischen Widerstands gegen den Nationalsozialismus präsentierte?[51] Meiner Meinung nach ist dies das beste Beispiel für die Hybridität historischer Narrative, die ihre sehr unterschiedliche praktische Verwendung in verschiedenen Regionen ermöglicht. Außerdem ist es ein Monument aus der Zeit der Zerstörung der sowjetischen Geschichtsschemata, als der Autor des Lehrbuchs nicht gezwungen war, von einem Kapitel zum nächsten eine konzeptionelle oder methodische Einheit einzuhalten. Es gibt auch Berichte über fieberhafte Änderungen an der Ausgabe 2007 des Schulbuchs von F. Turtschchenko, P. Panchenko und S. Tymtschenko, als das Ministerium für Bildung und Wissenschaft beschloss, dass die sowjetische Entwicklung breiter dargestellt werden sollte[52].

Schließlich wurden auch die zeitlichen Grenzen der Kriegserzählungen durch die Entscheidung über das Thema Geschichte bestimmt. Wenn es das sowjetische Volk ist, dann sollte der Krieg im Juni 1941 beginnen; Wenn dies die Erfahrung der Ukraine und der Ukrainer im Zweiten Weltkrieg ist, dann beginnt dieser, wie in europäischen Lehrbüchern, im September 1939.

---

50 Siehe: Dawidson, Jakow. Orljata partisanskich lessow [Die Jungadler der Partisanenwälder], http://70let. org.ua/orlyata1.htm [letzter Zugriff am 29.07.2024].
51 Turtschenko, Fedor. Nowitnja istorija Ukrajiny [Moderne Geschichte der Ukraine]: In zwei Bänden. Kyjiw, 1994. Teil 1. S. 328–330.
52 Radsywil, Olena. Wijna sa wijnu: Druha switowa wijna ta Welyka Wittschysnjana wijna u schkilnych pidrutschnykach s istoriji Ukrajiny (1969–2007). Sutschasni dyskussiji pro Druhu switowu wijnu [Krieg um Krieg: Der Zweite Weltkrieg und der Große Vaterländische Krieg in ukrainischen Geschichtsbüchern (1969–2007). Aktuelle Diskussionen über den Zweiten Weltkrieg]: Sammlung wissenschaftlicher Artikel und Beiträge ukrainischer und ausländischer Historiker / Hrsg. von Hrycak, Jaroslav; Kendsjor, Perto; Turkanyk, Swiatoslaw. Lwiw: SUKZ, 2012. S. 209.

Aber Hand aufs Herz: gab es nicht 1938 in Transkarpatien eine ukrainische paramilitärische Karpaten-Sitsch und deren Kampf gegen die ungarischen Truppen im März 1939, als Hitler diese ukrainische Region der ehemaligen Tschechoslowakei an Ungarn übergab? Wenn wir akzeptieren, dass eine Nation Subjekt der Geschichte ist, dann ist die Karpatenukraine im Frühjahr 1939 die erste Erfahrung einer ukrainischen Staatlichkeit seit der Revolution und dem heldenhaften Kampf gegen Hitlers ungarische Verbündete. Eine schöne Seite aus der Vergangenheit, nicht wahr?

In der Tat hat es niemand eilig, ein neues Datum für den Beginn des Zweiten Weltkriegs vorzuschlagen, und das nicht nur, weil die Karpato-Ukraine, wäre das Projekt von Augustin Woloschyn erfolgreich gewesen, ein entrechteter Hitler-Satellit geworden wäre, so wie die Slowakei von Josef Tiso. Vielleicht auch, weil die passive Haltung der OUN-Führung im Ausland (Melnyk-Flügel) gegenüber den Angelegenheiten der Karpato-Ukraine ebenso wie das direkte Verbot für Mitglieder der Organisation, die polnisch-tschechoslowakische Grenze zu überqueren, mit den Informationen der Deutschen zusammenhingen, dass diese Region an Ungarn abgetreten werden würde. Zumindest war dies die Interpretation des Bandera-Flügels der OUN[53]. Statt eines heroischen Ereignisses beginnt hier die Geschichte der Spaltung der OUN in zwei Lager unter dem unangenehmen Vorwurf, deutschen Interessen zu dienen.

Aber hypothetisch klingt ein solches Narrativ, in dem Hitler mit der Teilung der Tschechoslowakei beginnt und die ukrainische Staatlichkeit im Kampf gegen seine ungarischen Verbündeten entsteht, gut. Selbst Stalin räumte in seiner Rede auf dem 18. Parteitag im März 1939 ein, dass es sich um eine ukrainische Staatlichkeit handelte: „Einige im Westen sprechen von der Absicht der Deutschen, die Sowjetukraine, die eine Bevölkerung von über 30 Millionen hat, der Karpato-Ukraine anzugliedern, die eine Bevölkerung von 700.000 hat." Stalin macht sich natürlich darüber lustig; nach seinen Worten würde dies bedeuten, „einen Elefanten, d. h. die Sowjetukraine, mit einem Käfer, d. h. der sogenannten Karpatenukraine, zu verbinden"[54]. Dennoch hat er nichts gegen den Diskurs über den Beitritt oder die Wiedervereinigung auf der Grundlage der ethnischen Einheit einzuwenden. Dies würde er selbst im „goldenen September" 1939 tun, aber, wie

---

53 So interpretierte diese Angelegenheit der Vertreter des Bandera-Flügels der OUN – Mirtschuk, Petro. Narys istoriji Orhanisaziji Ukrajinskych Nazionalistiw. Hrsg. von Lenkawskyj, Stepan. München: Ukrainische Ausgabe, 1968. Bd. 1: 1920–1939. S. 549–550.
54 Stalin, Josif Vissarionovič. Otčetnyj doklad na XVIII s'jezde partii o robitě CK VKP(b), 10 marta 1939 g. [Rechenschaftsbericht auf dem XVIII. Parteitag über die Tätigkeit des CK VKP (b), 10. März 1939]. In: Stalin, Josif Vissarionovič Werke. Moskau: Verlag Pissatel, 1997. Bd. 14. S. 297.

wir wissen, würde er dies nicht als Beginn der Kriegsbeteiligung der Sowjetunion betrachten.

Darüber hinaus ist der Angriff auf Polen von beiden Seiten im September 1939 ein bequemer Kriegsbeginn, da er gut in den Interpretationsrahmen der Opfererzählung der so genannten „Doppelbesetzung" Mittel- und Osteuropas passt. Schließlich beginnen auch die westlichen Narrative des Zweiten Weltkriegs nicht mit dem „unbequemen" Münchner Pakt, sondern mit der noblen Verteidigung Polens.

Vergessen wir nicht, dass die Umwandlung des Konzepts des „Großen Vaterländischen Krieges" in einen Eckpfeiler des Putin-Regimes den politischen Kontext der ukrainischen Kriegsforschung verändert hat.

Mit dem Beginn der russischen Aggression und des Krieges im Donbas hat nicht nur das so genannte St.-Georgs-Band als Symbol des russischen Imperialismus eine andere Bedeutung erhalten, auch der Begriff des Kampfes gegen den Nationalsozialismus bedarf einer Kontextualisierung und Klärung: Geht es um die 1940er Jahre oder um die Gegenwart?

Geht es nicht vielmehr darum, die Inbesitznahme der Krim und die Gründung der sogenannten DVR und LPR zu legitimieren, indem der gesamte Euromaidan als neonazistischer Hexensabbat dargestellt wird[55]? Die Aufwertung des Konzepts des „Großen Vaterländischen Krieges" durch Russland und die prorussischen Kräfte wurde von ihren Gegnern auf der rechten Seite der ukrainischen Politik bereitwillig als Herausforderung angenommen, was sie dazu veranlasste, die UPA und andere Formationen sofort auf ein Podest zu stellen. Dies hat ein diskursives Feld geschaffen, in dem jede kritische Position zu nationalen Mythologien auf der einen oder anderen Seite als Zeichen für eine klare politische Entscheidung der Gegenwart gilt. Tatsächlich geht es hier darum, diese Konflikte voneinander zu trennen (die 1940er und die 2010er Jahre) und zu verstehen, dass es nicht notwendig ist, die Gegenwart in Bezug auf den Konflikt der Vergangenheit zu verstehen. Mehr noch: es ist falsch. Wir versuchen jetzt nicht, den Zweiten Weltkrieg, den „Großen Vaterländischen Krieg" oder denselben globalen Konflikt zu wiederholen, nur anders definiert, sondern eine völlig andere Ukraine aufzubauen — weder die sowjetische noch die nationalistische, denn ein Mensch des 21. Jahrhunderts kann die Ideale und Methoden von damals nicht unkritisch übernehmen. Deshalb muss man bei der Erforschung der ukrainischen Erfahrung

---

55 Über das gesamte Spektrum der russischen Mythologie rund um den Euromaidan und den Krieg im Donbas siehe: Laruelle, Marlen. The Three Colors of Novorossiya, or the Russian Nationalist Mythmaking of the Ukrainian Crisis. Post-Soviet Affairs. 2016. Bd. 32. Heft 1. S. 55–74.

das Prinzip des Historismus einhalten und eine kritische Distanz zu jeder politischen Manipulation der historischen Vergangenheit wahren.

Und nun ist es an der Zeit, dass ich zum vorletzten, nicht so langen Teil meines heutigen Vortrags übergehe — über die anthropologische und linguistische Wende in der westlichen Wissenschaft. Der Punkt ist, dass mit der Einführung dieser Ansätze die Beziehung zwischen dem Individuum und dem Staat, dem Individuum und der Nation anders verstanden wird und neue Wege zur Analyse der Mechanismen der Interaktion zwischen Regierung und Gesellschaft entwickelt wurden. Diesem neuen Verständnis zufolge kann Macht in der Gesellschaft „verteilt" werden, kann durch das „Netz" der alltäglichen Machtbeziehungen funktionieren, selbst auf der niedrigsten Ebene[56]. Wenn Nachbarn zusammenkommen, um etwas zu entscheiden, ist die Macht auch in dieser Situation präsent, denn sie sprechen mit Worten, die einem Leitartikel der „Prawda" oder einem nationalistischen Propagandablatt entlehnt sind. Sie wissen, was von ihnen erwartet wird, und es gibt Leute unter ihnen, die an die Richtigkeit dieses oder jenes politischen Projekts glauben. Es geht um mehr als die Verwendung der richtigen Parteibegriffe in eigenen individuell bewussten Interessen. Mit anderen Worten: Die Menschen befinden sich auch in ihrem Alltag auf die eine oder andere Weise im politischen Feld. Ihre Interaktion findet in einem diskursiven Feld statt, so dass die Analyse der Funktionsweise von Ideologie in der Alltagskultur unvollständig ist, wenn der Forscher den diskursiven Charakter dieses Prozesses nicht im Auge behält[57]. Die anthropologische Wende, die fast zeitgleich stattfand, stellt nicht die Nation oder den Staat in den Mittelpunkt, sondern die Gesellschaft von Individuen und Gruppen, die nach ihren eigenen Gesetzen funktionieren, aber nie völlig von den politischen Prozessen der Zeit getrennt sind. Diese Gruppen gehören zwar demselben politischen Raum an, begreifen diesen aber anders, übersetzen ihn in die Sprache der Traditionen und Gerechtigkeitsvorstellungen, erfinden oder übernehmen neue Rituale, um mit dieser neuen politischen Welt oder der neuen wirtschaftlichen Realität zurechtzukommen[58]. Die Bedeutung der Anwendung eines sozialanthropologischen Ansatzes auf die Geschichte der Uk-

56 Die Grundlagen dieses Ansatzes basieren auf den Arbeiten von Michel Foucault. Eine gute Einführung in diese Problematik bietet der Artikel: Schewtschenko, Oleksij. Ukrajina i Mischel Fuko: dijaloh pro wladu.[Die Ukraine und Michel Foucault: Dialog über Macht] Krytyka. 2002, Nr. 1–2, https://krytyka.com/ua/articles/ukrayina-i-mishel-fuko-diyaloh-pro-vladu. [letzter Zugriff am 29.07.2024]
57 Zum Glück werden diese Punkte im folgenden Buch erklärt: Jakowenko, Natalja. Wstup do istoriji.[Einführung in der Geschichte] Kyjiw: Krytyka, 2007.
58 Siehe z. B.: Kalb, Don; Tak, Herman (Hrsg.). Critical Junctions: Anthropology and History beyond the Cultural Turn. New York: Berghahn Books, 2005.

raine während des Zweiten Weltkriegs wird übrigens seit langem von dem berühmten ukrainischen Historiker Oleksandr Lysenko[59] diskutiert.

Was geschah im Zuge dieser Wende in der westlichen Wissenschaft? Es gab eine Verschiebung von der politischen Geschichte der alten Welt, die sich mit den großen Schlachten beschäftigte, dem Sieg der „Unseren" über die „Ihren", weil die „Unseren" immer moralisch und existenziell richtig waren, weil sie „die Unseren" waren, hin zur Mikrogeschichte, die sich auf so genannte „Fallstudien" konzentriert — kleine Studienobjekte, detaillierte und richtig kontextualisierte Beispiele, die es uns ermöglichen, die Gesellschaft und das Funktionieren der Macht in ihr eingehender zu untersuchen. Sie scheinen sich nicht wirklich mit größeren Narrativen, Ideologien oder Politiken zu befassen, sondern konzentrieren sich auf eine kleine Gruppe von Menschen, ein Kollektiv, in dem jeder jeden kennt, und das auf eine Weise zusammenlebt, die durch eine Kombination von geschriebenen und ungeschriebenen Regeln bestimmt wird. Diese Regeln sind in den verschiedenen historischen Epochen etwas (oder wesentlich) anders. Einige dieser Menschen sind noch am Leben, man kann sie befragen, und natürlich werden sie Ihnen nicht die Erfahrungen der 1940er Jahre schildern, denn diese werden durch ihre eigenen, an die spätere offizielle Version angepassten Berichte überschrieben sein. Aber die Oral History hat bestimmte Rezepte für die Arbeit mit solchen Quellen.

Darüber hinaus bieten Archivdokumente auf der Ebene eines Bezirks, einer Fabrik oder Schule sehr gute Beispiele dafür, wie die Behörden an der Basis arbeiten. Als ich an meinem Buch über „Stalins Bürger" arbeitete, überlegte ich, welche nicht-trivialen Beispiele ich aus der Geschichte des zerstörten Kyjiws der Nachkriegszeit auswählen sollte. Schließlich entschied ich mich für den Kyjiwer Spirituosentrust und die KPdSU-Regionalbibliothek (heute die Jaroslaw der Weise-Nationalbibliothek der Ukraine, früher die Nationale Parlamentsbibliothek); die dritte Gruppe war vorhersehbarer — das Werk „Bilschowyk". Eine genaue Lektüre dieser Dokumente zeigt, dass die Erfahrung dieser Menschen eine des Überlebens und der Tragödie war. Aber es war auch eine Erfahrung von Kollektivität: Sie fühlten sich nicht allein mit der Welt, sie interagierten mit dem Staat, mit verschiedenen Verwaltungsorganen, durch bestimmte Schemata, und diese Schemata und Kompromisse wurden übrigens auch im Kollektiv bestimmt. Nehmen wir ein Beispiel aus den Dokumenten der Bibliothek, das nicht in dem Buch enthalten ist: „Wer wird der Sekretär der primären Parteiorganisation

---

59 Siehe z. B.: Lyssenko, Oleksandr. Druha switowa wijna jak predmet naukowych doslidschen ta fenomen istorytschnoji pamjati. [Der Zweite Weltkrieg als Gegenstand wissenschaftlicher Forschung und Phänomen des historischen Gedächtnisses.] Ukrajinskyj istorytschnyj schurnal. 2004. Nr. 5, S. 3–16.

sein"? Zunächst versucht man Kriegsveteranen zu überreden, die vielleicht ein-
wenden, dass sie kleine Kinder haben und dass sie im Kollektiv nicht respektiert
werden. Aber der Druck wird immer größer, denn es muss ja jemand gewählt
werden. Schließlich finden sie eine Person, um sie nachher im Stillen zu hassen.

Das heißt, es handelt sich um einen Prozess des gemeinschaftlichen Zusam-
menlebens, der die Wirkung des Repressionsapparats aller Regime, die während
des Zweiten Weltkriegs auf dem Gebiet der heutigen Ukraine herrschten, sowohl
abschwächen als auch verstärken konnte.

Wir werden in den folgenden Vorlesungen daran arbeiten, dieses Konzept
besser zu verstehen: wie genau die totalitären Absichten dieser Regime (und insbesondere die von Stalin) in die Alltagspolitik umgesetzt wurden[60].

Und nun sollten wir auch noch Folgendes beachten: Wenn wir uns die Reihe
der Bücher und Artikel ansehen, die in einem westlichen Land über Erfahrungen
während des Krieges veröffentlicht wurden, und sie mit dem vergleichen, was in
der Ukraine über unsere Erfahrungen mit dem Zweiten Weltkrieg veröffentlicht
wurde, wird eine interessante Dynamik deutlich. Es fällt auf, dass im Westen
meist Themen behandelt werden, die bei uns noch immer eine besondere Nische
einnehmen, sozusagen als interessante Ergänzung zu den wirklich wichtigen Din-
gen. Das heißt, die großen Narrative sind dort längst unterminiert, weil klar ist,
wie man sie unterminiert. Und es ist besser, sie dort zu untergraben, wo sie am
schwächsten sind, irgendwo am Rande, in Bereichen, die nicht zentraler Bestandteil dieser Narrative waren. In den 1960er Jahren entwickelte der Westen zum
Beispiel eine „Sozialgeschichte", die den Schwerpunkt vom Staat auf die Gesellschaft, die Gruppen und die Interessen der Menschen verlagerte. Es entstand eine
Frauengeschichte, die eine ganze Reihe von patriarchalischen Konzepten Konzept
des Nationalstaats in der Alten Welt (im Gegensatz zum modernen, europäischen
Konzept). Wie oft haben Sie zum Beispiel von Frauen in der Zentralna Rada gehört? Gab es sie überhaupt und welche Rolle spielten sie? (Als Hinweis: Es gab
sie, aber sie konzentrierten sich auf die Unterstützung von Flüchtlingen, Schulen
usw.[61])

Ich habe einmal über das Gender-Rollenverständnis ukrainischer Patrioten
im Russischen Reich in der zweiten Hälfte des 19. Jahrhunderts geschrieben. Man

---

60 In der englischsprachigen Literatur ist das klassische und möglicherweise bis heute unüber-
troffene beste Beispiel für diesen Ansatz das Buch von Stephen Kotkin über Magnitogorsk: Kotkin, Stephen. Magnetic Mountain: Stalinism as a Civilization. Berkeley: University of California
Press, 1995.
61 Siehe: Myronez, Nadija. Schinky w Ukrajinskij zentralnij radi. [Frauen im Ukrainischen Zent-
ralrat.] Slowo i tschas. 1996. Nr. 8–9 S. 52–55.

traf sich in halbgeheimen Kulturclubs, die man „Hromada" nannte. Die Männer diskutierten in einem Raum, die Frauen sangen und stickten in einem anderen[62].

Oder was wussten wir über die Erfahrungen ukrainischer Frauen im Krieg vor der Veröffentlichung 2015 der Sammlung „Frauen Mittel- und Osteuropas im Zweiten Weltkrieg"? Ich meine, abgesehen von der außergewöhnlichen, zur Ikone und zum Mythos gewordenen OUN-Aktivistin und Dichterin Olena Teliha, die von den Nazis in Kyjiw erschossen wurde?

Dies ist ein patriarchalisches Konzept und eine patriarchalische Praxis, die ein neues Licht auf die historischen Grenzen der ukrainischen Nationalbewegung wirft und uns fragen lässt, welche anderen Perioden der ukrainischen Geschichte aus dieser Perspektive überdacht werden sollten.[63]

Bekanntlich führte die Konzentration auf den Holocaust als Tragödie, die das Wesen der Erinnerung an den Zweiten Weltkrieg im Westen definiert, d. h. das Konzept der Erinnerung und Reue für das Versagen bei der Rettung der Opfer des Nationalsozialismus, allmählich zur Einbeziehung der Erfahrungen anderer marginalisierter Gruppen, die die Nazis und ihre Kollaborateure auszurotten versuchten, wie psychisch Kranke, Homosexuelle und Roma. Eine meiner Doktorandinnen hat eine interessante Studie darüber verfasst, wie sich die Einbeziehung der Roma in die Reihe der Opfer des Nationalsozialismus allmählich in der offiziellen Erinnerungspolitik der Staaten, die der EU beigetreten sind, verbreitet hat. Dies war, ebenso wie die Anerkennung des Holocaust, eine Maßnahme der demokratischen Entwicklung. Allerdings geschah dies alles vor dem Rechtsruck in der Politik Ungarns und Polens. Ich bin sehr froh, dass es jetzt in der Ukraine Studien über den Roma-Holocaust gibt.

Lange Zeit war es unmöglich, Informationen darüber zu finden, weil wir auch die Möglichkeit zur Oral-History-Forschung verpassten, weil wir uns nicht darauf konzentrierten haben, weil es in keines der großen Narrative passte. Roma waren nicht die klassischen Vertreter der „Zivilbevölkerung", die man auf dem sowjetischen Denkmal in Babyn Jar in Kijiw zeigen wollte, gemeinsam mit

---

62 Siehe: Yekelchyk, Serhy. Ukrajinofily: Swit ukrajinskych patriotiw druhoji polowyny XIX stolittja. [Ukrainophile: Die Welt der ukrainischen Patrioten in der zweiten Hälfte des 19. Jahrhunderts.] Kyjiw: KIS, 2010, S. 31.

63 Glücklicherweise hat sich seit der Zeit, als diese Vorträge gehalten wurden, einiges weiterentwickelt. Siehe: Schinky Zentralnoji ta Schidnoji Jewropy u Druhij switowij wijni: Henderna spezyfika doswidu w tschassy ekstremalnoho nassylstwa [Frauen in Mittel- und Osteuropa im Zweiten Weltkrieg: Geschlechtsspezifische Erfahrungen in Zeiten extremer Gewalt]: Sammelband wissenschaftlicher Artikel / hrsg. von Grinchenko, Gelinada; Kobtschenko, Kateryna und Kis, Oksana. Kyjiw: Art Book, 2015; Petrenko, Olena. Unter Männern: Frauen im ukrainischen nationalistischen Untergrund 1944–1954. Paderborn: Ferdinand Schöningh, 2018.

heldenhaften Matrosen, Kriegsgefangenen oder Untergrundkämpfern und Frauen mit Kindern im Hintergrund.

Außerdem waren sie keine Kämpfer für den Nationalstaat. Dank einer umfassenderen westlichen Sichtweise des Holocausts gibt es nun ukrainische Studien über den Völkermord an den Roma[64]. Generell ist die Berücksichtigung der Erfahrungen von Randgruppen seit langem ein wichtiger Trend in den westlichen Studien über den Zweiten Weltkrieg.

Schließlich ist noch die so genannte „transnationale Geschichte" zu erwähnen, die vorschlägt, Prozesse nicht als in der nationalen Geschichte verwurzelt, sondern als Ergebnis des komplexen Zusammenspiels verschiedener Gesellschaften und Kulturen zu untersuchen. Es wurde bereits ein erster (englischsprachiger) Versuch unternommen, die Bedeutung dieses Bereichs für die Geschichte der Ukraine aufzuzeigen, allerdings ohne sich auf den Zweiten Weltkrieg zu konzentrieren.[65] Die Kriege der Neuzeit sind jedoch das beste Beispiel dafür, wie nützlich transnationale Geschichte sein kann. So beschrieb Mark von Hagen die Ostfront im Ersten Weltkrieg als Beispiel für die „Verflechtung" von nationalen Geschichten und imperialen Projekten.[66]

Dies gilt nicht minder für die ukrainische Erfahrung des Zweiten Weltkriegs. Viele Ereignisse in der ukrainischen Geschichte dieser Zeit können nicht ohne breiteren Kontext verstanden werden, an den man sich nicht immer erinnert, oder an den man sich nicht erinnern will.

Timothy Snyder hat auf den nicht offensichtlichen Zusammenhang zwischen dem Sieg der Roten Armee in Stalingrad und der ethnischen Säuberung von Wolhynien im Jahr 1943 hingewiesen. Schließlich war Stalingrad der Grund für den Massenexodus der bewaffneten ukrainischen Mitarbeiter der Deutschen (der Hilfspolizei) in die Wälder.[67]

Er zeigt, dass es nicht um den Aufstieg der UPA (oder der sowjetischen Partisanen, die damals ebenfalls zu einer Massenbewegung wurden) oder gar um die

---

64 Henozyd romiw Ukrajiny w period Druhoji switowoji wijny: wywtschennja, wykladannja, komemorazija: Materialien der wissenschaftlich-praktischen Konferenz [Der Genozid der Roma in der Ukraine während des Zweiten Weltkriegs: Forschung, Lehre, Kommemoration. Materialien der wissenschaftlich-praktischen Konferenz]: Kyjiw, 4. Oktober 2016 / hrsg. von Tjahluj, Mychajlo. Kyjiw: Ukrainisches Zentrum für Holocaust-Studien, 2016.

65 Kasjanow, Georgiy; Ther, Philipp u. a. Laboratory of Transnational History: Ukraine and Recent Ukrainian Historiography. Budapest: Central European University Press, 2009.

66 Von Hagen, Mark. The Entangled Eastern Front in the First World War. in: The Empire and Nationalism at War / hrsg. von Lohr, Eric; Tolz, Vera; Semyonov, Aleksandr und Von Hagen, Mark. Bloomington: Slavica Publishers, 2014. S. S 9–48.

67 Snyder, Timothy. The Causes of Ukrainian-Polish Ethnic Cleansing 1943. Past & Present. 2003. Nr. 179 (Mai). S. 214–217.

reale Möglichkeit einer deutschen Niederlage ging, sondern um eine Reihe sekundärer Faktoren – von den Änderungen in der deutschen Politik gegenüber den Ukrainern bis hin zum Auftauchen der sowjetischen Partisanen in Wolhynien. Es handelt sich also nicht um einen direkten, sondern um einen indirekten Zusammenhang, und nicht um eine monokausale Ursache, sondern um eine Kombination mehrerer Ursachen. Es gibt viele solche und noch viel komplexere Beispiele. Der unmittelbare Beginn des „Holocaust durch Erschießen" in den besetzten Gebieten der UdSSR, die Änderung der deutschen Haltung gegenüber ukrainischen Kriegsgefangenen Ende 1941, die neue Positionierung von Minderheiten in den Beschlüssen der Dritten Außerordentlichen Großen Versammlung der OUN(b) sind alles Beispiele für die Verflechtung ukrainischer oder sowjetischer Bedingungen und ideologischer Trends mit ihren Interpretationen anderswo, ebenso wie mit den großen Militäroperationen außerhalb ukrainischer Gebiete.

Der Alltag des Krieges

Heute möchte ich die konzeptionelle These des letzten Kapitels weiterführen. Es geht um die Erfahrung von Gemeinschaften, um die Tatsache, dass wir den Krieg heute durch das Prisma der Gemeinschaftserfahrungen verstehen. Auf eine solche Untersuchung des Krieges müssen wir gut vorbereitet sein, denn wir sind die Erben der ukrainisch-sowjetischen Geschichtswissenschaft, die immer verkündet hat, sie betreibe das, was man im Westen Sozialgeschichte nennt. Dies war theoretisch der Fall. Übrigens gab es, als die Sowjetunion gerade zusammengebrochen war, zumindest eine Stimme aus der Diaspora, die die Sozialgeschichte, wie sie in der ehemaligen Sowjetunion existierte, verteidigte: die Stimme des 2016 verstorbenen Orest Subtelny. Es war ziemlich überraschend, dies gerade von ihm zu hören, denn er war kein Fachmann für die Geschichte des 20. Jahrhunderts und eigentlich auch kein Sozialhistoriker, aber er war der Meinung, dass wir, bevor wir alles zerstören, überlegen sollten, ob es nicht einfacher wäre, die ukrainischen Sowjethistoriker auf die Sozialgeschichte umzuorientieren.[68] Bis zu einem gewissen Grad ist dies geschehen; einige der damals geschaffenen institutionellen Projekte (z. B. die „Geschichte der Klassen und sozialen Schichten der Ukrainischen SSR") haben sich zu einer Reihe von kollektiven Monographien unter der Überschrift „Geschichte des Alltagslebens" entwickelt, auch wenn sie manchmal auf eine für die Geschichte des Alltagslebens etwas ungewöhnliche Weise strukturiert sind und eine soziale Gruppe nach der anderen betrachten.

Aber was ich hier meine, ist, dass Anfang der 1990er Jahre eine wirklich radikale Neuorientierung der Historiker stattgefunden hat; es war die Übernahme des nationalen Narrativs, und zwar hauptsächlich in seiner Version der politischen Geschichte. Dies führte zu einem interessanten Paradoxon: Man kann auf die Sozialgeschichte des neunzehnten Jahrhunderts nicht verzichten, weil es dort weder einen ukrainischen Staat noch die hypothetische Möglichkeit seiner Entstehung gibt. Dagegen ist das 20. Jahrhundert in erster Linie eine Ära der Staatsbildung, in der die Sozialgeschichte in den Hintergrund tritt — vielleicht mit Ausnahme der Erforschung des Holodomors, die übrigens zur Legitimierung der Oral History beigetragen hat, die ihrerseits wiederum andere Bereiche zu revolutionieren begann. So wie das Konzept des „neuen sowjetischen Menschen" die humanitäre Dimension aus der sowjetischen Geschichtsschreibung im Wesentlichen verdrängt hat, steht paradoxerweise das vereinfachende Verständnis der „ukrainischen Nation" in der gegenwärtigen Forschung manchmal der Hervorhebung

---

68 Subtelny, Orest. The Current State of Ukrainian Historiography. Journal of Ukrainian Studies. 1993. Bd. 18. Nr. 1–2. S. 42.

der menschlichen Dimension des Krieges in Wege. Eine auf die Nation ausgerichtete Geschichtsschreibung färbt vor allem die Berichterstattung über Kriege, die im nationalen Narrativ in der Regel als eine heroische oder opferreiche Handlung (ausschließlich in Bezug auf die Mitglieder dieser Nation, nicht auf alle anderen) verstanden werden. Dabei kann die Erfahrung der einfachen Menschen leicht verloren gehen.

Aus diesem Grund werden wir heute über den Kriegsalltag sprechen. Ich verwende diesen Begriff „Kriegsalltag" in zweifacher Bedeutung: erstens als Annäherung an die Geschichte des Krieges als Geschichte der Gesellschaft, und zweitens als Annäherung an die Militärgeschichte aus der Perspektive „von unten", also nicht vom Standpunkt eines Generals oder einer Ideologie aus gesehen, sondern aus der Sicht des Soldaten, der Zivilbevölkerung und der Frauen, die normalerweise aus dem Diskurs über das Heldentum der Nation ausgeschlossen werden. Im Westen wird die Geschichte der Kriege heute vor allem unter dem Aspekt der Gewalt verstanden; mir hat es sehr gefallen, dass der Titel eines interessanten neuen ukrainischen Buches über die Kriegserfahrungen von Frauen den Begriff „extreme Gewalt" verwendet.[69] Es ist höchste Zeit, dass die ukrainische Erfahrung des Zweiten Weltkriegs nicht in den aus der Sowjetzeit sattsam bekannten Kategorien von Heldentum und Heldentat, sondern in Begriffen von Gewalt, Überleben und vor allem von Tod verstanden wird. Diese Kategorien sind für die unmittelbare tägliche Erfahrung des Krieges von großer Bedeutung. Wenn wir die ideologischen Narrative beiseitelassen, sehen wir in der Ukraine während des Zweiten Weltkriegs wie auch anderswo auf der Welt etwas sehr Ähnliches: eine passive Mehrheit, die in erster Linie ans Überleben denkt, und eine aktive Minderheit.

Das heißt, die Erfahrungen der Mehrheit der Menschen werden uns nicht helfen, die großen Narrative der 40er Jahre über die Heldentaten des sowjetischen Volkes oder den Kampf für den ukrainischen Staat zu bestätigen, da nur eine Minderheit daran freiwillig teilgenommen hat. Das ist das Erste.

Die zweite Frage ist, wie ein Forscher Zugang zu dieser Erfahrung finden kann. Das erweist sich als schwierig. Großes Aufsehen erregte im Westen das 2005 veröffentlichte Buch „Ivan's War" der britischen Historikerin Catherine Merridale. Es wurde viel darüber geschrieben, es hieß, das Buch wäre ein neuer Ansatz, den „Krieg" zu sehen. Für mich bemerkenswert, dass sie genau den zweiten

---

69 Schinky Zentralnoji ta Schidnoji Jewropy u Druhij switowij wijni: Henderna spezyfika doswidu w tschassy ekstremalnoho nassylstwa [Frauen in Mittel- und Osteuropa im Zweiten Weltkrieg: Geschlechtsspezifische Erfahrungen in Zeiten extremer Gewalt]: Sammelband wissenschaftlicher Artikel / hrsg. von Grinchenko, Gelinada; Kobtschenko, Kateryna und Kis, Oksana. Kyjiw: Art Book, 2015.

Aspekt dessen, was ich als Alltag bezeichne, analysiert, d. h. das tatsächliche Leben an der Front, aber aus der Sicht eines einfachen Soldaten, und nicht eines Politkommissars oder Ideologen. Die Autorin hat Einblick in Briefe und Tagebücher erhalten, die bisher nicht zugänglich waren, sie hat viele Interviews geführt, aber vor allem bruchstückhafte Zeugnisse aus bereits bekannten Quellen gesammelt, die bisher noch nicht aus dieser Perspektive gelesen worden waren. Merridale hat im Wesentlichen eine neue Geschichte des Krieges geschrieben[70]. In methodischer Hinsicht handelt es sich in der Tat um ein sehr innovatives Werk, obwohl die Erfahrungen anderer Länder im Ersten und Zweiten Weltkrieg längst in diesen Kategorien interpretiert worden sind.

Betrachtet man ihre Quellen, so sind die sogenannten neuen Quellen, also bisher unveröffentlichte Briefe und Tagebücher, in der Minderheit. Einige von Ihnen wissen wahrscheinlich, dass Tagebücher in der Roten Armee verboten waren. Sicherlich wissen Sie auch, dass man in der Regel in Briefen nicht über Dinge schrieb, die den offiziellen Standpunkt untergruben. Ausnahme war Alexander Solschenizyn. Er erdreistete sich, in seinen Briefen einiges Erlebte einem Freund an einer anderen Front zu schreiben, weil er der Meinung war, dass die interne Armeekorrespondenz nicht von der Zensur überprüft würde — mit dem Ergebnis, dass er im Gulag landete und zu dem Solschenizyn wurde, den die Welt kennt. Aus Tagebüchern und Briefen lässt sich daher nicht viel herauslesen. Letztendlich stellt sich heraus, dass Merridale sich vorwiegend auf Geschichten sowjetischer Dissidenten und anderer Flüchtlinge stützt, die offener über den Krieg gesprochen haben. In erster Linie ist es Lew Kopeljow, der sehr gut von sich selbst als jungem Mann berichtet und versucht, seine damalige Stimmung mitzuteilen. Sie macht auch ausgiebig Gebrauch von den ersten Beispielen jener mündlichen Geschichte, die in den letzten Jahren der Sowjetunion erschienen ist: Sie zitiert vor allem aus Swetlana Alexijewitschs Buch „Der Krieg hat kein weibliches Gesicht"[71].

Merridales Ansatz aber, ihr Fokus auf die Erfahrungen des einfachen Soldaten, war innovativ. Da sich ihre früheren Arbeiten mit der Frage des Todes und der Erinnerung, der Fortdauer der Erinnerung, der Tragödie und des Opfers befassten, war dieser Ansatz nur natürlich. Dabei ist er noch dazu außerordentlich produktiv, denn der Tod spielte, wenn man darüber nachdenkt, im sowjetischen Narrativ vom Heldentum eine große Rolle: es war nicht notwendig, ihn zu ver-

70 Merridale, Catherine. Ivan's War: Life and Death in the Red Army, 1939–1945. New York: Picador, 2006.
71 Erstausgaben dieser beiden Bücher: Kopelew, Lew. Chranyt wetschno [Für immer bewahren.]. Ann Arbor: Ardis, 1975; Alexievich, Svetlana. U woiny–ne schenskoje lizo ... [Der Krieg hat kein weibliches Gesicht] Minsk: Mastazkaja literatura, 1985.

meiden. Das heißt, das kann ein Forscher in den sowjetischen Quellen finden, und das passt auch in die moderne Methodik. Das alles blieb aber in den Quellen unbeachtet, weil es ein bedeutsamer Bestandteil des Mythos des heroischen Opfers war. Wenn man versucht, andere Aspekte der Moral der sowjetischen Truppen zu bewerten, tappt man natürlich in die Falle der Quellen. Was mir auch an diesem Buch auffiel, war, dass Merridale bei der Lektüre all dieser Memoiren und Tagebücher die Verflechtung des offiziellen Diskurses mit den individuellen Erinnerungen manchmal vernachlässigt.

Bei der Betrachtung des Alltags an der Front verwendet die Forscherin nicht den Begriff „Gemeinschaft", sondern den der „Bruderschaft", der in damaligen Quellen tatsächlich für dasselbe Konzept verwendet wird. Dabei handelt es sich nicht nur und nicht so sehr um eine heroische Bruderschaft, sondern um den Kriegsalltag, der sich aus der Erfahrung kleiner Gruppen ablesen lässt, in denen „Tuchfühlung" entwickelt wurde. Die „Brüder" hatten ihre eigene interne Kultur samt Aberglauben und Liedern. In gewisser Weise waren die „Brüder" Familienersatz, samt „Regimentskindern" und Hunden. Es handelt sich um jenen Alltag, der nicht nur die gemeinsame Erfahrung des Überlebens beinhaltet, sondern auch Raub und Vergewaltigung, insbesondere dann, als die Rote Armee nach Europa vordrang. Sie zeigt, wie die „Brüderlichkeit" diese Gewalt erst ermöglichte. Ein anderer westlicher Forscher, der amerikanische Historiker Roger Rees, zeigt übrigens, dass die durchschnittliche Größe einer Gruppe von „Brüdern in der Roten Armee maximal fünf Personen betrug, also viel kleiner war als in der deutschen oder der amerikanischen Armee. Und Mark Edele bestätigt, dass das Überlaufen zu den Deutschen meistens in solchen Kleingruppen geschah[72].

Ein interessanter Punkt ist, dass mündliche Quellen und Memoiren Merridale überhaupt nicht dabei helfen, aufzuzeigen, was genau in der Realität geschah und wovon jeder wusste. Aus den Dokumenten der Militärstaatsanwaltschaft wissen wir, dass Korruptionsnetzwerke, die uns sehr vertraut sind, überall in der Roten Armee verbreitet waren. Das heißt, man eroberte eine Stadt und schickte mehrere hundert Kilogramm Fleisch an den General, und der General schickte es nach Moskau. Das heißt, während des Krieges funktionierten die Korruptionsnetze auf die gleiche Weise wie heute. Mehr noch: Auch der Diebstahl von Lebensmitteln und Gütern aus den sowjetischen Militärlagern fand in großem Stil statt. Jeder wusste von diesen Korruptionsnetzen, sie sind in den Dokumenten der Staatsanwaltschaft und in Gerichtsverfahren zu finden; aber keiner der Vete-

---

72 Reese, Roger R. Why Stalin's Soldiers Fought: The Red Army's Military Effectiveness in World War II. Lawrence: University Press of Kansas, 2011. S. 218–223; Edele, Mark. Stalin's Defectors: How Red Army Soldiers became Hitler's Collaborators, 1941–1945. Oxford: Oxford University Press, 2017. S. 60–61.

ranen erwähnt sie irgendwo, weder in Briefen, Tagebüchern, Memoiren noch in ihren mündlichen Erzählungen. Im Gegenteil, sie leugnen wütend, dass so etwas möglich gewesen wäre[73]. Mit anderen Worten: Das kollektive Gedächtnis hat sich im Laufe der Jahre so sehr auf demselben Baum von Breschnews Mythos vom „Großen Vaterländischen Krieg" verankert, dass sich die Veteranen selbst nach dem Zusammenbruch der Sowjetunion nicht nur nicht an bestimmte Dinge erinnern, sondern auch nicht mehr wissen, wann sie diese Dinge aus ihrem Gedächtnis gelöscht haben.

Und dies ist natürlich ein weiterer Beweis für die enge Symbiose von Volkserinnerung und offiziellem Mythos, die sich nur analytisch, abstrakt gegenüberstellen lassen.

Es geht mir nicht darum, die Rote Armee (und nur sie) zu verunglimpfen; es geht mir darum, dass sich alle Kriegsteilnehmer durch soziale Bindungen, durch Teilhabe an Hierarchien von Macht und Gewalt, durch sehr komplizierte Bindungen an die Gesellschaft, in der sie existierten, gebunden fühlten. Die Armee wurde weitgehend von der Bevölkerung finanziert, vor allem in der ersten Zeit des Krieges. Partisanen wurden fast ausschließlich durch Erpressungen finanziert. Dies war auf Strukturen zurückzuführen, die sich über die Jahrhunderte hinweg reproduziert haben, von der Lehenspflicht bis hin zur Schutzgelderpressung. Diese (für uns sehr gut erkennbaren) Modelle gab es im neunten Jahrhundert, und es gibt sie auch heute noch, aber sie passen nicht in das heroische Narrativ.

Diese Verhaltensmodelle sind eine Kombination aus Gewalt und Überleben. Natürlich wurden sie während des Krieges auch in anderen Armeen auf dem Territorium der Ukraine sowie von den ukrainischen nationalistischen Partisanen praktiziert.

Nun ein weiteres Beispiel: Ich beziehe mich auf das Buch „Stalins Kommandotrupps 1941–1944: Die ukrainischen Partisanenformationen" des deutschen (und davor russischen) Forschers Alexandr Gogun. Das Buch ist äußerst interessant, es widmet sich der Geschichte der sowjetischen Partisanenbewegung in der Ukraine. Es ist wichtig zu wissen, dass die Partisanenbewegung in der Ukraine organisatorisch von der allgemeinen Zentrale der Partisanenbewegung in der Sowjetunion getrennt war. Sie hatte ihr eigenes „ukrainisches" Hauptquartier, zunächst – wie ich annehmen würde – wegen der Betonung des ukrainischen Patriotismus, dann wegen der Notwendigkeit, dem alternativen Projekt der nationalistischen Partisanenbewegung symbolisch entgegenzutreten. (1944 wurden

---

73 Merridale, Catherine. Ivan's War: Life and Death in the Red Army, 1939–1945. New York: Metropolitan Books, 2006. S. 236.

einige Offiziere des Hauptquartiers in den Kampf gegen das „Banditentum", d. h. gegen die UPA, versetzt[74]). Goguns wertvolles Werk enthält eine unglaubliche Menge an Material über das tägliche Leben der Partisanen, darüber, wer die Partisanen waren. Irgendwann stellte Gogun fest, dass der Begriff „Partisanen" nicht mehr passte. Für bestimmte bewaffnete Gruppen verwendet er einen Begriff aus dem Englischen und nennt sie „Überlebensgruppen" – stragglers (Engl. „Nachzügler"). Er meint diejenigen, die sich von ihren eigenen Leuten entfernt haben oder irgendwo aus der Gefangenschaft entkommen sind[75]. In dem Buch werden sie nicht ausschließlich als sowjetische Partisanen dargestellt, sondern als Menschen, die einfach versuchen, irgendwo im Wald zu überleben, wobei ihre politische Identität unklar ist. Wenn organisierte Partisanen solche „straggler" finden, stellen sie sie auf die Probe und fragen: Wollt ihr euch uns anschließen, oder seid ihr doch nur Verräter und Deserteure? Und hier kommt ein bestimmtes Männlichkeitsmodell ins Spiel, wie z. B.: Unser Vater Kommandant, er wird alle überzeugen, und wenn er sie nicht überzeugt, wird er sie töten, usw.

Dies sind die Modelle für die Existenz bewaffneter Gruppen, die im Wesentlichen wahrscheinlich genau so funktionierten wie 1919, als der berühmte Anarchist und Anführer der Bauernarmee „Vater" Nestor Machno und andere „Väter" dort waren, auch weil diese Gruppen wiederum verschiedene politische Ideen abwechselnd unterstützten.

Diese Leute aus dem Wald von 1919 sind in der Tat die Großväter, vielleicht sogar die Väter der Leute aus dem Wald von 1941. Sie werden wegen ihrer Stärke respektiert, erfreuen sich der Anerkennung und Unterstützung durch die lokale Bevölkerung und positionieren sich zwischen den alten und neuen Besitzern des Landes. Dies sind Kriterien der Autorität, die nicht in einem ideologischen Rahmen definiert sind.

Zum Titel des Buches, „Stalins Kommandotrupps", ist anzumerken, dass Alexandr Gogun versucht, das sowjetische Konzept des von der Partei geführten Massenwiderstands der Bevölkerung auszuhöhlen. Dies ist eine wichtige Antithese zur früheren kanonisierten Version. Gogun vertritt die Ansicht, dass die Partisanen in Wirklichkeit Vertreter des stalinistischen Staates waren — im Wesentlichen Militärs oder NKWD-Offiziere, die oft aus dem „Großen Land" geholt

---

74 Gogun erklärt dies mit einem persönlichen Konflikt zwischen Chruschtschow und Ponomarenko, dem Leiter des Generalstabs der Union, aber ich neige dazu, darin breitere institutionelle und ideologische Tendenzen zu sehen. Siehe: Gogun, Aleksandr. Stalinskije kommandos. Ukrainskije partisanskije formirowanija [Stalins Kommando. Ukrainische Partisanenformationen], 1941–1944 / 2. überarbeitete und erweiterte Auflage, Moskau: Russische politische Enzyklopädie (ROSSPEN), 2012. S. 32, 37.

75 Ebd. S. 23.

wurden (von draußen, hinter der Front); zum großen Teil waren sie professionelle Saboteure und Spione und keine „Volksrächer".

Aber die Geschichte, die der Autor erzählt, ist komplexer und detailreicher. In der Anfangsphase versuchte der Staat, den Prozess zu kontrollieren; es folgte eine Zwischenphase, in der die Partisanen fliehen mussten oder besiegt wurden und in der sich zu gleicher Zeit eine Art Subkultur des Partisanenlebens entwickelte; und schließlich die Endphase, die Massenbewegung von 1943–1944, in der der NKWD und die Partisanenhauptquartiere ihre Kontrolle wirklich durchsetzen konnten.

„Kommandotrupps" — das ist keine sehr gute Metapher für solch reichhaltige Erscheinung, da dieses Wort normalerweise verwendet wird, um disziplinierte militärische Profis, etwa Fallschirmjäger, zu beschreiben. Stattdessen liefert Gogun hervorragende Beschreibungen des Alltagslebens der Partisanen, die für einen Sozial- oder Kulturhistoriker interessant sind. Was für mich die Welt der ukrainischen Partisanen am bestenaufzeigt, ist die interne Hierarchie, nach der sie agieren, und die Gogun in seinem Buch sehr schön beschreibt. Meiner Meinung nach ist dies einer der bleibenden Marksteine der Ungleichheit in der ukrainischen Geschichte. Wer geht zu Fuß, wer fährt Karren, wer darf eine Geliebte in der Truppe haben und wer nicht. Das ist sehr wichtig; — übrigens dürfen nur Partisanenkommandanten eine Geliebte haben, und sie geht nicht auf Streife. Nur Kommandanten und Kommissare dürfen eine Geliebte haben, aber ein Kommandant kann auch mehrere Geliebte haben, vor allem, wenn er ein General ist, ein Held der Sowjetunion. Gab es keine schriftlichen Befehle, dann hielt man sich an die gewohnte Art, im Wald zu leben, oder an Präzedenzfälle. So war klar, wer zu Fuß geht und wer mit dem Wagen fährt, wer zwei offizielle Geliebte in der Truppe hat und wer für sie auf Streife kommandiert wird, und schließlich, wie die von der örtlichen Bevölkerung halbfreiwillig erhaltenen Lebensmittel aufgeteilt werden[76].

Sie sehen nicht wie professionelle Kommandos aus. Tatsächlich sind die informellen Strukturen des Partisanenlebens ein weiterer Grund, warum es so schwierig ist, die Zahl der sowjetischen Partisanen in der Ukraine zu ermitteln. Es gab viele solcher Gründe. Zunächst einmal soll die sowjetische Regierung bei ihrem Rückzug angeblich dreißig- bis fünfzigtausend ausgebildete Partisanen zurückgelassen haben. Wie wurden sie zurückgelassen? Jede Bezirksabteilung des NKWD sowie die Parteiinstitutionen von den Bezirkskomitees aufwärts wurde angewiesen, eine Partisanenabteilung oder eine Untergrundgruppe zu organisieren.

---

76 Gogun Aleksandr. Stalinskije kommandos [Stalins Kommando. Ukrainische Partisanenformationen.]. S. 423–427.

Jemand wurde dort eingeschrieben und es wurde gesagt: Das war's, du bleibst, wir haben die Listen nach oben geschickt. Denn die Hauptsache war, die Listen nach oben zu schicken. Und dann blieben von diesen dreißig- bis fünzigtausend Menschen nur wenige übrig, und sie waren nur in den schriftlichen Berichten zu fnden. Der NKWD berichtete im Winter 1941–1942, dass 1.386 Abteilungen und Gruppen gegründet oder hinter die Frontlinie geschickt worden waren, aber nur mit 141 von ihnen waren Kontakte hergestellt worden[77]. Oleksij Fedorow, der erste Sekretär des ersten realen und dann illegalen regionalen Parteikomitees von Tschernihiw, schreibt in seinen Memoiren freimütig, dass alles vorbereitet zu sein schien — Lager, Stützpunkte, Menschen, und dann, nach dem chaotischen Rückzug der Armee, wurde er allein im Wald zurückgelassen und irrte dort mit zufällig gefundenen Gefährten umher[78].

Bis heute kann niemand die Zahl der sowjetischen Partisanen berechnen, denn es ist nicht klar, was mit den Gruppen geschehen sollte, die irgendwo zurückblieben, die im Wald stecken blieben; es ist nicht klar, was mit den jüdischen Partisanen geschehen sollte, die ebenfalls nicht als „Unsere" wahrgenommen wurden. Wenn die Partisanen ein Lager entdeckten, in dem Juden lebten, befreiten sie sie, nahmen sie aber natürlich nicht auf, weil sie „nicht zu uns" gehörten; schließlich wollten sie keine Zivilisten ohne Waffen und Erfahrung aufnehmen. Das Wichtigste ist natürlich, dass selbst die echten und offiziell anerkannten Einheiten nicht wie eine Armee organisiert waren, mit einer strengen Berichterstattung über das Eintreffen und die Abrechnung von Arbeitskräften oder die Verfügbarkeit und Menge von Waffen. Warum können sie nicht gezählt werden? Natürlich weil die tatsächlichen Zahlen in den Quellen ständig übertrieben und die Leistungen ständig aufgebläht werden. Sie wissen, wie paradox das in unserem System funktioniert. Zuerst wird es als Staatsgeheimnis betrachtet, weil wir so den Amerikanern das Potenzial der Partisanenbewegung in der Ukrainischen SSR im Falle eines Dritten Weltkriegs verraten könnten. Dann wird es zu einer Quelle des Stolzes — dass es soundso viele Partisanen in der Ukraine und soundso viele in Belarus gab. Und die sowjetischen Funktionäre gehen beim Zählen von einer realistischen Zahl von 220.000 aus und sagen dann 500.000. Diese Be-

---

77 Kentij, Anatolij V.; Losyzkyj, Wolodymyr. Wijna bes poschtschady i mylosserdja: Partysanskyj front u tylu wermachtu w Ukrajini (1941–1944) [Krieg ohne Gnade und Mitleid: Die Partisanenfront hinter der Wehrmacht in der Ukraine (1941–1944)]. Kyjiw: Heneza, 2005. S. 49.

78 Fedorow, Alexandr. Podpol'nyj obkom dejstvuet. Literaturnaja zapis' Evg. Bosnjatskogo [Underground Obkom acts. Literarische Aufzeichnungen von Bosnjatskyj, Jewgenij]. Moskau: Voenizdat, 1947. Buch 1., S. 48–55.

rechnungen sind zum Beispiel in dem Buch von Ivan Kapas[79] beschrieben. Natürlich waren der Großteil von ihnen keine „Kommandos", sondern meist Volkspartisanen, die erst ab 1943 unter dem Namen NKWD oder Partisanenhauptquartier auftraten, obwohl in dieser späten Phase die Abteilungen oft von Leuten geführt wurden, die eigens hinter die Frontlinie geworfen wurden, um die Partisanenbewegung unter die Kontrolle des Partisanenhauptquartiers zu bringen.

Das Gleiche geschah in gewissem Maße natürlich auch mit den UPA-Partisanen. Zunächst wusste der Vorstand im Exil nicht, ob die Zahl der verbliebenen Partisanen genannt werden sollte, aber dann begannen sie, die Zahlen zu erhöhen, um ihre Autorität im Westen zu steigern. Und nach der Öffnung der sowjetischen Archive wurden die Berichte des Ministeriums für Staatssicherheit der UdSSR zugänglich, aus denen beispielsweise hervorging, dass die NKWD-Agenten 1944 und in den ersten zehn Monaten des Jahres 1945 98.696 Aufständische getötet und weitere 92.219 verhaftet hatten[80]. Solche Zahlen gaben der patriotischen Phantasie breiten Raum — es entstand das Bild eines massenhaften Volkswiderstandes, einer ganzen Volksarmee von mehreren hunderttausend Soldaten. Das Problem ist nur, dass Historiker, die solche Archivdaten fanden, zugleich auch auf die Diskrepanz zwischen der Zahl der erbeuteten Waffen der toten Kämpfer und der Zahl der Toten hinwiesen.

Und die war viel geringer, d. h. 10 Tote — ein Gewehr oder Sturmgewehr[81]. An dieser Stelle sei daran erinnert, dass gefälschte Berichte nicht nur über Produktionsleistungen verfasst wurden. Auch im NKWD oder im Ministerium für Staatssicherheit war man höchst daran interessiert sowie sehr aktiv, um einen weiteren Stern am Schulterriemen oder einen Orden zu erhalten. Außerdem wären gefälsche Berichte in diesem Fall auch eine harmlose mögliche Erklärung, denn es ist auch vorgekommen, dass unbewaffnete Zivilisten getötet und als aktive Aufständische ausgegeben wurden. Dies würde auch die unverhältnismäßig niedrige Zahl der bei ihnen gefundenen Waffen erklären.

Unter den Nachkriegsemigranten wurde die Zahl von 400.000 Mitgliedern der nationalistischen Partisanen- und Untergrundgruppen weitgehend akzeptiert. Wenn ukrainische Wissenschaftler heute Schätzungen dieser Größenordnung

79 Kapas, Ivan A. Radjanskyj ruch Oporu w Ukrajini: orhanisazija, lehitymazija, memorialisazija (1941–1953) [Sowjetische Widerstandsbewegung in der Ukraine: Organisation, Legitimierung, Memorialisierung (1941–1953)] / hrsg. von Wronska, Tamara Vasylivna Kyjiw: K.I.S., 2016. S. 87–89.
80 Hrynewytsch, Vladyslav. Pidwodna tschastyna ajsberha: rol Tscherwonoji armiji u borotbi s ukrajinskym powstanskym ruchom (1944–1945) [Der untere Teil des Eisbergs: Die Rolle der Roten Armee im Kampf gegen die ukrainische Aufstandsbewegung (1944–1945)]. Moderne Ukraine. 2006. Nr. 10. S. 138.
81 Ebd.

verwenden, sprechen sie von der Gesamtzahl der Personen, die diese Organisationen und Einheiten zwischen 1942 und 1960 durchliefen. Was jedoch die Größe der UPA betrifft, so räumen sie ein, dass sich die Zahlen in der Zeit ihres größten Wachstums, von Ende 1943 bis Mitte 1945, zwischen Vierzehn- und Dreiundzwanzigtausend bewegten[82].

Wenn es um Zehn- oder Hunderttausende von Kämpfern geht, muss sich der Historiker davor hüten, die Menschen zu einer Funktion der Ideologie zu machen und davon auszugehen, dass sie alle bewusste Kämpfer für die Freiheit der Ukraine waren (dasselbe gilt für die sowjetischen Partisanen, die natürlich nicht nur und nicht so sehr wegen ihrer Hingabe an die bolschewistische Ideologie in den Wald gingen).

Diese ideale Vorstellungswelt ist weit von der realen Welt der Volkspartisanenbewegung entfernt, in der es in vielen Fällen keine ideologische Komponente gab, wie etwa bei den Polizisten, die nach Stalingrad massenhaft zur UPA überliefen, oder bei den Deserteuren des Jahres 1941, die von einheimischen Frauen aufgenommen wurden und sich den Roten Partisanen anschlossen, bevor die Rote Armee zurückkehrte.

Es gab auch Zwangsmobilisierung in die Partisaneneinheiten, übrigens sowohl in die UPA als auch in prosowjetische Einheiten. Und schließlich gab es eine unglaubliche Menge an Schattierungen zwischen Überlebensstrategien und patriotischen Gefühlen sowie komplexe Kompromisse, die sehr oft lokaler Natur waren. In der Regel waren die Partisanen an ihr Gebiet gebunden, sie wollten nicht über den Bezirk oder die Region hinausgehen. Dies ist sehr typisch generell für Bauernbewegungen, so dass wir bei der Analyse jeder Partisanenbewegung nicht vergessen dürfen: Es geht dabei immer im eine Bauernbewegung. Die Besonderheiten der Bauernaufstände in der Weltgeschichte sind gut erforscht, auch für das 20. Jahrhundert.

Wir wissen viel über ukrainische Aufständische während der Revolution von 1917–1920 wie Machno oder Nikifor Hryhorjew – Atamanen, die entweder die Ukrainische Volksrepublik oder die Roten unterstützten.

Bauernarmeen sind stark, solange sie sich in ihrem eigenen Gebiet befinden, aber sobald man versucht, sie woanders hin zu verlegen, um ein nationales Projekt umzusetzen, fallen sie auseinander und können nicht mehr funktionieren. Um diese Dinge zu erkennen, müsste man bei der Untersuchung solcher Bewegungen einen besser ausgefeilten kategorischen Apparat verwenden. Die Natur

---

82 Patryljak, Ivan K. Peremoha abo smert: ukrajinskyj wyswolnyj ruch u 1939–1960 rokach [Sieg oder Tod: Die ukrainische Befreiungsbewegung in den Jahren 1939–1960.]. Charkiw: KSD, 2015. S. 147, 149.

der ländlichen Gesellschaften, in die die Organisatoren und Propagandisten nach Stalingrad – im wahrsten Sinne des Wortes – mit einem Fallschirm aus dem Flugzeug hineingeworfen werden, macht sich sofort bemerkbar, denn sie sehen oft, dass die Partisanen bereits ihren eigenen „Vater" haben.

Und wir wissen, dass diese „Väter" während des Zweiten Weltkriegs oft Menschen mit Charisma und einer spontanen Fähigkeit waren, Menschen zu organisieren, wie zum Beispiel der Partisanengeneral der Jahre 1941–1944 Sydir Kowpak. Ihn nannte man übrigens nicht „Vater", sondern „Großvater". Er musste aufgrund seiner Position (vor dem Krieg war er Vorsitzender des Exekutivkomitees – also Bürgermeister – von Putywl, einer kleinen, aber alten Stadt in der Nordukraine) an Schulungen für Partisanenorganisatoren teilnehmen, aber niemand konnte ahnen, dass der Krieg aus einem 54-jährigen Bezirksbeamten einen General, einen zweifachen Helden der Sowjetunion und stellvertretenden Vorsitzenden der Werchowna Rada machen würde.

Die Erklärung dafür ist, dass er bereits seit dem Ersten Weltkrieg ein St.-Georgs-Ritter und während der Revolution ein Partisan war — ein Mann, der sich im Krieg entfaltete und spontan zum Anführer einer Gruppe bewaffneter Menschen wurde.

Später kamen zu seiner großen Truppe natürlich auch Flugzeuge mit NKWD-Offizieren, Geheimdienstlern und Spezialisten des militärischen Spionageabwehrdienstes SMERSH. Wenn er getrunken hatte, war der „Großvater" imstande, einen NKWD-Mann mit der Peitsche zu schlagen. Und dann zitierte er angeblich die Worte Stalins: „Wenn man NKWD-Agenten zu euch schickt, vertreibt sie, sie haben dort nichts zu suchen"[33]. Und welche Art von Agenten schickte Moskau? Der berühmteste war Petro Werschyhora, ein Kameramann, der in Odesa und Moskau studiert hatte und als Regisseur und Schauspieler im Kyjiwer Filmstudio arbeitete.

Er begann den Krieg in der Infanterie, sein Zug verteidigte den Tarasowa-Hügel, wo der Nationaldichter Taras Schewtschenko begraben liegt, dann war er Fotograf und Späher, und als er zu den Partisanen geschickt wurde, gaben sie ihm (einem Künstler-Typ!) den Spitznamen „Bart".

Er war also auch nicht gerade ein Fallschirmjäger, obwohl er einige erstaunliche Abenteuer erlebte, vor allem im ersten Kriegsjahr — so erwürgte er bei-

83 Gladkov, Teodor; Kizja, Luka. Kovpak. Izd. 2-e, ispr. Zhiizn' zamečatel'nych ljudej. Serija biografij. [2. verbesserte Aufl. Leben von bemerkenswerten Menschen. Reihe von Biographien.] Nr. 12 (524). Moskau: Molodaya Gvardiya, 1973; Ponomarenko, Pavel. Sidor Kovpak derzyl Stalinu i byl lychnym vragom Gimmlera. [Sydor Kovpak widersetzte sich Stalin und war Himmlers persönlicher Feind.] KP in der Ukraine. 19 Sep. 2019, https://kp.ua/politics/551415-sydor-kovpak-der zyl-stalynu-y-byl-lychnym-vrahom-hymmlera. [Letzter Zugriff am 29.07.2024]

spielsweise einen deutschen Maschinengewehrschützen mit bloßen Händen und entkam der Umzingelung auf einem gekaperten deutschen Lastwagen.

Er wurde auch zu einer Autorität im Wald, stieg zu Kowpaks Nachfolger auf und beendete den Krieg als General und Held der Sowjetunion. Nach dem Krieg wurde er Schriftsteller und geriet wegen der ersten Auflage seines populären Romans „Menschen mit gutem Gewissen", in dem die Aktionen der Partisanen als spontane und ungeplante Volksbewegung dargestellt wurden, in Schwierigkeiten. Die nächsten Schwierigkeiten lauerten auf ihn in den 1950er Jahren, als Werschyhora die offiziellen Historiker kritisierte, weil sie das Heldentum der ukrainischen Kosaken nicht verherrlichten[84].

Aber im Allgemeinen wurde die Welt, in der die Partisanen agierten, von den lokalen Bedingungen bestimmt. Daher sollte man auch sehr vorsichtig sein, wenn es darum geht, ihre Anzahl zu bestimmen — und ebenso vorsichtig, wenn es darum geht, Rückschlüsse auf den Grad der Kontrolle über sie durch Moskau oder die ausländischen Zentren der OUN zu ziehen. Ideologen und Offiziere der Spionageabwehr wurden aus Flugzeugen geworfen. Dank der Arbeit des amerikanischen Historikers Jeffrey Birds wissen wir übrigens, dass ab 1946 auch nationalistische Ideologen und Vertreter des Sicherheitsdienstes aus amerikanischen Aufklärungsflugzeugen über Galizien abgeworfen wurden. Sie landeten mit ihrer Propagandaliteratur, um die ideologischen Postulate des Kalten Krieges zu unterstützen und der Welt zu zeigen, dass es auf ukrainischem Boden echten Widerstand gegen das Sowjetregime gab. Interessanterweise wurde dies in der westlichen Presse erst nach der Zerschlagung der Bewegung in Galizien zu einem wichtigen Thema. Im Jahr 1950 wurde im Westen eine ganze Kampagne organisiert, um Interviews mit Vertretern der ukrainischen Befreiungsbewegung in der Presse zu veröffentlichen. Damit diese Nachrichten einen Einfluss auf den Durchschnittsamerikaner hatten, wurden sie in angesehenen Massenmedien veröffentlicht.

Zu dem Zeitpunkt war der Anführer der Ukrainischen Aufständischen Armee Roman Schuchewytsch schon tot, ermordet, es gab keinen Aufstand mehr, aber die Propagandamaschinerie arbeitete daran, dem Durchschnittsamerikaner zu zeigen, dass es die aufständische Bewegung noch gibt[85].

Im Falle der sowjetischen Partisanen funktionierte die Propagandamaschine natürlich genauso. Das ist sogar noch interessanter, weil sie früher angefangen

---

[84] Okljanskyj, Jurij. Pereodety general. Druschba narodow [Der umgekleidete General. Völkerfreundschaft]. 2007. № 5. S. 118–154; Yekelchyk, Serhy. Imperija pamjati. [Stalin's Empire of Memory: Russian-Ukrainian Relations in the Soviet Historical Imagination] S. 177–178.

[85] Siehe: Burds, Jeffrey. The Early Cold War in Soviet West Ukraine, 1944–1948. Carl Beck Papers in Russian and East European Studies. Nr. 1505. Pittsburgh: University of Pittsburgh, 2001.

haben, so dass die „Prawda" bereits 1941 vorgeben musste, dass sich in den besetzten Gebieten eine nationale Widerstandsbewegung entwickelte. In Wirklichkeit wurde sie erst später massiv, vor allem nach Stalingrad. Wir haben gesagt, dass der Aufstieg der UPA im Jahr 1943 auch eine direkte und indirekte Reaktion auf Stalingrad war. Kehren wir nun zu einem dieser indirekten Zusammenhänge zurück, nämlich zu der Vorstellung, dass die Mobilisierung der UPA im Jahr 1943 auch eine Reaktion auf die sowjetischen Partisanenangriffe war.

Die Partisanen begannen, die alte russisch-österreichische Grenze nach Galizien zu überschreiten. Bei der so genannten „vom Putywl zu den Karpaten"-Aktion sollten sie in die polnischen Gebiete und die Slowakei vordringen.

Dabei schickt Kowpak unmissverständliche Berichte an das ukrainische Hauptquartier der Partisanenbewegung, dass nämlich alle Einheimischen glühende ukrainische Nationalisten seien und nur Polen die sowjetischen Partisanen unterstützten[86].

Er übertrieb natürlich, weil er sich für die mögliche Niederlage seiner Männer verantwortlich fühlte und seinen Ruf wahren wollte, vielleicht für den Fall, dass das „Große Land" von der Haltung seiner Männer gegenüber der lokalen Bevölkerung — Hinrichtungen, Vergewaltigungen und Plünderungen — erfuhr. Schließlich, so Goguns aufschlussreiche Bemerkung, war die ukrainische Bevölkerung Galiziens für die sowjetischen Partisanen nicht ganz „ihre eigene"[87]. Schließlich wurde Kowpaks Einheit im August 1943 in der Nähe von Delyatin in den Karpaten von deutschen und ungarischen Truppen, die von der örtlichen Polizei unterstützt wurden, fast vollständig aufgerieben. Sie schafften es in sechs kleineren Gruppen gerade noch zurück in „ihr" Gebiet. Darüber wurde natürlich in den sowjetischen Zeitungen nicht berichtet.

Wenn dies also die Welt der Partisanen ist, wie sieht dann die Welt der Besatzer aus? Es lohnt sich, ein Gespräch über das Leben unter deutscher Besatzung mit dem 2004 veröffentlichten Buch „Harvest of Despair: Life and Death in Ukraine under Nazi Rule" meines Kollegen Karel Berkhoff zu beginnen, das glücklicherweise ziemlich bald auch in ukrainischer Übersetzung veröffentlicht wurde. „Glücklicherweise" sage ich nicht, weil ich mit ihm in allem übereinstimme, sondern weil die ukrainischen wissenschaftlichen und öffentlichen Debatten über den Zweiten Weltkrieg umso reicher und vielfältiger werden können, je früher neue westliche Werke über die Ukraine übersetzt werden. Zumindest in der Theorie. Denn es ist die Aufgabe der ukrainischen Historiker, diese Debatten zu

---

86 Gogun, Aleksandr. Stalinskije kommandos [Stalins Kommando. Ukrainische Partisanenformationen]. S. 103, 146.
87 Ebd. S. 220, 227–230.

initiieren und zu verwirklichen. Übrigens wurde Berkhoff in der Zeitschrift „Ukraina Moderna"[88] zu Recht kritisiert.

Meiner Meinung nach ist dieses Buch sehr wichtig, aber gleichzeitig auch ziemlich merkwürdig. Wenn Sie das Vorwort aufschlagen, werden Sie feststellen, dass Berkhoff damit beginnt, dass es sich um erzählte Geschichte handelt, und er versucht, sich der Masse an Informationen von einem völlig unideologischen Standpunkt aus zu nähern, ohne jegliche Vorurteile, was natürlich prinzipiell unmöglich ist. Es ist interessant, dass er sich im Voraus beinahe entschuldigt, denn er ist sich darüber im Klaren, dass das, was er sagen will, einige ideologische Folgen haben wird, die er als Autor nicht beabsichtigt. Und es hatte unvorhergesehene Folgen. Dies ist ein Buch über alle Aspekte der Erfahrung des täglichen Lebens unter der Besatzung. Doch bereits nachdem die englische Ausgabe erschienen war, fiel auf, dass ein Aspekt für die Leser aus der ukrainischen Diaspora von besonderem Interesse war. Es war das Kapitel über die Hungersnot in Kyjiw, die durch das deutsche Verbot von Lebensmittellieferungen an die Zivilbevölkerung verursacht wurde.

Es ist durchaus möglich, dass die Hungersnot in Charkiw noch schlimmer war als die Hungersnot in Kyjiw, wie z. B. der bekannte Literaturwissenschaftler Juri Schewelew in seinen Memoiren[89] schreibt, aber Berkhoff arbeitet mit den Materialien des Reichskommissariats „Ukraine", und Charkiw stand unter Militärverwaltung.

Aus offensichtlichen Gründen passte der vergessene vorsätzliche Versuch, ukrainische Städte auszuhungern, gut zu den Hauptthemen der ukrainischen Geschichte des zwanzigsten Jahrhunderts, so dass er aufgegriffen wurde. Die eigentliche Leistung von Berkhoffs Buch war jedoch die Untersuchung der Funktionsweise der ukrainischen Gesellschaft unter der Besatzung.

Besonders interessant ist die Beschreibung des Alltags im Reichskommissariat, wie sich dieser Alltag von den sowjetischen Erfahrungen unterschied und inwiefern er ähnlich war. Für mich sind die Ähnlichkeiten vielleicht das Interessanteste an Berkhoffs Analyse, denn die Gemeinsamkeiten zwischen diesen beiden Alltagsleben waren sehr aufschlussreich. Ich möchte zum Beispiel die Notwendigkeit erwähnen, ein Porträt von Hitler im Haus zu haben (so wie es früher ein

---

88 Melnyk, Oleksandr. Schnywa istoriohrafiji: monohrafija Karela Berkhoffa i problemy interpretaziji dscherel s istoriji okupowanoji nazystamy Ukrajiny [Die Ernte der Historiografie: Karel Berkhoffs Monografie und die Probleme der Quelleninterpretation zur Geschichte der von den Nazis besetzten Ukraine.]. Ukraina Moderna. 2008. № 13. S. 266–289.
89 Scheweljow, Jurij. Ja–mene–meni ... (i dowkruhy): Memoiren. 1. in der Ukraine [Ich—mich—mir ... (und rundherum): Erinnerungen. 1. In der Ukraine] / zusammengestellt von Wakulenko, Serhij; Sawtschuk, Oleksandr. Charkiw: O. Sawtschuk Verlag, 2017. S. 425, 438–439.

Porträt von Stalin oder Lenin zu geben hatte). Oder die Beibehaltung der Kolcho-
sen, die man als Instrument zur Sammlung von Lebensmittelnbrauchte, obwohl
die Deutschen versprochen hatten, sie aufzulösen. Oder die Tatsache, dass die
Büros des SD und der Gestapo mit Denunziationen überschwemmt wurden (diese
Büros befanden sich oft in ehemaligen NKWD-Gebäuden, auch in Kyjiw), aber die
Deutschen haben das bald durchschaut und sie nicht mehr ernst genommen.
Oder die Tatsache, dass sich die Menschen in vielen Fällen weiterhin im Haus
eines Dorfältesten versammelten und laut aus den Zeitungen vorlasen, wie sie es
in den Vorkriegsjahren getan hatten, auch wenn die Deutschen dies nicht verlangten. Die Menschen waren jedoch erschrocken über die völlige Gleichgültigkeit
der Deutschen, jedem Einzelnen die „richtigen" politischen Ansichten zu vermitteln. Das bedeutete, dass nichts Gutes für die Bevölkerung zu erwarten war. Nur:
hier ist für einen Historiker interessant, den Unterschied zur Sowjetzeit zu be-
merken, denn unter den Deutschen erschienen die Zeitungen zunächst in russischer Sprache und wurden dann fast alle ukrainischsprachig, obwohl man ukrainische Nationalisten aus den Redaktionen entfernt hatte. Berkhoff sagt, dass dies
vielleicht die einzige Periode einer fast vollständigen Ukrainisierung der Presse
und des Verwaltungsapparats in der Geschichte der Zentralukraine war, als 1942
ein nicht veröffentlichter Befehl erlassen wurde, Ukrainisch als Sprache der lokalen Verwaltung zu verwenden[90].

Dies kann jedoch auch als Parallele zur Entwicklung der staatlichen Haltung
gegenüber der ukrainischen Kultur in der UdSSR ab Mitte der 1930er Jahre gesehen werden, als die oberflächliche Ukrainisierung noch im Gange war, der Terror
gegen die ukrainische Intelligenzija und die „Nationalisten" jedoch ihre politische
Dimension auslöschte. Diesen Wandel markierten die sowjetischen Behörden mit
der Errichtung von Schewtschenko-Denkmälern in den späten 1930er Jahren und
der Gründung staatlicher Tanz- und Gesangsensembles – die ukrainische Identität konnte nun nur noch ethnografisch sein.[91].

Schauen wir uns nun an, wie sich dieser Alltag vom sowjetischen unterschied. Zunächst wäre da die Selbstorganisation der Gesellschaft anzuschauen,
die mit dem Rückzug der Roten Armee beginnt. Sofort setzt massive Plünderung
von Geschäften und Lagern ein. Die Bevölkerung spürt, dass sie das Recht dazu
hat, weil sie ohne jegliche Versorgung zurückgelassen wurde. Der nächste Schritt
ist, dass die Menschen an den Arbeitsplätzen auftauchen und anfangen zu arbei-

---

90 Berkhoff, Karel. Schnywa rospatschu: schyttja i smert w Ukrajini pid nazystskoju wladoju
[Harvest of Despair. Life and Death in Ukraine under Nazi Rule] / übersetzt aus dem Englischen
ins Ukrainische von Zymbal, Taras Kyjiw: Krytyka, 2011. S. 198.
91 Siehe: Fowler, Mayhill C. Beau Monde on Empire's Edge: State and Stage in Soviet Ukraine.
Toronto: University of Toronto Press, 2017. S. 168–194.

ten, um ihre Nützlichkeit für jede Regierung zu zeigen. Das war natürlich schon vor Berkhoff bekannt, und genau das passiert in Kyjiw, als die Sowjetmacht im November 1943 wieder zurückkommt, wie ich im „Alltäglichen Stalinismus" schreibe. Alle Arbeiter, die sich in der Stadt aufhalten, melden sich an ihren Arbeitsplätzen. Und sobald sie Nachricht von der deutschen Gegenoffensive erhielten, gingen die Kyjiwer sofort massenhaft nicht mehr zur Arbeit[92]. Noch interessanter ist, dass solche Fälle bereits während der revolutionären Ereignisse von 1917–1920 zu verzeichnen waren, als die Arbeiter den Behörden, selbst den Roten, nicht erlaubten, Maschinen aus den Fabriken oder Geld aus der Buchhaltung zu nehmen, weil sie und ihre Familien sonst ihren Lebensunterhalt verlieren würden.

Die vielleicht interessanteste Manifestation der bürgerlichen Selbstorganisation, über die Berkhoff schreibt, ist die Gründung eines unabhängigen Roten Kreuzes unter den Deutschen. Das ukrainische Rote Kreuz, eine selbstfinanzierte Organisation, die Gebühren für die Suche nach Familienangehörigen erhebt, war Teil einer größeren sozialen Bewegung, die „unsere" Gefangenen vor dem Verhungern und vor Krankheiten in den schrecklich überfüllten Lagern retten sollte[93]. „Unsere" bezieht sich auf die Kriegsgefangenen, die nicht notwendigerweise einheimisch oder gar aus der Ukraine sind, sondern zu dieser Gemeinschaft „unserer Menschen" gehören, die sich die Einheimischen mehr oder weniger einhellig als eine Gemeinschaft von Ostslawen aus der Sowjetunion vorstellen (gewöhnlich ohne Juden oder Galizier).[94] Wie die ökonomische oder „ökologische" Rationalisierung des Holocausts durch die Nazis, die in Snyders wichtigem Buch „Black Earth"[95] als roter Faden dient, wurde die völkermörderische Politik gegenüber den Häftlingen mit der These der begrenzten Nahrungsressourcen gerechtfertigt, die die Häftlinge den Deutschen wegnehmen würden. Aus demselben Grund wurde auch der Transport von Lebensmitteln nach Kyjiw unterbunden, insbesondere 1943, als Polizisten an den Stadteingängen standen. Aber natürlich konnte man sich manchmal mit einem ukrainischen oder russischen Polizisten ei-

92 Yekelchyk, Serhy. Powsjakdennyj stalinism [original: Stalin's Citizens: Everyday Politics in the Wake of Total War]. S. 116–117.
93 Berkhoff, Karel. Schnywa rospatschu [Harvest of Despair. Life and Death in Ukraine under Nazi Rule]. S. 114–120.
94 Ebd. S. 212–214.
95 Es geht um das Buch: Snyder, Timothy. Tschorna semlja. Holokost jak istorija i sastereschennja [Black Earth: The Holocaust as History and Warning] / übersetzt aus dem Englischen ins Ukrainische von Bilak, Pavlo, Kamyschnykowa, Olesia; Rodionowa, Tania; wissenschaftlicher Hrsg. Sklokin, Volodymyr. Kyjiw: Medusa, 2017.

nigen, wenn keine Deutschen in der Nähe waren, denn es gibt auch da eine Art Identifizierung von „Freunden" und „Feinden".

Hier kehren wir zu meinem Argument aus dem letzten Kapitel zurück — über den Begriff der „Gemeinschaft", der Identifikation, der für das Verständnis des Überlebens in den brutalen Zeiten des Krieges von zentraler Bedeutung ist. Berkhoff sieht das Verhalten der nichtjüdischen Bevölkerung der Ukraine während des Holocausts als Summe mehrerer Faktoren: die Androhung des Todes für die Rettung von Juden, Antisemitismus und die Möglichkeit, Geld zu verdienen. In Anlehnung an eine bekannte Passage aus Anatolii Kuznetsovs Buch „Babyn Jar" schreibt Berkhoff, dass die Bevölkerung im Allgemeinen durchaus bereit war, Juden, die versuchten, sich zu verstecken, auszuliefern, weil ihnen eine Kuh oder der Gegenwert einer Kuh in bar versprochen wurde, und weil es viele Leute gab, die gerne die Kuh oder das Geld entgegennehmen würden[96]. In einigen Gemeinden gab es jedoch mehr Möglichkeiten zur Flucht; vor allem, wie Snyder zu Recht schreibt, in religiösen Gemeinden, in denen das gegenseitige Vertrauen recht hoch war. In diesem Zusammenhang spricht Snyder nicht von dem durchaus bekannten Beispiel des Metropoliten Sheptytsky in der Ukraine, sondern von den Baptisten, und Berkhoff erwähnt die Adventisten in Wohlynien[97]. Sie waren eher bereit, Juden oder andere potenzielle Opfer der Nazis zu verstecken, weil unter den Gemeindemitgliedern selbst ein hohes Maß an Vertrauen herrschte, auch, weil sie in unserer Region religiöse Randgruppen waren und verfolgt wurden, aber auch — und ich möchte das hier hinzufügen, was Berkhoff oder Snyder nicht erwähnt haben — weil sie sich ihrer humanistischen Mission bewusst waren. Dieses Verständnis finden wir in der allgemeinen Bevölkerung, wenn es um „unsere" Kriegsgefangenen geht.

Mit anderen Worten, in der allgemeinen Bevölkerung finden wir eine solche Trennung von bestimmten Gruppen, die in ethnischen Kategorien definiert sind, in gewisser Weise als Folge der sowjetischen Ethnien bzw. Nationalitätenpolitik. Aber wir finden auch ein Gefühl der Einheit mit bestimmten Gruppen. Wir haben bereits erwähnt, dass die OUN mit ihrer antirussischen Propaganda in der Zentral- und Ostukraine nicht erfolgreich war: Sie hat hier einfach nicht funktioniert. Wie kam es zu dieser Identifikation mit „Unseren", was liegt ihrer Natur zugrunde? In der Tat ist „Unser" keine sowjetische ethnische Kategorie, zumindest nicht in der Version der 1920er und 1930er Jahre, als der Russe Breschnew sich

---

96 Berkhoff, Karel. Schnywa rospatschu [Harvest of Despair. Life and Death in Ukraine under Nazi Rule]. S. 86.
97 Snyder, Timothy. Tschorna semlja [Black Earth: The Holocaust as History and Warning]. S. 249–252; Berkhoff, Karel. Schnywa rospatschu [Harvest of Despair. Life and Death in Ukraine under Nazi Rule]. S. 95–96.

vor dem Krieg als Ukrainer registrieren ließ, denn es handelt sich um verschiedene Nationalitäten, und die Zugehörigkeit zu ihnen bietet unterschiedliche Möglichkeiten, je nachdem, wo man lebt und welche Parteilinie gerade aktuell ist.[98] Wenn wir jedoch ernsthaft annehmen, wie einige westliche Wissenschaftler glauben, dass die sowjetische Regierung eine Spalte „Nationalität" in die Personalausweise der Menschen einführte, und die Menschen sich sofort als Angehörige dieser Gruppe und andere ethnische Gruppen als „Andere" erkennen, dann ist dies eine sehr realitätsferne Sicht der sowjetischen Wirklichkeit. Wenn Frauen auf dem Lande „Unsere" Leute aus der Nachbarschaft oder aus dem Lager aufnehmen, schauen sie nicht auf diese Spalte im Ausweis. Jede slawische Nationalität kann „Unsere" sein, und es gibt Beispiele dafür, dass Soldaten aus Sibirien aufgenommen wurden, weil sie wie „Unsere" aussehen und sprechen und keine Ablehnung hervorrufen. Sogar die (ebenfalls orthodoxen) Georgier werden erwähnt. Abgelehnt aber werden Juden, Roma und Deutsche, selbst wenn sie ihr ganzes Leben in der Ukrainischen SSR gelebt haben. Und bis zu einem gewissen Grad werden sogar Galizier abgelehnt.

Hier möchte ich die Hypothese aufstellen, dass die Liste der nationalen oder religiösen Gruppen, die nicht unter den Begriff „Unser" fielen, verdächtig mit denjenigen übereinstimmt, die im zaristischen Russland unter den Begriff „Fremdstämmiger" im weiten, volkstümlichen Sinne fielen (im engeren, juristischen Sinne galten Deutsche und Balten nicht als „fremdstämmig").[99] Dann stellt sich heraus, dass die Sowjetunion mit ihrer „Völkerfreundschaft" unter der Führung des großen russischen Volkes, dass all dieses Gerede über slawische Brüderlichkeit vor dem Hintergrund einer viel größeren Vielfalt der Völker allen sehr vertraut ist: das orthodoxe Volk und die drei Stämme des russischen Volkes. Es gab nicht einmal viel wiederherzustellen: Stalins Beamte ließen einfach die Existenz der Hierarchie zu, die sich vor der Revolution entwickelt hatte, die in den Quellen bezeugt ist und die durch politische Ereignisse bestätigt wird, zum Beispiel durch die Pogrome in der Ukraine 1905 und 1919. Wer wurde 1919 pogromisiert? Nicht nur die Juden aus Gründen des Antisemitismus und des Profitstrebens, sondern auch die Mennoniten im Süden, weil sie definitiv „anders" waren:

---

98 Breschnew ist in seinem Reisepass von 1947 als Ukrainer eingetragen, als er Parteichef in der Region Saporischschja war. Siehe: Reisepass des Bürgers der UdSSR Leonid Breschnew (11. Juni 1947). Doktor der historischen Wissenschaften Pavlo Hai-Nyžnyk. Persönliche Website, http://www.hai-nyzhnyk.in.ua/doc2/1947(06)11.brezhnev.php. [Letzter Zugriff am 29.07.2024].

99 Siehe zu dieser Kategorie: Slocum, John W. Who, and When, Were the Inorodtsy? The Evolution of the Category of „Aliens" in Imperial Russia. Russian Review. 1998. Bd. 57. № 2 (Apr.). S. 173–190.

eine andere Sprache, eine andere Religion, eine andere (wohlhabende) Lebensweise hatten, so dass sie genauso litten wie die Juden.

Ein weiteres Beispiel für vertraute „Andere", die auch heute noch nicht zu den „Unsrigen" gehören können und selbst in der unabhängigen Ukraine Opfer von Gewalt sind: die Zigeuner in der damaligen Terminologie, heute „die Roma". Sie sind Teil dieser Alltagslandschaft, werden aber nie als „Unsere" wahrgenommen, außer in jenen Fällen, in denen sie seit langem auf dem Land ansässig sind. In den 1920er und 30er Jahren gab es in der Ukraine Versuche, wandernde Roma auf dem Land anzusiedeln und sie gesellschaftlich nützlich zu machen. Hier gibt es natürlich eine offensichtliche Parallele zu den Versuchen derselben Jahre, jüdische Kolchosen in der UdSSR zu gründen — und eine umfassendere Parallele zum Nationalsozialismus, der diese beiden Gruppen ebenfalls als „Sozialschmarotzer" betrachtete. Der Versuch der Ansiedlung scheiterte ebenso wie der Versuch, die Roma in die Arbeiterklasse einzugliedern. In den Bereichen des Wirtschaftslebens, auf die die Zigeunerhandwerker ausgerichtet waren (traditionell waren sie meist Schlosser oder stellten Geschirr her), entwickelte sich ein Antagonismus mit den Zünften der „Unsrigen"[100]. Die Identitäten der zaristischen Ära verschwanden also nicht automatisch mit der Revolution oder gar mit dem Beginn der Ukrainisierungspolitik in Kultur, Bildung und Administration der Republik in den 1920er Jahren. Sie existieren weiter in Form von Vorstellungen über Gemeinschaften, die breiter oder anders definiert sind als die sowjetischen Nationalitäten.

Aber sie dürfen nicht im Widerspruch zu den sowjetischen Identitäten stehen. Im Gegenteil, sie können sie nähren. Denken wir zum Beispiel über die Bedeutung des Satzes „Wir warten darauf, dass die Unseren kommen" nach. Stalins „Unsrige" in der Roten Armee waren meist dieselben „Unsrigen", die die Einwohner aus den Kriegsgefangenenlagern befreien wollten.

Darüber hinaus wurde das russische und prorussische ukrainische historische Gedächtnis zur Zeit der Befreiung Kyjiws rehabilitiert, gesäubert und in Gebrauch genommen.

Die zaristischen orthodoxen Helden Alexander Newski, Suworow, Kutusow und Bohdan Chmelnyzkyj wurden vom stalinistischen Regime übernommen. Der Internationalismus wird gedämpft, und die multinationale Familie der sowjetischen Völker tritt in den Hintergrund. Es kommt zu Konflikten zwischen Einhei-

---

100 Weitere Informationen finden sich unter: O'Keeffe, Brigid. New Soviet Gypsies: Nationality, Performance, and Selfhood in the Early Soviet Union. Toronto: University of Toronto Press, 2013.

mischen und Juden, die aus der Evakuierung zurückkehren, und zu versuchten Judenpogromen im sowjetischen Kyjiw und Lwiw[101].

Der Krieg war für alle Gruppen der Zivilbevölkerung eine Überlebenserfahrung, die jedoch manchmal sehr unterschiedlich ausfiel. Die Sowjetmacht war nicht daran interessiert, dies anzuerkennen. Wie Sie sich erinnern, war Kyjiw am 6. November 1943 fast leer; viele Gebäude im Zentrum brannten, darunter das rote Gebäude der Universität. Chruschtschow berichtet dies in einem Sondertelegramm an Stalin. Chruschtschow fährt in einem amerikanischen Jeep in Kyjiw ein; genauer gesagt sind es mehrere Jeeps und ein Panzerwagen mit Maschinengewehrschützen. Marschall Georgi Schukow, Oleksandr Dowschenko und einige andere Schriftsteller sind ebenfalls anwesend. Der letzte Zeuge, bis vor kurzem noch am Leben, saß irgendwo zusammengekauert, wahrscheinlich auf dem Seitensitz des letzten Jeeps — der spätere Akademiker Petro Tronko (1915–2011), damals junger Sekretär des Kyjiwer Regionalkomitees des Komsomol[102].

Während sie die Leninstraße (heute Bohdan-Chmelnyzkyj-Straße) hinauffahren, läuft ein junger Jude auf Chruschtschow zu und sagt, er sei der letzte überlebende Jude in Kyjiw. Er beginnt zu erzählen, wie er entkommen ist (seine Frau hat ihn während der ganzen deutschen Besatzung versteckt)[103].

Chruschtschow erwähnt ihn in seinen Memoiren, aber die offizielle Propaganda hebt diese einzigartige jüdische Erfahrung nicht als gesonderte Überlebenserfahrung hervor; sie geht im Thema der Vernichtung durch die Nazis von Zivilisten – allen Sowjetbürgern egal welcher Nationalität — auf. Ähnlich verhält es sich mit der öffentlichen Kategorie „Unser" — in den sowjetischen Erzählungen wird sie in „unser sowjetisches Volk" umgewandelt, das durch seine Loyalität

---

101 Blackwell, Martin. Schytlowe pytannja i antyssemitysm: sowjetska wlada w Kyjewi pislja Druhoji switowoji wijny [The Housing Question and Anti-Semitism: Soviet Authorities in Kyiv after World War II]. Krytyka. Dezember 2017, https://krytyka.com/ua/articles/zhytlove-pytannya-i-antysemityzm-sovietska-vlada-v-kyievi-pislya-druhoyi-svitovoyi-viyny [Letzter Zugriff am 29.07.2024]; Martynenko, Mychajlo. Sproba jewrejskoho pohromu w radjanskomu Lwowi. Der Fall vom 14. Juni 1945. Ukraina Moderna. 2017. № 24. S. 121–137.

102 Er hat Erinnerungen über diesen Tag hinterlassen: Tronko, Petro T. Moji sustritschi z M. S. Chruschtschowym. M. S. Chruschtschow i Ukrajina: materialy nauk. seminaru, prysvjatsch. 100-ritschju vid dnja narodzh. M. S. Chruschtschowa, 14 kvit. 1994 r. [Meine Begegnungen mit N. S. Chruschtschow. N. S. Chruschtschow und die Ukraine: Materialien des wissenschaftlichen Seminars zum 100. Geburtstag von N. S. Chruschtschow. 100. Jahrestag der Geburt von N. S. Chruschtschow, 14. April. 1994] / zusammengestellt von Iwan Kuras, Walerij Smolii und Petro T. Tronko. Kyjiw: Institut für Geschichte der Ukraine der Nationalen Akademie der Wissenschaften der Ukraine, 1995. S. 193–199.

103 Chruschtschow, Nikita. Wremja. Ljudi. Wlast: Wospominanija [Zeit. Menschen. Macht:Erinnerungen]. Moskwa.: Moskowskije nowosti, 1999. Buch 1. T. 2. S. 545.

gegenüber dem sowjetischen System und der Partei definiert wird, auch wenn es nicht Mitglied der Partei ist. Mit dieser scheinbar unbedeutenden Änderung des Textes wird eine ganze Seite mit Erfahrungen des Überlebens, der Fremdbestimmung, der Rettung und des Tötens — den alltäglichen Entscheidungsmechanismen der einfachen Bürger — gestrichen, ohne die wir diesen Krieg nicht verstehen können.

Die Nationalisierung des Krieges

Beginnen wir mit dem Vorfall auf dem Galizischen Markt in Kyjiw im Juni 1944. Damals war er als Jewbaz (jüdischer Markt) bekannt, und sein offizieller Name war Galizischer Markt, wie es in den Unterlagen der Staatsanwaltschaft zu den Ermittlungen zu diesem Vorfall heißt. Was ist passiert? Ein verwundeter Kriegsveteran, Leutnant Iwan Kartawyj, kam auf den Markt, um Süßigkeiten zu kaufen. Er feilschte mit einer Marktfrau um Süßigkeiten, aber sie waren sich nicht einig über den Preis. Der Veteran fing an, sie anzuschreien und beschimpfte sie mit dem Ausdruck „Judenmaul". Als die Frau namens Daria Kobelynska, die, wie sich bei den Ermittlungen herausstellte, Ukrainerin war, diesen Ausdruck hörte, ergriff sie eine Flasche und schlug ihm auf den Kopf. Er wurde bewusstlos. Schließlich ist Kartawyj nichts Schlimmes passiert, doch verbreitete sich in der Stadt sofort das Gerücht, eine jüdische Händlerin habe nicht weniger getan als einen Helden der Sowjetunion ermordet. Am selben Tag erschienen vier Soldaten (Matrosen, alle betrunken und bewaffnet) auf dem Galizischen Markt, um „die Juden zu schlagen". Sie begannen zu schießen. Wie durch ein Wunder wurde niemand getötet oder verletzt, aber die Angelegenheit erreichte die höchsten Kreise der ukrainischen Führung — gerade wegen der hier manifest gewordenen antisemitischen Stimmung[104].

Ursprünglich war es ein Streit zwischen einem Russen und einer Ukrainerin. Doch aufgrund des Antisemitismus eskalierte er zu gewalttätigen Handlungen; er wurde zu einem Motivationsfaktor für die Ausbreitung des Konflikts und die Einbeziehung anderer Beteiligter. Und dies ist nicht das einzige Beispiel im Kyjiw der Kriegszeit. Ein ähnlicher Fall, nur in größerem Ausmaß, ereignete sich 1945. Unter den Konfliktteilnehmern befand sich ein Jude, der später wegen der Tötung zweier Angreifer zum Tode verurteilt wurde. Dies wiederum führte zu antijüdischen Ausschreitungen, ja sogar zu kleinen Pogromen an Juden in zwei Kyjiwer Stadtteilen.[105]

Diese Konflikte treten in einem sehr spezifischen Kontext auf, werden aber nicht immer in diesem Kontext untersucht.

Wenn man im Westen zum Beispiel über sowjetische Politik gegenüber nichtrussischen Nationalitäten vorträgt, lässt sich der Antisemitismus am Ende des

---

104 Staatsarchiv der Oblast Kyjiw. Fond 5, Bestand 2, Akte 607, Blätter 51–52; Zentralarchiv der zivilgesellschaftlichen Vereinigungen der Ukraine. Fond 1, Bestand 23, Akte 1363, Blatt 4.
105 Siehe: Hrynewytsch, Vladyslav. Babyn Jar pislja Babynogo Jaru. Babyn Jar: Istorija i pam′jat [Babyn Jar nach Babyn Jar. Babyn Jar: Geschichte und Erinnerung] / hrsg. von Hrynewytsch, Vladyslav, Paul Robert Magocsi Kyjiw: Duch i Litera, 2016. S. 122–123.

Krieges normalerweise logisch in eine Ereigniskette zwischen den 1930er Jahren, als ganze Volksgruppen aus ihren Wohnorten deportiert wurden, und den Jahren 1949–1953, dem Kampf gegen den „wurzellosen Kosmopolitismus" und die „Ärzte-Mörder" eingliedern.

Das Wichtigste aber am Jewbaz-Konflikt, mit dem wir heute begonnen haben, ist jedoch, dass er kein Ausdruck des Hasses zwischen Russen und Ukrainern war. Es handelt sich um einen Konflikt der falschen Identitäten, in dem sie sich nur deshalb gegenüberstehen, weil sie glauben, dass Juden irgendwie darin verwickelt sind, oder sich durch den Verdacht des Jüdischseins tödlich beleidigt fühlen. Mit diesen beiden Punkten, Kontext und Subtext, möchte ich beginnen, um mich ein wenig mit der Frage nach Stalins ethnischer Welt zu befassen — wie wir sie uns vorstellen und wie sie tatsächlich gewesen sein mag. Das Material der letzten Vorlesung wird uns dabei helfen, insbesondere der Begriff der „Unseren", und meine Hypothese, dass der Ausschluss aus dem Kreis der „Unseren" vielleicht mit dem vorrevolutionären Konzept des „Fremdstämmigen" in einem weiteren Sinne zusammenhängt, das Deutsche, baltische Völker und Nicht-Orthodoxe im Allgemeinen einschloss. Das volkstümliche System des binären Denkens in der Form, wie es während des Krieges funktioniert („Unsere — Nicht Unsere"), kann als ein Überbleibsel der vorrevolutionären Vorstellung von den Ostslawen — Belarusen, Russen, Ukrainern — als einem einzigen Volk mit regionalen und dialektalen Unterschieden gesehen werden. Diese Vorstellung wurde natürlich von den Behörden des Russischen Reiches aufgezwungen, aber sie stand auch nicht im Widerspruch zu den sowjetischen Vorstellungen der Nachkriegszeit. Sie besteht auch heute noch[106].

Aber um die sowjetische Ethnopolitik in den 1930er Jahren und ihre Auswirkungen während des Krieges zu verstehen, müssen wir den breiteren Kontext betrachten. Im Jahr 2013 veröffentlichte der Krytyka-Verlag endlich ein Buch von Terry Martin „The Affirmative Action Empire: Nations and Nationalism in the Soviet Union, 1923–1939", für das lange Zeit kein ukrainischer Titel gefunden werden konnte. Der Titel ist in der Tat einer, der nicht wirklich ins Ukrainische übersetzt werden kann, da das Konzept der Bevorzugung von Minderheiten fehlt[107]. In der Tat handelt es sich um ein enzyklopädisches Nachschlagewerk über die so-

---

106 Siehe dazu: Shulman, Stephen. Competing versus Complementary Identities: Ukrainian-Russian Relations and the Loyalties of Russians in Ukraine. Nationalities Papers. 1998. Nr. 26 (4). S. 615–632.
107 Hierbei handelt es sich um das Konzept „affirmative action", das im Originaltitel auf Englisch verwendet wurde. Ukrainische Übersetzung: Terry, Martin. The Affirmative Action Empire: Nations and Nationalism in the Soviet Union, 1923–1939 / übers. von Wakulenko, Serhij; wiss. Hrsg. Krawtschenko, Wolodymyr und Jefimenko, Hennadij. Kyjiw: Krytyka, 2013.

wjetische Politik der ethnischen Schichtung: die Bedeutung des ethnischen Faktors und das nationale Gesicht der Republiken in den 1920er Jahren, die Entstehung des Begriffs der „Völkerfreundschaft" Mitte der 1930er Jahre und die Einführung des Konzepts des „großen russischen Volkes" als führender Kraft in der Sowjetunion.

Aber Martin hört praktischerweise vor dem Krieg auf. So wird sein Buch zu einer Studie über die Politik der Einwurzelung und ihre Abwicklung, obwohl sie in Wirklichkeit zwar fortzubestehen scheint, aber nicht mehr im Mittelpunkt der staatlichen Politik steht und daher in der Praxis nicht mehr funktioniert. Was die Ukrainisierung betrifft, so gibt es zum Thema dieser Transformaton sehr gute Aufsätze des Historikers Gennadi Efimenko[108].

Martins Untersuchung hörte also vor dem Krieg auf. Und der Krieg war in der Tat eine Herausforderung für diese Politik. Vieles von dem, was in der Zeit der Einwurzelung geschaffen oder unterstützt wurde, wurde schon Ende der 1930er Jahre zu einem Kriterium für politische Illoyalität. Zum Beispiel die so genannten „polnischen" und „deutschen" Operationen des NKWD. Die erste der beiden betraf besonders stark die Ukrainische SSR[109]. In den 1930er Jahren begannen die Deportationen vor allem der koreanischen und polnischen Bevölkerung. Neu war, dass diese Deportationen ausschließlich nach ethnischen Gesichtspunkten durchgeführt wurden. Mit dem Ausbruch des Krieges begannen die Deportationen der Deutschen aus dem frontnahen Bereich.

Wir färben nun oft alle Deportationen Stalins ethnisch ein, weil wir wissen, dass sie später zum ultimativen Vorbild wurden. Schließlich taten dies schon die Zeitgenossen, obwohl die sowjetische Rhetorik in dieser Frage gemischt war – klassenbezogen und ethnisch. Besonders deutlich wird dies bei den Deportationen aus den „befreiten Gebieten" in den Jahren 1939 und 1940. In der jüdischen, polnischen und ukrainischen Geschichtsschreibung werden diese Deportationen als ethnische Säuberung der jeweiligen nationalen Gruppe interpretiert. Die Zeitgenossen hatten den Eindruck, dass vor allem — oder sogar ausschließlich — Angehörige dieser Gruppe deportiert wurden. Tatsächlich wurden alle drei Gruppen deportiert — nach klassenmäßigen und politischen Kriterien, d. h. nach dem Kri-

---

108 Jefimenko, Hennadij. Natsional'no-kul'turna polityka VKP(b) schtschodo radjans'koji Ukrajiny (1932–1938) [Die nationalkulturelle Politik der VKP(b) gegenüber der Sowjetukraine (1932–1938)]. Kyjiw: Institut für Geschichte der Ukraine, 2001.
109 Polschtscha ta Ukrajina u trydciatych-sorokovych rokach XX stolittja: Nevidomi dokumenty z arkhiviv specijal'nych sluzhb. [Polen und die Ukraine in den 1930er und 1940er Jahren des 20. Jahrhunderts: Unbekannte Dokumente aus den Archiven der Spezialdienste]. Bd. 8: Welykyj Teror. Polska operazija 1937–1938. Teil 1 / Redaktionskollegium Bednarek, Jerzy.; Vjatrovytsch, Volodymyr; Kokin, Serhij und andere. Warschau; Kyjiw, 2010. 1040 S. Teil 2.

terium der Zugehörigkeit zu den sogenannten ausbeuterischen Gesellschafts-
schichten, zur Polizei, zur Armee und, im Falle Polens, auch zu den „Osadniczy“,
den Siedlern. Bis zu einem gewissen Grad fielen alle drei Gruppen, insbesondere
die Polen, in diese Kategorien. In den nächsten Wellen, im Jahr 1940, werden jedoch „Nationalisten“ verhaftet, vor allem Ukrainer und Juden[110].

Natürlich gab es auch neue Mechanismen zur Identifizierung des feindlichen
Elements. Es ist bekannt, dass einige jüdische Flüchtlinge aus der deutschen Besatzungszone versuchten, nach einigen Monaten unter sowjetischer Herrschaft in
die deutsche Besatzungszone zurückzukehren. Dies überraschte deutsche und sowjetische Beamte. Die Deutschen ließen sie natürlich nicht rein, und die Sowjets
deportierten sie als Sondersiedler nach Sibirien[111]. Auf dem Verwaltungswege
wurde das Gleiche mit allen Flüchtlingen aus der deutschen Zone gemacht, die
sich weigerten, die sowjetische Staatsbürgerschaft anzunehmen. Die Ironie bestand darin, dass diese Sondersiedler, von denen die meisten Juden waren, den
Holocaust auf diese Weise überlebten und als polnische Bürger die Sowjetunion
entweder im Sommer 1942 mit der polnischen Armee von Władysław Anders
über den Iran oder erst nach dem Krieg verließen.

Der ukrainische Fall verdient eine gesonderte Betrachtung. Bekanntlich kam
es bereits 1933 zu massiven Verhaftungen ukrainischer Aktivisten, was jedoch
den ukrainischen Charakter der Republik nicht negiert. Als Ostgalizien 1939 an-
nektiert wurde, wurde dort weder die Russifizierung noch die Kollektivierung sofort eingeführt.

Historisch gesehen befinden sie sich noch immer irgendwo in den sowjetischen 20er Jahren; bis heute gibt es keine rigorosen Maßnahmen gegen „nicht-
sowjetische“ Kulturschaffende wie den Literaturhistoriker Serhij Jefremow oder
das Lwiwer Pendant zum Charkiwer Prozess gegen die „Union zur Befreiung der
Ukraine“ (1930), der sich gegen die vorrevolutionäre ukrainische Intelligenzija
richtete. Während führenden Nationalisten die Ausreise gelang, verhaftete der
NKWD vor allem nationalistische Jugendliche, die 1940 im „59er-Prozess gegen
junge OUN-Aktivisten“ verurteilt wurden.

Einige Wissenschaftler und Kulturschaffende flohen in die deutsche Zone,
während die Zurückgebliebenen in akademischen Einrichtungen in Lwiw ange-
stellt oder in den Obersten Sowjet der UdSSR und der Ukrainischen SSR gewählt
wurden. Auf paradoxe Weise konnten sie (vorerst) in ihrem eigenen Galizien
nicht-sowjetische Ukrainer bleiben, stellten aber für die gesamte Sowjetukraine

---

110 Mick, Christoph. Lemberg–Lwów–L'viv, 1914–1947: Violence and Ethnicity in a Contested
City. West Lafayette: Purdue University Press, 2015. S. 270–271, 287.
111 Amar, Tarik Cyril. The Paradox of Ukrainian Lviv: A Borderland City between Stalinists,
Nazis, and Nationalists. Ithaca, NY: Cornell University Press, 2015. S. 57.

eine Ansteckungsgefahr dar. Wenn wir mit Sicherheit wüssten, dass zwei solche Abgeordnete und führende Vertreter der westukrainischen Intellektuellen, Professor der altukrainischen Literatur Kyrylo Studynskyj und der Sohn eines der bekanntesten ukrainischen Schriftstelle r, Petro Franko, tatsächlich 1941 zunächst nach Kyjiw evakuiert und dann dort beim Rückzug der Roten Armee erschossen worden sind, wäre ihr Schicksal ein gutes Beispiel für dieses Paradoxon[112].

Schon vor dem Krieg, in den 1930er Jahren, prägte die koreanische Deportation die Idee der kollektiven Illoyalität der so genannten Diaspora-Nationalitäten. Sie zieht sich dann durch die ganze nationale Politik Stalins während des Krieges und danach. Warum stehen die Koreaner als Diaspora-Nationalität unter Verdacht? Das ist eine stalinistische Fantasie, denn in Wirklichkeit geht es um Japaner. In der sowjetischen Propaganda der 1930er Jahre waren die Japaner der Feind, aber es gab praktisch keine Japaner in der Sowjetunion, abgesehen von den diplomatischen Vertretern. Daher begann man, Koreaner als potenzielle japanische Spione zu deportieren, da Japan Korea 1910 besetzt hatte[113]. Sowjetische Polen und Sowjetdeutsche befanden sich später in der gleichen Situation, da sie nach dem ethnischen Kriterium loyal gegenüber ihrem ausländischen Heimatland sein könnten, das der UdSSR feindlich gesinnt war. Infolgedessen war ihr Anteil an den Opfern des Terrors in der Ukraine Ende der 1930er Jahre überproportional hoch.

Stalins Terror betraf also in erster Linie Diaspora-Nationalitäten. Bekanntlich wurde auch der ehemalige Erste Sekretär des Zentralkomitees der KP(B)U, Stanisław Kosior, von der polnischen Militärorganisation als ethnischer Pole (der zudem nicht in der Ukraine, sondern auf polnischem Boden geboren wurde) und nicht als ukrainischer Führer verfolgt. Das Prinzip der Diaspora-Nationalitäten besagt, dass die Menschen (aufgrund ihrer Herkunft) ihr Heimatland, das irgendwo im Ausland liegt, mehr lieben würden als die Sowjetunion. Man beachte hier die Parallele zur Ideologie des Nationalismus. Die sowjetischen Juden wurden vor dem Krieg oder sogar während des Krieges nicht zu den Diaspora-Nationalitäten gezählt, das geschah erst nach dem Krieg, als 1948 der Staat Israel

---

112 Diese Interpretation ist heute weit verbreitet, beruht aber auf unsicheren Quellen. Es ist bekannt, dass Studynskyj zuletzt mit seinen Koffern in einem Auto in Kyjiw gesehen wurde, von wo aus er in den Osten evakuiert werden sollte. Petro Franko wurde höchstwahrscheinlich 1941 in Kyjiw erschossen – Natalia Tycholos. Istorytschna Prawda, 14. September 2020, https://www.istpravda.com.ua/articles/2020/09/14/158111/ [Letzter Zugriff am 29.07.2024]; Sachartschuk Oleh Mykolajowytsch. Franko Petro Iwanowytsch, in: Enzyklopedija istoriji Ukrajiny: Bd. 10: T–Ja / Red.: Smolij Valerij A. (Vorsitzender) u. a. Kyjiw: Naukova dumka, 2013, http://www.history.org.ua/?termin=Franko_P [Letzter Zugriff: 19.08.2019].

113 Gelb, Michael. An Early Soviet Ethnic Deportation: The Far-Eastern Koreans. Russian Review. 1995. Bd. 54. Nr. 3. S. 389–412.

gegründet wurde. Übrigens unterstützte die Sowjetunion diesen Akt in der Hoffnung, dass Israel ihr Verbündeter werden könnte. Aber es wurde schnell klar, dass Israel nicht zu einem sozialistischen Staat oder einem Land der „Volksdemokratie" werden würde. Zu diesem Zeitpunkt, im Jahr 1948, wurden daher auch die sowjetischen Juden zu einer verdächtigen Gruppe, zu einer Diaspora-Nationalität[114]. Man könnte aber auch die Hypothese aufstellen, dass die Annexion der Westukraine diese verdächtige fiktive Diaspora-„Heimat" in die Sowjetukraine integrierte. Dies würde die Nachkriegskampagnen gegen den „ukrainischen Bürgernationalismus" erklären, die nicht auf Galizien beschränkt waren. Obwohl der bewaffnete Widerstand der UPA nur in Galizien ein bedeutendes Problem darstellte, lag sein Zentrum in der Tat in Kyjiw. Interessanterweise gibt es Gruppen, die während der Sowjetära nie zur Zielscheibe politischer Verfolgung wurden, obwohl sie in der Volks- und Alltagskultur benachteiligt waren. Das sind wiederum die Zigeuner oder Roma. Ich habe bereits darüber gesprochen, wie die Sowjetunion versuchte, Roma auf dem Land anzusiedeln oder sie zu Handwerkern zu machen, was in den 1920er Jahren eine negative Reaktion der Bauern und Handwerker sowohl in Russland als auch in der Ukraine hervorrief. Auch die Roma wurden Opfer des Holocaust — die Nazis begründeten ihre Vernichtung nicht mit ihrer Rasse, sondern damit, dass sie Gerüchte und Krankheiten verbreiteten. Bis zu einem gewissen Grad nutzten die Nazis diese Begründung auch für die Juden. Aber im Fall der Roma gab es (und gibt es immer noch) einen breiteren sozialen Kontext. In der Sowjetunion waren die Roma selbst zu Zeiten der Indigenisierung im Leben wirklich benachteiligt, sie waren nicht erwünscht, sie galten nicht als „die Unsrigen", aber gleichzeitig waren sie nach den frühen 1930er Jahren nicht Gegenstand besonderer staatlicher Maßnahmen. Nur in den 1920er Jahren wurde versucht, sie auf dem Land anzusiedeln oder sie zu Handwerkern zu machen, aber nicht in den 1930er Jahren. Während des Krieges und nach dem Krieg auch nicht. Erst unter Chruschtschow gab es einen weiteren Versuch, sie auf dem Land anzusiedeln.

Hier geschieht etwas sehr Interessantes. Das Prinzip der Diaspora-Nationalität gilt nicht für die Roma, denn sie haben kein Heimatland! Natürlich können Forscher heute, im Zeitalter der Gentests, feststellen, dass die Roma Nachkommen der unteren indischen Kaste der ‚Unberührbaren" sind, und dass sie Indien vor etwa

---

114 Veidlinger, Jeffrey. Soviet Jewry as a Diaspora Nationality: The 'Black Years' Reconsidered. East European Jewish Affairs. 2003. Bd. 33. Nr. 1. S. 4–29.

einem Jahrtausend verlassen haben[115]. Aber Stalin wusste dies offensichtlich nicht und sah sie nicht als potenziell loyal gegenüber Indien an. Gleichzeitig brachte der sowjetische Staat durch seine Versuche, die Roma auf dem Land anzusiedeln oder sie in die industrielle Produktion einzubeziehen, seine unbewusste Sichtweise auf sie als soziale Parasiten zum Ausdruck — auch diese Sichtweise ist der Rhetorik der Nazis und Hitlers über die Juden sehr ähnlich. In der öffentlichen Wahrnehmung sind die Roma nicht nur „Nicht Unsere", für das traditionelle System sind sie die radikalsten „Anderen". Schließlich haben sie in der Vergangenheit (vor der Zeit der Kolchosen) Pferde gestohlen, und jetzt betrügen sie (angeblich) die Leute um Geld, stehlen Babys, um mit ihnen zu betteln. Man beachte die Parallele zu dem Vorwurf an die Juden, das Blut christlicher Babys rituell zu verwenden. In diesem Fall ist der Alltagsrassismus so stark, dass es keiner Argumente bedarf, um die potenziell verräterischen Handlungen herauszustreichen. Aber man kann sich leicht vorstellen, dass es sehr einfach gewesen wäre, die Bevölkerung zu Pogromen aufzustacheln, wenn es, sagen wir, Ende der 40er Jahre einen Befehl aus dem Kreml und einen Leitartikel in der „Prawda" gegeben hätte, in dem man behauptet hätte, alle Roma seien britische Spione (schließlich war Indien bis 1946 eine Kolonie des Britischen Empire).

Dieselbe Methode wurde 1953 angewendet: für das stalinistische Regime war es ein Leichtes, die Bevölkerung gegen jüdische „mörderische Ärzte" aufzubringen. In Kyjiw verweigerten die Menschen die Behandlung durch jüdische Ärzte in den Polikliniken und verlangten einen Arzt „einheimischer Nationalität" (nicht notwendigerweise ukrainisch oder nur ukrainisch); sie fürchteten sich besonders vor Injektionen und Eingriffen im Allgemeinen, da man ja aus den Zeitungen wusste, dass „sie" auf diese Weise bereits die führenden Ideologen der stalinistischen Ära, den Genossen Andrej Schdanow und den Genossen Alexander Schtscherbakow, umgebracht hatten[116].

Wie im Fall der Roma schlummerte eine gefestigte Überzeugung in der Volkskultur, die aber durch ein Signal von oben, eine politische Anklage, aktiviert werden musste. Was im Fall der Roma nicht geschah.

Es ist auch erwähnenswert, dass die Probleme in den Beziehungen zwischen den Juden und der ostslawischen Gruppe in der Ukraine auch reale soziale Konflikte auffangen umfassen, die in den Jahren 1943–1946 in den Städten von der Dnipro-Ukraine während der Zeit der Rückkehr der Evakuierten und Demobilisierten und des Wettbewerbs um Wohnraum und Ressourcen ganz klar lokali-

---

115 Holdsworth, Nick. Study Shows Roma Descended from Indian 'Untouchables'. University World News. 9 Dec. 2012, www.universityworldnews.com/post.php?story=20121207171926304 [Letzter Zugriff am 29.07.2024].
116 Yekelchyk, Serhy. Powsjakdennyj stalinism [Alltäglicher Stalinismus]. S. 41–42.

siert waren. Danach wurden die Konflikte vom Staat bis 1949 unterdrückt, bis die Parole vom „wurzellosen Kosmopoliten" vor allem im Bereich der Kultur und des Bildungswesens verbreitet wurde, und 1953 der Fall der „Arztmörder" aufkam, und so eine echte Massenmobilisierung gegen die einzige verbliebene Gruppe von „Fremdstämmigen" stattfand[117].

Die Mitte der 1940er Jahre ist insofern interessant, als die Menschen zu dieser Zeit aus der Evakuierung zurückkehrten und versuchten, ihre Rechte auf Wohnraum und bewegliches Eigentum wiederzuerlangen. Die Reaktion der „Unsrigen" beruht auf der Verleugnung der jüdischen Kriegserfahrung: dem tatsächlichen Verschweigen des Holocausts und der völligen Leugnung des jüdischen Beitrags zum Sieg über den Nationalsozialismus. Wir wissen sogar, dass eines dieser Mini-Pogrome in Kyjiw unter anderem mit Beleidigungen wie „Sie sind ein Partisan aus Taschkent" (Das sollte heißen: „Sie haben den gesamten Krieg in der Evakuierung im tiefen Hinterland verbracht, während wir hier „Blut vergossen" haben!")[118] begann.

Der Staat ließ solche Appelle im offiziellen Diskurs nicht zu, obwohl er sie auf der Ebene der Alltagskultur duldete. Es ist bekannt, dass der beliebteste ukrainische Komiker Ostap Wyschnja während der ideologischen Nachkriegskampagne der „Schdanowschtschyna" unter anderem deshalb kritisiert wurde, weil er in einem seiner Feuilletons, den sogenannten *усмішок / Schmunzeln"*, die von der Zensur monierte Erwähnung von Taschkent nicht unterließ.

Der Komiker geriet unter Druck, weil er die ukrainische Massenkultur widerspiegelte, die Stimme der Straße. Darauf beruht auch seine Popularität, darum enthalten seine Werke Dinge, die in der Straßenkultur vom Staat erlaubt sind, auf staatlicher Ebene aber bis zu einer bestimmten Zeit offiziell abgelehnt werden[119].

Wie die Staatsanwaltschaft herausfand, und wie eine unglaubliche Anzahl von Briefen in den Archiven des Zentralkomitees der KP(B)U bestätigt, stand der soziale Konflikt im Zusammenhang mit Wohnungsfragen. Nach der Rückkehr der sowjetischen Herrschaft in Kyjiw und anderen Städten war es sehr schwierig, eine Wohnung zu bekommen; eine große Anzahl von Wohnungen wurde illegal beschlagnahmt. Dies galt insbesondere für die Wohnungen von Juden, die wäh-

---

117 Siehe: Mizel, Michail. Jewrei Ukrainy w 1943–1953: otscherki dokumentirowannoi istorii [Die Juden der Ukraine in den Jahren 1943–1953: Essays zur dokumentierten Geschichte]. Kyjiw: Duch i Litera, 2004.

118 Blackwell, Martin J. Kyiv as Regime City: The Return of Soviet Power after Nazi Occupation. Rochester: University of Rochester Press, 2016. S. 161.

119 Yekelchyk, Serhy. No Laughing Matter: State Regimentation of Ukrainian Humor and Satire under High Stalinism (1943–1953). Canadian American Slavic Studies. 2006. 48. Nr. 1. S. 79–100.

rend des Krieges getötet worden waren. Die Juden wurden manchmal denunziert, in der Hoffnung, ihre Zimmer oder Wohnungen zubekommen. Dies galt aber auch für Juden, die evakuiert werden konnten oder in der Roten Armee gedient hatten; sie waren inzwischen in die Stadt zurückgekehrt. Auf dieser Grundlage entstand ein ernster sozialer Konflikt, den niemand diskutieren wollte. Für die Verwaltung war er unlösbar, denn es gab keine freien Wohnungen. Noch in den frühen 1950er Jahren lebten die Menschen in Kyjiw in Erdhütten. Darüber hinaus hat dieser Konflikt den unangenehmen Beigeschmack, dass er gegen den Grundsatz der Völkerfreundschaft verstößt und sogar die Folgen des Holocausts ausnutzt. Jüdische Kriegsveteranen schrieben: Ich war dabei, die Stadt zu befreien, und meine Wohnung oder mein Zimmer wurde beschlagnahmt; wie passt das mit der Politik der Lenin-Stalin-Partei zusammen? Sie schreiben Briefe an Stalin, an jeden. Beschwerden, die an Chruschtschow gerichtet oder weitergeleitet werden, landen in den Archiven, meist im Zentralkomitee in Kyjiw. Einige Einzelfälle wurden geklärt (wenn sie überhaupt geklärt werden können), aber die allgemeine Tendenz wurde ignoriert[120].

Die Stimmung der Stadtbewohner war damals kurz vor dem Explodieren — wegen der Frage des Überlebens, der Beschaffung von Lebensmitteln, der Beschaffung von wenigstens etwas Kleidung. In dieser schwierigen Situation entwickelte sich in den Jahren 1943–1944 der Antisemitismus auf günstigem sozialem Boden, aber die Regierung wollte das weder erkennen noch ernsthafte Maßnahmen ergreifen[121]. Einerseits wollte sie nicht den Eindruck erwecken, dass der Krieg im Interesse der jüdischen Bevölkerung geführt wird. Neben der Weigerung, über Antisemitismus zu sprechen, wird auch die Beteiligung der lokalen Bevölkerung am Holocaust verschwiegen. Andererseits sahen die stalinistischen Funktionäre alle gesellschaftlichen Vorgänge in einem System ideologischer Kausalität, das ihnen nur eine Erklärung übrig ließ: das seien die Überreste der NS-Ideologie. Denn sie verwendeten die Sprache der Konstruktion von Identität und Andersartigkeit von Gemeinschaften nicht. Wenn man jedoch solche bedeutenden Überbleibsel der faschistischen Ideologie anerkennt, verurteilt man sich selbst als Ideologiearbeiter.

Tatsächlich war die gleiche „Ideologie" in Kyjiw in den Jahren 1905, 1917, 1919 usw. zu beobachten. Hier, in der Nähe der Hlybochytska-Straße wurde 1911 der Leichnam von Andrij Juschtschynskyj gefunden, was 1913 den weltberühmte Fall Beilis auslöste. Der Leichnam des Jungen, der angeblich aus rituellen Gründen

---

120 Siehe die in dem Buch von Mizel veröffentlichten Dokumente: Mizel, Michail. Jewrei Ukrainy w 1943–1953: otscherki dokumentirowannoi istorii [Die Juden der Ukraine in den Jahren 1943–1953: Essays zur dokumentierten Geschichte]. S. 20–69.
121 Blackwell, Martin J. Kyiv as Regime City. S. 158–167.

von Juden gefoltert wurde, lag in einer Höhle in Tatarka. Im vorrevolutionären Kyjiw war Lukjaniwka ein konservatives Zentrum. Von hier (und auch vom Bezirk der Eisenbahnwerkstätten) gingen im Jahr 1905 zarentreue ergebenen Arbeiter und Kaufleute los, um Juden und Revolutionäre im Zentrum und dann in der ganzen Stadt zu verprügeln[122].

Mit anderen Worten: es handelt sich um eine längere kulturelle und politische Tradition, die durch den Zusammenprall sozialer Interessen und die implizite Akzeptanz des Holocaust, wenn nicht der tatsächlichen Beteiligung daran, verstärkt wurde.

Westliche Wissenschaftler ziehen es oft vor, ein Kontinuum in der staatlichen Praxis des Antisemitismus zu sehen, indem sie die Zusammenstöße von 1944–1946 in Kyjiw und Lwiw mit dem späteren stalinistischen, antijüdischen Fall der „mörderischen Ärzte" (1953) oder der Kampagne gegen die „wurzellosen Kosmopoliten (1948–1953) in einen Topf werfen.

Es ist klar, dass dies auf dem Verständnis des Holocausts als staatlicher Praxis des nationalsozialistischen Deutschlands beruht, aber in unserem Fall haben wir es nicht so sehr mit der staatlichen Praxis des stalinistischen Regimes zu tun, sondern mit dem komplexen Zusammenspiel von kultureller Tradition, der tatsächlichen Beibehaltung der alten Praxis der Ausgrenzung von „Fremdstämmigen", den sozialen Spannungen und dem Unwillen des stalinistischen Staates, den Antisemitismus aktiv zu bekämpfen.

Diese Pogrome und andere Manifestationen von Gewalt und Diskriminierung in der Nachkriegszeit werden heute aktiv erforscht, aber es ist wichtig, die Gesellschaft unter der Nazi-Besatzung und darauf folgend das Kyjiw der Nachkriegszeit zu verstehen, in dem die Identifizierung von „Freund oder Feind" auf eine sehr erkennbare Weise funktioniert, fast genauso wie 1919, als die wichtigsten „Feinde" auf dem Lande Juden und Mennoniten waren, und in den Städten — nur Juden. Nach all den Erfolgen der Ukrainisierung (obwohl westliche Wissenschaftler darauf hinweisen, dass die ukrainischen Städte nicht vollständig ukrainischsprachig, sondern durchweg zweisprachig wurden[123]), brachten die 1930er Jahre den Kult des „großen russischen Volkes" und die Wiederherstellung der Hierarchie der Nationen in der UdSSR. In der Tat ermöglichten sie die Wiederbelebung des in den 1920er Jahren unterminierten Verständnisses der ostslawischen, implizit orthodoxen Gemeinschaft der „Unsrigen" im Gegensatz zu den „Fremdstämmigen".

---

122 Hamm, Michael F. Kiev: A Portrait, 1800–1917. Princeton: Princeton University Press, 1995. S. 189–210.
123 Dies ist eines der Hauptargumente von Terry Martin in seinem Werk „The Affirmative Action Empire".

In den Materialien aus dem Kriegsalltag der Dnipro-Ukraine finden wir fast keine Unterscheidung zwischen Russen und Ukrainern, und auch die Deutschen legten nicht lange Wert auf die Differenzierung dieser Nationalitäten.

Nach dem Krieg war der amerikanische Geheimdienst bestrebt, diese Differenzierung zu finden und auszuwerten. Er initiierte ein sehr interessantes Projekt: Interviews mit „Displaced Persons" (DPs), staatenlosen Menschen, die sich nach dem Krieg in Europa befanden und nicht in die Sowjetunion zurückkehren wollten. Von der großen Gesamtzahl der Flüchtlinge, Kriegsgefangenen und Zwangsarbeiter aus der Ukraine (über 2 Millionen, vielleicht sogar 3 Millionen) waren etwa 200.000 entschlossen, nicht zurückzukehren, konnten sich der erzwungenen Rückkehr entziehen und ließen sich im Westen nieder[124]. Sie prägten das politische Klima der ukrainischen Diaspora der Nachkriegszeit. Die überwältigende Mehrheit kehrte nicht unbedingt freiwillig und nicht aus Liebe zu Stalin zurück, sondern zu ihren Familien zurück; einige fanden keine Möglichkeit zu bleiben usw.

Aber die Amerikaner haben mit ihren Interwies diesen Zeitraum nicht mehr erfasst: sie begannen ihr Projekt erst 1950, als es nur mehr diejenigen gab, die nicht zurückkehren wollten, sowie einige neue Flüchtlinge, insbesondere aus der sowjetischen Zone in Deutschland.

Die Amerikaner (unter denen sich auch Doktoranden der Universitäten befanden, die Russisch und manchmal sogar Ukrainisch sprachen) führten interessante Befragungen durch. Indem sie diesen Menschen — Ukrainern und Russen — gezielt provokante Fragen über den Unterschied zwischen ihnen stellten, kamen sie zu Ergebnissen, die dem amerikanischen Geheimdienst damals nicht gefielen, die aber heute völlig frei in der Forschung verwendet werden können, da die Abschriften aller Interviews in englischer Übersetzung im Internet auf der Website des so genannten „Harvard Project on the Soviet Social System" veröffentlicht sind[125] (Die Originalnotizen der Interviewer, wenn sie sie überhaupt in der Sprache des Interviews machten, wurden nicht aufbewahrt). Die Ergebnisse waren in etwa wie folgt: Auf die Frage, ob es einen Unterschied zwischen Ukrainern und Russen gebe, antworteten die meisten mit „Nein". Auf die Frage, ob die sowjetische Regierung in der Ukraine russisch oder ukrainisch sei, teilten sich die Antworten in drei fast gleich große Teile: ein Drittel sagte, sie sei russisch, ein Drittel sagte, dass Ukrainer gleichermaßen beteiligt seien, und ein Drittel wählte die unkomplizierte (aber möglicherweise potentiell prosowjetische) Antwort „Ich weiß

---

124 Dyczok, Marta. The Grand Alliance and Ukrainian Refugees. New York: St. Martin's Press, 2000. S. 45.
125 The Harvard Project on the Soviet Social System Online. URL: https:// library.harvard.edu/ collections/hpsss/index.html [Letzter Zugriff am 29.07.2024].

es nicht". Und das, obwohl sie sich, wenn sie sich vor den Amerikanern in ein gutes Licht rücken wollten, wahrscheinlich eher antirussisch zeigen müssten, was aber nicht geschah.

In der Tat zeigte sich nur bei einer Frage ein Unterschied zwischen Ukrainern und Russen. Es war eine unglaublich gute Frage: Was halten Sie von dem Vorschlag, eine Atombombe auf Moskau abzuwerfen? Es gab 17 Prozent mehr ethnische Ukrainer, die sagten „lasst es uns tun", als in der Gruppe der ethnischen Russen[126]. Aber ich sollte anmerken, dass dies nicht wirklich eine Frage der Nationalität ist. Es ist eine Frage des Kremls und der sowjetischen Eliten, eigentlich eine Frage eines weiteren „Anderen" der alltäglichen Volkskultur. „Die da" sitzen da, die haben ein gutes Leben, fahren Limousinen, bekommen gute Verpflegung und Gehaltszulagen in Briefumschlägen — und wir sind diejenigen, die hier vernachlässigt werden. Diesen gewohnten Gegensatz zwischen Regierung und Volk hat es zu allen Zeiten gegeben. Dies ist der einzige Punkt, in dem die Forscher etwas Signifikantes fanden, aber es ging nicht wirklich um die ethnische Zugehörigkeit.

Etwas Ähnliches lässt sich, wie ich in dieser Vorlesung bereits erwähnt habe, in den Erinnerungen von OUN-Mitgliedern nachzeichnen, die im Gefolge der Deutschen in die Ostukraine kamen. Nachdem sie sich dort längere Zeit aufgehalten haben, werden sie irgendwann für die Einheimischen Teil der Gemeinschaft, sie werden „Unsere", sie werden akzeptiert. Aber dann, als die Rote Armee zurückkehrt, kommt ein Moment der Ablehnung. Das heißt, es war für Nationalisten aus der Westukraine recht einfach, mit den Einheimischen gegen die Deutschen zu kooperieren, und sie würden nicht einmal über Stalin streiten, wenn man Flugblätter verteilte, die Stalin in einem schlechten Licht darstellten. Wenn jedoch die Rote Armee zurückkehrt, werden die meisten ukrainischen Lokalpatrioten nicht gegen die „Roten" kämpfen, denn für sie sind die Roten „Unsere"[127]. Leider gab es unter den Teilnehmern der Marschgruppen kein Projekt zur Oral History, und nun ist diese Generation verstorben.

Ich kannte einige von ihnen, vor allem im Australien der frühen 1990er Jahre. Für sie war es eine interessante Erfahrung, etwas über die „Große Ukraine" zu erfahren. Viele von ihnen heirateten einheimische Mädchen mit ukrainischen Wurzeln. Wenn man damals doch nur parallele Interviews mit Männern und Frauen über die Verschmelzung nationaler Identitäten hätte aufnehmen können!

---

126 Yekelchyk, Serhy. „Them" or „Us"?: How Ukrainians and Russians Saw Each other Under Stalin. Ab Imperio. 2009. Nr. 2. S. 27.
127 Berkhoff, Karel. Schnywa rospatschu [Harvest of Despair: Life and Death in Ukraine Under Nazi Rule. Kurylo, Taras. Die Stärke und Schwäche des ukrainischen Nationalismus in Kyjiw während der deutschen Besatzung (1941–1943)]. S. 210–234.

Die australisch-ukrainische Dichterin Zoja Kohut, die in Sumy geboren wurde, hat ein wunderschönes, scheinbar satirisches Gedicht über die „Kleinrussen" aus dem Osten geschrieben, aber am Ende steht eine Zeile, die so schmerzhaft und bedeutungsvoll ist: „Denn ich bin auch aus dem Osten, mein Bruder, ich auch ..."[128]. Für mich klang das immer wie die Anerkennung eines ehemaligen „Freundes" unter den neuen „Unseren" der politisierten Nachkriegsdiaspora.

Typische Mitglieder dieser Marschgruppen waren nationalbewusste Galizier, gewöhnliche junge Männer, keine poetischen Menschen und schon gar keine ehemaligen Einwohner von Kyjiw, die in Russland geboren wurden (hier geht es um die bereits erwähnte Dichterin Olena Teliha).

Theoretisch bewegten sie sich getrennt von den Deutschen, d. h. weiter hinten, auf Karren und Fahrrädern. Es wäre naiv, sich vorzustellen, dass dies ohne Kontakt mit den Deutschen geschah, die diese Scharen sofort gesehen hätten. Einige gingen als Dolmetscher mit den Deutschen. Sie schufen eine Verwaltung, eine Polizei und liefen anfangs manchmal voraus, um einen feierlichen Empfang für die Deutschen zu organisieren. Die meisten von ihnen waren Bandera-Leute, aber es waren auch Melnyk-Leute dabei. (Die Bandera-Leute versuchten, sie daran zu hindern, auch mit Gewalt). Schließlich, im Herbst 1941, begannen sich die Marschgruppen von den Deutschen zu trennen[129].

Diese Erfahrung der Marschgruppen der jungen Nationalisten, insbesondere im ukrainischen Osten, sowie das umfassendere Thema der „Kontaminierung" der gesamten ukrainischen Gesellschaft durch die deutsche Besatzung und die nationalistische Propaganda gehören zu den Hauptthemen des nächsten Buches, das ich heute besprechen möchte, „Making Sense of War: The Second World War and the Fate of the Bolshevik Revolution" von Amir Weiner, Professor an der Stanford University[130].

Leider ist es noch nicht in ukrainischer Sprache erschienen (auch auf Russisch ist es nicht erhältlich). Weiners Buch ist in der Ukraine so gut wie unbekannt, aber im Westen hat es interessante Diskussionen ausgelöst. Die Monografie basiert auf Materialien zur Geschichte der Region Winnyzja in der Ukrainischen SSR zwischen

---

128 Kohut, Soja. Kulturni arabesky: Poesija i prosa [Kulturelle Arabesken: Poesie und Prosa]. Melbourne: Prosvita, 1969, S. 42.
129 Kentij Anatolij V. Sbrojnyj tschyn Ukrajinskych Nazionalistiw 1920–1956: istoryko-archiwni naryssy. Bd. 1. Wid Ukrajinskoji Wijskowoji Orhanisazii do Orhanisazii Ukrajinskych Nazionalistiw 1920–1942 [Der bewaffnete Arm der Ukrainischen Nationalisten 1920–1956: Historisch-archivistische Essays. Band 1: Von der Ukrainischen Militärorganisation zur Organisation der Ukrainischen Nationalisten (1920–1942)]. Kyjiw: Staatliches Komitee der Archive der Ukraine, 2005, S. 238–249.
130 Weiner, Amir. Making Sense of War: The Second World War and the Fate of the Bolshevik Revolution. Princeton: Princeton University Press, 2001.

1939 und 1965, vor allem aber während des Krieges und der Wiederherstellung des sowjetischen politischen Systems in der Nachkriegszeit. Diese Arbeit hat im Westen das Verständnis für die Rolle des Zweiten Weltkriegs bei der ethnischen und politischen Schichtung der Sowjetunion beeinflusst. Die Hauptthese des Autors lautet, dass der Krieg in Wirklichkeit das Ende der bolschewistischen Revolution war.

Weiner zufolge war er ein organischer Teil des revolutionären „Jahrtausend-Projekts", des Aufbaus einer neuen Gesellschaft, das in eschatologischer Hinsicht als Reinigung der Welt vom Bösen verstanden wurde.

Weiner interpretiert den Krieg nicht als eine neue Etappe in der sowjetischen Geschichte, sondern als ein Ereignis, das geschehen musste, als eine logische Fortsetzung der Revolution im Sinne der Neugestaltung und Reinigung der Menschheit. Wenn wir dieses Modell akzeptieren, dann ist der Krieg als gemeinsames „Projekt" von Stalin und Hitler die logische Fortsetzung des sowjetischen Großen Terrors und der Deportationen; all diese Prozesse können als Kampf um die Schaffung einer „gereinigten" Gesellschaft, die keine Feinde mehr hat, interpretiert werden.

Der letzte Teil seines Konzepts ist für uns am interessantesten — die Feststellung, dass „Feinde" schon vor dem Krieg, während des Krieges und danach zunehmend ethnisch definiert wurden. An die Stelle von „Volksfeinden", von denen man annahm, dass sie zumindest hypothetisch in irgendwelche antisowjetischen Aktivitäten verwickelt waren, traten Nationalitäts-Verräter auf. Während des Krieges waren dies Tschetschenen, Krimtataren, Finnen und Deutsche – zusätzlich zu Sowjetkoreanern und Polen. Fast alle diese Gruppen fallen unter Stalins Verständnis von Diaspora-Nationalitäten, was bedeutet, dass die Ursache für das Loyalitätsproblem dieser Nationalitäten in der Existenz eines feindlichen Staates zu sehen ist, der mit diesen Nationalitäten verbunden ist. (Im Falle der Krimtataren hatte die Regierung wahrscheinlich deren historische Verbindungen zur Türkei im Sinn, die vor der Schlacht von Stalingrad als wahrscheinlicher Kandidat für einen Kriegseintritt auf deutscher Seite galt).

Nach Weiners Interpretation sind die Juden sowohl für die Deutschen und die ukrainischen Nationalisten als auch für die Sowjets ein feindlicher „Anderer", der aus der Gesellschaft entfernt werden muss[131]. Ich bin mir nicht sicher, ob dieses Argument überzeugend ist, wenn es um die sowjetische Ideologie oder Praxis während des Krieges geht. Nach dem Krieg, ja, ohne Zweifel. Aber während des Krieges war die sowjetische Politik ambivalent; es gab ein Jüdisches Antifaschistisches Komitee, aber der Holocaust wurde im offiziellen Diskurs nicht unter anderen Nazi-Verbrechen gegen die Zivilbevölkerung hervorgehoben. Antisemitische

---

131 Weiner, Amir. Making Sense of War. S. 11.

Äußerungen und Erwähnungen von „Taschkentis" sind weit verbreitet, werden aber offiziell kritisiert. Über Pogromversuche und andere Vorfälle wird in der Presse nicht berichtet. Es gibt zwar Materialien über „Säuberungen", aber sie beziehen sich auf die Ausrottung der ideologischen Einflüsse der zweijährigen Besatzung, d. h. unter anderem auf die (zumindest theoretische) Ausrottung des Antisemitismus.

Bei den ukrainischen Nationalisten, die nach den Deutschen aus dem Westen kamen, ist die Situation nicht so einfach. Weiner zufolge wollen auch sie die Gesellschaft gemäß ihrer Vision eines Nationalstaates reinigen. Es stimmt (und darüber wird im Westen inzwischen viel geschrieben), dass die Entstehung des modernen „ideologischen" Völkermordes im zwanzigsten Jahrhundert untrennbar mit der Etablierung der Idee des Nationalstaates verbunden ist[132]. Es sei jedoch daran erinnert, dass die Situation der Nationalisten in der Region Winnyzja eine andere war als in Galizien. Wie Weiner selbst zugibt, war der Einfluss der Nationalisten auf die Bevölkerung begrenzt. Aus sozialgeschichtlicher Sicht wäre es daher eine Vereinfachung und sogar eine Wiederholung der Argumente stalinistischer Ideologen, wenn man die Beteiligung der lokalen Bevölkerung am Holocaust ideologischen Nationalisten zuschreiben würde, die aus der Westukraine kamen. Auf der Suche nach Erklärungen müssen wir die lokalen Dynamiken, die Praktiken des Otherings, die eine längere Geschichte haben, in den Blick nehmen.

Weiner schreibt, dass die Juden in der Region Winnyzja von allen Seiten verfolgt wurden: Ukrainische Nationalisten wollen sie aus dem „Körper" der Nation entfernen; die Deutschen vernichten sie tatsächlich mit Hilfe lokaler Kollaborateure; auch der sowjetische Staat begegnet ihnen mit Misstrauen und will den grundlegenden Unterschied zwischen dem Holocaust und anderen Kriegsverbrechen nicht anerkennen. Weiner versucht alle drei Aspekte des Konflikts als Vollzug ihrer ideologisch motivierten Praktiken des „Reinigungstriebs"[133] darzustellen. Dabei geht es um die Säuberung von einem ethnisch definierten „Anderen". Die größte Herausforderung besteht darin, zu beweisen, dass der sowjetische Staat den Prozess der Säuberung auch in ethnischer oder nationaler Hinsicht verstand: Der Feind muss als Nationalität gesäubert werden. Weiner zeigt, dass der Feind während des Krieges in der Tat nicht nach Klassen, sondern nach ethnischen Gesichtspunkten konstruiert wurde, das traf besonders auf Finnen und Deutsche zu. Aber auch das Bild des Siegers wird so dargestellt, darunter das „große russische Volk" und die Ukrainer mit dem Orden von Bohdan Chmel-

---

132 Siehe z. B.: Ther, Philipp. The Dark Side of Nation-States: Ethnic Cleansing in Modern Europe. New York: Berghahn Books, 2014.
133 Weiner, Amir. Making Sense of War. S. 7–11.

nyzkyj und separaten Volkskommissariaten für Verteidigung und Auswärtige Angelegenheiten. Ist dieses Koordinatensystem tragfähig? Sie kennen die Geschichte,
wie Ilja Ehrenburg, übrigens auch ein Kyjiwer, während des Krieges feurige
Briefe mit Aufrufen schrieb: „Tod den Deutschen!" Und dann, am Ende des Krieges,
am 14. April 1945, erschien ein Artikel des Leiters der Agitprop H.F. Alexandrow in
der „Prawda": „Genosse Ehrenburg vereinfacht". Darin wird Stalins bekannte Erklärung aktualisiert, dass die Hitlers kommen und gehen, aber das deutsche Volk
bleibt — ein Zitat aus dem Jahr 1942, das aber erst nach Ehrenburgs Kritik zum
Leitsatz wurde[134]. So einfach sind die Dinge also in Wirklichkeit nicht, auch nicht
mit den Deutschen.

Aber Weiner schlägt direkt eine Brücke zu den „wurzellosen Kosmopoliten"
der späten 1940er Jahre. Es lohnt sich hier zu überlegen, warum sich sein Buch
im Westen so gut verkauft hat. Offensichtlich, weil er den Krieg mit der bolschewistischen Revolution in Verbindung brachte.

Zum einen war dies aus analytischer Sicht interessant, zum anderen warf es
ein neues Licht auf das gesamte Sowjetregime, indem es den Stalinismus nicht als
Irrweg, sondern als natürliche Folge von 1917 darstellte. Für diese Interpretation
gab es in der westlichen Gesellschaft ein großes Interesse. Wenn man die Revolution mit dem Krieg in Verbindung bringt und zeigt, dass es sich von Anfang an
um ein Regime der brutalen Säuberung der Gesellschaft handelte, das früher
oder später in eine ethnische Säuberung übergehen musste, dann entsteht ein bestimmtes Bild der Sowjetunion, in dem sie Nazideutschland ähnlich wird. In bestimmten politischen und akademischen Kreisen wurde dies mit Begeisterung
aufgenommen.

In der Tat ist es sehr interessant, das Zusammentreffen und die Vermischung
der ideologischen Programme von Stalinisten, Nazis und ukrainischen Nationalisten am Beispiel eines Gebiets zu betrachten. Gleichzeitig sollten wir aber auch die
einfachen Menschen nicht vergessen, von denen die meisten nicht ideologisch
motiviert waren. Wie Sie bereits aus den beiden vorangegangenen Vorträgen wissen, halte ich die Konzepte von Gemeinschaft und Gemeinschaftsleben solcher
Gruppen für entscheidend. In ihnen gibt es eine gemeinsame Vorstellung davon,
was erlaubt ist und was nicht, und es besteht ein sozialer Druck, der die Gruppen-
mitglieder dazu bringt, sich auf eine bestimmte Weise zu verhalten und nicht auf
eine andere. Diese Gruppenidentitäten und -praktiken können zu einem bestimmten Zeitpunkt nach bestimmten Regeln und unter Berücksichtigung des politischen Kontextes gegen einen bestimmten Feind mobilisiert werden, aber auch

---

134 Rubenstein, Joshua. Tangled Loyalties: The Life and Times of Ilya Ehrenburg. London:
I.B. Tauris, 1996. S. 222–224.

ohne diese Regeln funktionieren sie mit bereits entwickelten Vorstellungen von der Identifizierung „Freund oder Feind". Es handelt sich also nicht um eine Tabula rasa für ideologische Inhalte.

Ich habe in „Stalin's Empire of Memory" über eine gewisse Ethnisierung des sowjetischen Denkens während des Krieges geschrieben. Sie erwächst aus älteren Identitäten und dem Versuch, die imperialen Hierarchien in den 1920er Jahren neu zu schreiben. Bis zu einem gewissen Grad wurde sie seit den späten 1930er Jahren durch den Mythos der „Völkerfreundschaft" und die Erklärung der führenden Rolle des „großen russischen Volkes" stabilisiert. Bereits am Ende des Krieges signalisierte der Kreml mit der Kritik an Dowschenkos Geschichte „Ukraine im Feuer", dass es für den Lokalpatriotismus eine klare Linie gibt, die nicht überschritten werden darf.

Diese Warnung wird in der Sprache der Klassenanalyse ausgesprochen, die auch für Schdanowschtschyna der Nachkriegszeit charakteristisch ist, obwohl die Regierung in Wirklichkeit nicht zu marxistischen Prinzipien zurückkehren, sondern die imperiale Hierarchie der Nationalitäten wiederherstellen will.

Dies wurde sowohl durch die Feierlichkeiten zum 300. Jahrestag der „Wiedervereinigung" von Ukraine und Russland im Jahr 1954 als auch durch die schleichende kulturelle Assimilierung in der Ukraine bestätigt, die besonders ab den späten 1950er Jahren spürbar wurde[135].

Ich habe auch in einem anderen Buch, „The Conflict in Ukraine", das scheinbar den sehr aktuellen Ereignissen des Euromaidan und des Krieges im Donbas gewidmet ist, geschrieben, dass der Zusammenbruch des Russischen Reiches nie wirklich verstanden oder kritisch reflektiert wurde, vor allem von den Russen[136]. Dies lag zum Teil daran, dass sich zu dem Zeitpunkt, als die Bevölkerung Zugang zur Massenbildung erhielt, bereits das stalinistische Konzept der Geschichtswissenschaft mit den Begriffen „Völkerfreundschaft" und der führenden Rolle des russischen Volkes herausgebildet hatte. Die Kritik am russischen Imperialismus, die sogar noch während der „Ukrainisierung" in den 1920er Jahren sehr vorsichtig geübt wurde, um die Nationalitäten nicht von der russischen Arbeiterklasse zu entfremden und sie nicht zu beleidigen, wurde in den 1930er Jahren offenkundig oberflächlich und verschwand bald fast vollständig.

Die Zerschlagung der „antisowjetischen" ukrainischen Intellektuellen im Zusammenhang mit dem so genannten VBU-Prozess (Verband der Befreiung der Ukraine) in Charkiw im Jahr 1930 und dann 1933 der „sowjetischen" Intellektuellen,

135 Siehe: Yekelchyk, Serhy. Imperija pamjati [Stalin's Empire of Memory: Russian-Ukrainian Relations in the Soviet Historical Imagination]. S. 77–90, 102–115, 255–262.
136 Yekelchyk, Serhy. The Conflict in Ukraine. New York: Oxford University Press, 2015. S. 27.

die eifrig die Ukrainisierung betrieben, führte zu einer Neubewertung der imperialen Werte. Bohdan Chmelnyzyij wandelte sich von einem Feind, der die ukrainischen Arbeitermassen dem zaristischen Russland auslieferte, zu einer großen historischen Figur, die die historische Einheit von Ukrainern und Russen zutiefst verstand. Übrigens gab es während des Krieges und unmittelbar danach raffinierte Vorschläge von Nationalhistorikern, den Begriff „Beitritt" oder sogar „Eroberung" der Ukraine durch „Wiedervereinigung" zu ersetzen, einen alten zaristischen Begriff, der in zaristischen Lehrbüchern und in der Literatur der Schwarzhunderter des neunzehnten und frühen zwanzigsten Jahrhunderts häufig vorkam[137].

Tatsächlich ist der Begriff „Wiedervereinigung" ein Instrument, um die Ukrainer in der Hierarchie der Völker der UdSSR nach oben zu bringen, aber er rechtfertigt auch implizit die Assimilation. Es trägt dazu bei, nicht nur die Idee des „großen russischen Volkes" als führende Kraft aufzubauen (oder wiederherzustellen), sondern auch die Idee der beiden ihm am nächsten verwandten ostslawischen Völker – der Ukrainer und der Belarusen – im Gegensatz zu den „Nationalisten", den ehemaligen „Fremdstämmigen".

Versuchen wir nun, das Ganze zu verknüpfen. Wie genau wurde die wiederhergestellte Hierarchie während des Krieges rehabilitiert? Sie wurde auf interessante Weise in die offizielle Kultur eingebettet. Der Kreml kann es sich nicht leisten, das Konzept der Klassengeschichte völlig zu verwerfen, aber im Laufe der Zeit kommt es zu einer gewissen Begriffsverschiebung. Zunächst (in den 1920er Jahren) ging es um die Gefahr eines Gegensatzes zwischen dem ukrainischen Volk und der russischen Arbeiterklasse, dann um das große russische Volk; diese Wende begann 1930, aber sie erfolgte schrittweise[138]. Erinnern wir uns daran, dass Stalin in seiner Rede auf dem XVIII. Kongress im März 1939 eine Klassenanalyse gab, die fast wie Lenins Analyse des Ersten Weltkriegs klingt. Es handelt sich um eine Klassenanalyse des neuen imperialistischen Krieges, der bereits begonnen hatte, bevor sich die Sowjetunion im Herbst desselben Jahres gerne in den Krieg verwickeln ließ. Während Stalin die feindliche Bevölkerung in den Jahren 1939–41 und 1944–50 aus der neu eroberten Westukraine deportieren ließ, verwischte sich die Grenze zwischen den Kategorien „Klasse" und „Ethnie".

Später, während des Krieges gegen Deutschland gibt es dann keine Klassenanalyse von Stalin; er kommt im Februar 1946 in einer Rede vor den Wählern des Stalinskyj Wahlbezirkes in Moskau wieder darauf zurück. Diese marxistische Standardrede erregt im Westen Aufsehen, und der Kalte Krieg beginnt. Für ge-

---

137 Yekelchyk, Serhy. Imperija pamjati [Stalin´s Empire of Memory: Russian-Ukrainian Relations in the Soviet Historical Imagination]. S. 167–170.
138 Jefimenko, Hennadij. Nazionalno-kulturna polityka [Die nationalkulturelle Politik]. S. 22.

wöhnlich steht bei uns Churchills Fulton-Rede über den Eisernen Vorhang am Beginn des Kalten Krieges. Aber die westlichen Historiker datierten den Anfang des Kalten Krieg traditionell mit Stalins Rede[139]. Sie haben den sowjetischen Kontext nicht herausgelesen — dass Stalin den Klassendiskurs zurück in den sowjetischen Mainstream bringen sollte, dass die Kritik am Lokalpatriotismus in der Ukraine und anderswo auf einer Klassenposition beruhen sollte, und dass die Kritiken an westlichen Einflüssen darauf basieren sollten. In Wirklichkeit bestand das gewünschte Ergebnis dieser ideologischen Kampagnen in den nationalen Republiken jedoch darin, nationale Hierarchien nach imperialem Vorbild wiederherzustellen.[140]

Die während des Krieges übliche Zurückdrängung des Klassenkonzepts auf den zweiten oder dritten Plan ermöglichte tatsächlich die Etablierung der Hierarchie der sowjetischen Völker, weil sie eine Ausdrucksmöglichkeit, einen diskursiven Raum für einen neuen sowjetischen Nationalismus bot. Man konnte sich von der Klassengeschichte ablenken und sagen, dass die ukrainischen Kosakenhetmanen (obwohl sie Ausbeuter waren) fortschrittlich sein konnten, wenn sie dem russischen Zaren (obwohl er auch ein Ausbeuter war) treu dienten.

Die Einheit mit Russland als Ganzes ist jedoch so positiv, dass sie alle fortschrittlich macht. Die bloße Möglichkeit dieses Arguments führt zwar in einigen nationalen Republiken, in denen es Volksaufstände gegen die russische Herrschaft gab oder nationale Helden gegen Moskau kämpften, zu einer gewissen Verwirrung, ermöglicht dort aber im Allgemeinen die Wiederherstellung des national-patriotischen Narrativs.[141] Diese patriotischen Narrative und Rituale dürfen sich in den einzelnen Republiken bis etwa 1944 entwickeln. Erst dann werden sie in das Konzept der „Völkerfreundschaft" zurückgedrängt, und zwar nicht durch direkte Texte, sondern durch Klassenanalysen, wie wir bereits bei Stalins Kritik an Dowschenkos „Ukraine in Flammen" gesehen haben. Die Freundschaft mit

---

139 Erst in den letzten Jahrzehnten beginnt allmählich der Abschied von diesem westlichen Dogma und die kritische Neubewertung der Rolle von Stalins Rede in den westlichen Mythen der frühen Zeit des Kalten Krieges. Siehe: Costigliola, Frank. The Creation of Memory and Myth: Stalin's 1946 Election Speech and the Soviet Threat, in: Medhurst, Martin J. und Brands, Henry W. (Hrsg.). Critical Reflections on the Cold War: Linking Rhetoric and History. College Station: Texas A&M Press, 2000. S. 38–54.

140 Yekelchyk, Serhy. Imagining a Soviet Nation: Cultural Representations of the Ukrainian Past at the Twilight of the Stalin Era, in: Andrew Colin Gow (Hrsg.) Hyphenated Histories: Articulations of Central European Bildung and Slavic Studies in the Contemporary Academy. Leiden: Brill, 2007. S. 185–208.

141 Siehe die Übersicht über die anderen Republiken in dem klassischen Buch: Tillett, Lowell. The Great Friendship: Soviet Historians on the Non-Russian Nationalities. Chapel Hill: University of North Carolina Press, 1969.

Russland und die russische Annexion waren großartig, weil sie es den Volksmassen ermöglichten, unter den Einfluss der russischen Revolutionäre und der Arbeiterklasse zu geraten. Deshalb können jene Khans, die Moskau angegriffen haben, keine Nationalhelden mehr sein, sondern nur noch die, die mit Moskau befreundet waren. Man musste einigen Genossen die Position zu den Khans erklären; am Institut für Geschichte in Moskau werden Sondersitzungen abgehalten, das Zentralkomitee nimmt Stellung, und es werden Hinweise geschrieben.[142] Unsere ukrainischen Historiker leisten hier eine gute Arbeit: Sie rehabilitieren den zaristischen Begriff „Wiedervereinigung". Das erste Mal geschah dies 1948 durch Mykola Petrovskyj, Leiter der Abteilung und bis 1947 Direktor des Instituts für Geschichte der Akademie der Wissenschaften der UdSSR und Leiter der Abteilung für ukrainische Geschichte an der Taras-Schewtschenko-Universität Kyjiw, in einem Artikel für die Große Sowjetische Enzyklopädie. Zunächst wurde er dafür von seinen Kollegen sowohl in Kyjiw als auch in Moskau kritisiert, aber später unterstützten Parteiideologen seine Position, dass es sich tatsächlich um eine „Wiedervereinigung"[143] handelte. Das heißt, dieser Begriff wurde nicht im Apparat des Zentralkomitees in Moskau erfunden, sondern von einem der Schüler des führenden „bürgerlich-nationalistischen" Historikers der Ukraine, Mychajlo Hruschewskyj.

Das war eine großartige Entdeckung, denn sie ermöglichte es uns, eine konfliktfreie Kombination von ukrainischem und russischem Nationalpatriotismus zu modellieren, und das zu einem Zeitpunkt, als die Führer der Republik die Krise im Kampf gegen den ukrainischen Nationalismus in Galizien erkennen mussten. Es war nun möglich, stolz auf die Geschichte des ukrainischen Volkes zu sein, ohne im Detail darauf einzugehen, dass es in dieser Geschichte Ausbeuter und Ausgebeutete gab. Die Hauptsache war, dass sie in die „richtige" Richtung ging — in Richtung „Wiedervereinigung" mit Moskau. Auf diese Weise wurde die ethnische Geschichte rehabilitiert. Später, nach den 300-Jahr-Feierlichkeiten im Jahr 1954, wurde die Präsenz der Klassengeschichte kaum noch wahrgenommen. Eine solche Rehabilitierung war jedoch nur für die wichtigsten Nationalitäten der Sowjetunion möglich, d. h. für diejenigen, die ihre eigene Republik, ihre eigene territoriale Integrität und ihre eigene Geschichtsschreibung im sowjetischen Stil hatten. Die Roma zum Beispiel erhalten sie nicht. Zumindest ist mir nicht bekannt, dass es sowjetische Roma-Historiker gab, die brillante Artikel über die Freundschaft von Zigeunerbaronen mit Moskauer Zaren schrieben. Es gab Artikel

142 Yilmaz, Harun. National Identities in Soviet Historiography: The Rise of Nations under Stalin. London: Routledge, 2015. S 135–148.
143 Yekelchyk, Serhy. Imperija pamjati [Stalin's Empire of Memory: Russian-Ukrainian Relations in the Soviet Historical Imagination]. S. 167–168.

darüber, dass die Roma in der Sowjetunion ihr Glück gefunden haben; aber die Tatsache, dass sie schon tausend Jahre vor der Revolution für die Befreiung vom Joch der hinduistischen (oder mongolischen) Ausbeuter und die Wiedervereinigung mit der Kyjiwer Rus gekämpft haben, wurde nicht erwähnt. Auf das große russische Volk folgen also sofort die Ukrainer und Belarusen, und alle anderen kommen nach ihnen, aber das ist in Wirklichkeit eine auf ethnischen Kriterien beruhende Hierarchie, hinter der die zaristischen Vorstellungen von orthodoxen „Russen" und „Fremdstämmigen" sichtbar sind.

Diese Hierarchie ermöglicht es den Menschen, ethnischen Patriotismus in bestimmten ideologischen Formen zu kultivieren. Dies schafft die Welt, in der wir heute leben. In der Tat haben wir mit der Gründung der unabhängigen Ukraine all diese Ideen geerbt.

Als das Parlament 1991 unter Berufung auf die Bedrohung durch Moskau die Unabhängigkeit der Ukraine proklamierte, wurde dasselbe vertraute Konzept der ethnischen Geschichte oder der Geschichte des ukrainischen Volkes berücksichtigt, nur dass die Pro- in Kontra-Argumente umgewandelt wurden und umgekehrt (wie etwa der Vertrag von Perejaslawl 1654, wonach der ukrainische Kosakenstaat unter den Schutz des Moskauer Zaren kam, und der „Verrat" des Hetmans Iwan Masepa 1708/09). Die neue Version ist nicht feindselig oder fremdartig, tatsächlich ist sie durch tausend Fäden mit dem bestehenden sowjetisch-ukrainischen Konzept verbunden. Es schließt Taras Schewtschenko und Bohdan Chmelnyzkyj ein, und außerdem spricht es tatsächlich auch von der Nation, so dass es recht einfach ist, dieses Schema ein bisschen zu korrigieren.[144] Niemand liest heute die mehrbändige Geschichte der Ukrainischen SSR, die in den 1970er und 1980er Jahren veröffentlicht wurde, aber sie ist eigentlich als Geschichte des ukrainischen Volkes geschrieben. Darin werden die Beziehungen zu den auf dem Gebiet der heutigen Ukraine lebenden ethnischen Minderheiten nicht erwähnt, sie ist als Geschichte des heutigen ukrainischen Territoriums geschrieben, wobei der Schwerpunkt auf dem ukrainischen Volk liegt, und zwar nicht einmal ausschließlich auf arbeitenden Klassen, sondern auf der ethnischen Nation.

Wenn das Subjekt der Geschichte das ukrainische Volk ist, dann muss an diesem Narrativ nicht viel geändert werden. Deshalb war es für die Nationalkommunisten 1991 so einfach, sich als Verteidiger der Nation zu tarnen; dieses Narrativ war bereits konstruiert, man musste nur Moskau streichen und Europa hineinschreiben.

Das Subjekt der Geschichte bleibt also in Wirklichkeit dasselbe, nur sein „historisches Streben" hat sich geändert — jetzt ist die Richtung seiner teleologischen

---

144 Yekelchyk, Serhy. Bridging the Past and the Future. S. 559–573.

Bewegung auf Europa gerichtet, das implizit als etwas imaginiert wird, das im Gegensatz zu Russland steht. Übrigens werden die Ausbeuter, die nach Europa strebten, jetzt zu „guten"; die Klassengeschichte kehrt also doch nicht zurück. Aber damit all dies geschehen kann, muss das Prinzip der ethnischen Nationen, das während des Zweiten Weltkriegs endgültig eingeführt wurde, anerkannt werden.

Diese Anerkennung bedeutet nicht die Rückkehr zu den Zeiten der „Ukrainisierung". Sogar während des Zweiten Weltkriegs erschienen mehrere ideologische Lehren, meist in Form von Artikeln in der Prawda, manchmal aber auch in Form von Angriffen auf einzelne Kulturschaffende. Es ist beispielsweise bekannt, dass Dowschenko im Januar 1944 zu einer Sitzung des Politbüros einbestellt wurde, um seine Schrift „Die brennende Ukraine" zu kritisieren, bei der eingeladene ukrainische Beamte und Schriftsteller saßen. Dies bedeutete, dass das Signal in der Republik empfangen werden würde.[145]

Es war jedoch verboten, Materialien über diese Sitzung zu veröffentlichen. Jeder in der literarischen „Gemeinschaft" wusste also, dass die Kritik von Stalin persönlich kam, aber das wurde bei jenen Pranger-Versammlungen in Kyjiw nicht erwähnt.

Dies machte es nur noch schwieriger, dieses offensichtlich wichtige, aber schwierige Signal zu entschlüsseln, da sie das eine sagten und das andere meinten. Stalin konnte nicht sagen, dass in der „Ukraine in Flammen" die Rolle des russischen Volkes nicht betont wurde; er sagte: Ihr habt den Klassenkampf vergessen. Doch was danach von allen ukrainischen Schriftstellern und Künstlern (und nicht nur von ihnen) verlangt wurde, war die Betonung der Völkerfreundschaft, die in Wirklichkeit ein Feigenblatt für die Kolonialideologie der russischen Führung war. Stalins Ideologen erklärten die Bedeutung dieses Signals 1946, als die „Schdanowschtschyna" begann. In der Ukraine richtete sie sich nicht so sehr gegen die „Duckmäuserei" vor dem Westen, sondern gegen „nationalistische Tendenzen" in der ukrainischen Kultur. Und als richtige Reaktion der Kulturschaffenden galt nicht die Rückkehr zur klassizistischen Kunst, sondern die Darstellung des positiven Einflusses der russischen Kultur.

Damit wir nicht denken, dass die ukrainische Führung lediglich aufrichtige Besorgnis über künstliche Manifestationen des Nationalismus in der offiziellen Kultur heuchelte, möchte ich mit einer Episode schließen, die die paranoiden Züge der stalinistischen Ära gut charakterisiert. Es gibt unveröffentlichte Memoiren von Nikolai Smolich, dem Chefregisseur der Kyjiwer Oper (seinem Nachna-

---

145 Marotschko, Wassyl. Satscharowanyj Desnoju: Istorytschnyj portret Oleksandra Dowschenka [Verzaubert von der Desna – ein historisches Porträt von Oleksandr Dowschenko]. Kyjiw: Verlag „Kyjiw –Mohyla Akademie", 2006. S. 222–228.

men nach könnte er Belarus sein, aber seine Memoiren sind auf Russisch geschrieben), in denen er erzählt, wie er einmal von Chruschtschow empfangen wurde. Bekanntlich arbeitete Chruschtschows Schwiegersohn als Theaterdirektor in Kyjiw: zunächst des Lesya Ukrainka, dann der Kyjiwer Oper.

Seinem Einfluss ist es übrigens zu verdanken, dass die Kyjiwer Oper in die erste Kategorie eingestuft wurde, was ihr die Möglichkeit gab, große Sänger einzuladen und sie gut zu bezahlen. Aber Chruschtschows Interesse an der Oper war nicht so sehr persönlich, sondern hing mit ihrer wichtigen Funktion in der Hochkultur des reifen Stalinismus zusammen. So erzählt Smolich, dass er in den frühen Nachkriegsjahren aufgrund der Aufmerksamkeit der Regierung für das Theater und verschiedener Theaterstreitigkeiten irgendwann Zugang zu Chruschtschow hatte. Eines Tages erschien Smolich in Chruschtschows Büro und sagte, dass er so nicht mehr arbeiten könne: Im Theater sei er von Leuten mit „nationalistischen Tendenzen" umgeben. Chruschtschow sah sich verstohlen um und erwiderte leise: „Glauben Sie, ich bin in einer anderen Position, umgeben von anderen Leuten?"[146]

In diesem Fall schlage ich eine Brücke zu der weit verbreiteten Auffassung, dass bestimmte Geheimdokumente bis heute nicht veröffentlicht worden sind. Und wenn sie offen liegen würden, wüssten wir die ganze Wahrheit. Das mag bei Militärakten oder NKWD-Archiven der Fall sein, doch die obersten stalinistischen Regierungsbestände zur Ideologie, die in den 1990er Jahren eine Zeit lang öffentlich zugänglich waren, enthielten größtenteils das gleiche Material wie die „Prawda"-Leitartikel.

Das Gleiche geschah mit den lang erwarteten, berühmten Memoiren von Lasar Kaganowitsch, dem Parteiführer der Ukraine in den Jahren 1925–28 und 1947: aber er widmete Dutzende von Seiten dem Abschreiben von Parteibeschlüssen[147].

Daher glaube ich, dass der Russe Chruschtschow aufrichtig glauben konnte, dass er von ukrainischen Nationalisten umgeben war, obwohl es sich in Wirklichkeit um vorsichtige ukrainische Sowjetpatrioten handelte. Somit hätte er die „Völkerfreundschaft" als den wichtigsten Hebel in seinem Kampf um die Rückkehr in die vertraute „Welt von Kleinrussland" auf einer neuen Runde der Fortschrittsspirale betrachten haben können.

---

146 Zentralarchiv-Museum für Literatur und Kunst der Ukraine. Fond 71, Bestand 1, Akte 20, Blätter 270–271.
147 Es handelt sich um: Kaganowitsch, Lasar Moissejewitsch. Pamjatnyje sapiski rabotschewo, kommunista-bolschewika, profsojusnowo, partijnowo i sowetsko-gossudarstwennowo rabotnika [Aufzeichnungen eines Arbeiters, Bolschewiken-Kommunisten, Gewerkschafts-, Partei und sowjetischen Staatsarbeiters]. Moskau: Wagrius, 1996.

Das Gedenken an den Krieg

In der vierten Vorlesung unseres Kurses geht es um das Gedenken an den Krieg. Gemessen an der aktuellen Aufmerksamkeit der ukrainischen Gesellschaft für diese Fragen ist sie sehr aktuell, aber dieses Thema ist auch mit meinen Argumenten in den vorherigen Vorlesungen logisch verbunden. Um konzeptionelle Ansätze zu diesem Thema zu definieren, sind drei bekannte theoretische Positionen gut geeignet. Die erste ist, dass der Krieg von der Gesellschaft in einem komplexen Dialog mit der offiziellen Erinnerungspolitik gedeutet und umgedeutet wird. Die zweite ist, dass wir, die zeitgenössischen Historiker, ihn nun auch durch das Prisma der Gesellschaft betrachten, und nicht nur durch das Verständnis von Staaten oder Nationen, militärischen Aktionen, Siegen, Niederlagen usw. Die zeitgenössischen Geisteswissenschaften untersuchen die Erfahrung des Krieges durch seine Auswirkungen auf das Leben der Menschen. Für einen Forscher des Alltagslebens, der Sozial- und Kulturgeschichte ist es weniger wichtig, militärische Siege zu verherrlichen, als vielmehr die Welt des Alltags der Soldaten in den Schützengräben während dieser Siege und die Überlebensstrategien der Menschen auf beiden Seiten der Front zu verstehen. Schließlich ist es heute unmöglich, diese Siege und Niederlagen zu verstehen, ohne das soziale Leben, die Kultur der Gewalt usw. zu berücksichtigen. Es gibt einen guten kurzen Aufsatz des australischen Historikers deutscher Abstammung Mark Edele über die Besonderheiten der Anwendung dieses Ansatzes auf die Geschichte der Sowjetunion im Zweiten Weltkrieg.[148] Die ersten beiden Positionen beziehen sich also auf die Rolle der Gemeinschaften und der Gesellschaft in der Geschichtsschreibung und Produktion von Erinnerung. Die dritte Position ist das Verständnis des Krieges in erster Linie als eine Tragödie, eine Erfahrung des Todes, der Selbstaufopferung, des Traumas, die bei den Menschen verbleibt, nachdem der Krieg gewonnen oder verloren ist oder in einer Art Frieden endet. Diese Erfahrung kann das Leben derer bestimmen, die den Krieg überlebt haben. Es geht um das Syndrom eines Soldaten, der aus dem Krieg zurückkehrt und für den Rest seines Lebens traumatisiert bleibt. Diese Erfahrung wird ebenso wie die Erfahrung der zivilen Überlebenden von den großen Narrativen über staatliche Siege oder nationale Tragödien verdrängt.

Versuchen wir, auf der Grundlage dieser theoretischen Prinzipien über die Erinnerung zu sprechen. In den ersten beiden Jahrzehnten des neuen Jahrhunderts wurde viel über die Erinnerung an den Krieg in der Ukraine geredet, man schrie sich gegenseitig an und hörte einander nicht zu.

---

148 Edele, Mark. Towards a Sociocultural History of the Soviet Second World War. Kritika: Explorations in Russian and Eurasian History. 2014. Bd. 15. Nr. 4. S. 829–835.

Deshalb sollten wir von der These ausgehen, dass die Erinnerung nicht in erster Linie, oder ausschließlich, zur Sphäre der politischen Diskussion gehört; sie entsteht aus der Erfahrung einer Gesellschaft, einer Gemeinschaft, die ihre Tragödie und ihre Beteiligung am Krieg in irgendeiner Weise begreifen muss, aber gleichzeitig von den Möglichkeiten abhängt, die durch die offizielle Erinnerungspolitik bestimmt werden. Dieser Prozess des Verstehens durch die Bevölkerung hat mehrere Komponenten. Die erste besteht darin, dass die Menschen traumatisiert aus dem Krieg zurückgekehrt sind, dass Menschen gestorben sind, dass Familien zurückbleiben und irgendwie überleben müssen. Diese Verlusterfahrung muss ausgedrückt und bis zu einem gewissen Grad betrauert werden. Es muss einen Ausweg für diese Gefühle geben. Der Ausweg ist natürlich im politischen Sinne nicht eindeutig eingegrenzt, aber er ist plastisch. Er kann die eine oder andere Form annehmen, er kann in einen bestimmten diskursiven Rahmen gestellt werden und in Richtung Stalin-Kult, Kult des „Großen Vaterländischen Krieges", Feindhass oder die Leidensgeschichte des Volkes unter der Unterdrückung durch die faschistischen (oder bolschewistischen) Besatzer gehen. Oder er kann als das Leiden des Volkes zwischen zwei totalitären Regimen dargestellt werden. Es war einmal Mode, das Kapitel über den Zweiten Weltkrieg „Zwischen zwei Totalitarisme" zu nennen, aber hier müssen wir uns bewusst sein, dass eine solche Formulierung die Verbrechen, die in unserem Land begangen wurden, implizit externalisiert, ein passives Erleiden von etwas Drittem schafft, das per definitionem nicht totalitär ist und zwischen den beiden Kräften liegt.

Um den Verlust zu begreifen, den die Gesellschaft in der einen oder anderen Form braucht, bedarf es symbolischer Markierungen. Ihre Entwicklung und ihre gesellschaftliche Bedeutung gehen in der politischen Debatte über das Datum des Kriegsendes — 8. oder 9. Mai — und die Rolle von Kommunisten, Nazis und UPA-Mitgliedern manchmal unter. Die Erinnerungspolitik in Bezug auf den Krieg und die politischen Debatten darüber können und sollten erforscht werden; David Marples' Buch „Heroes and Villains: Creating National History in Contemporary Ukraine" oder die Artikel von Wilfried Jilge und Vladyslav Hrynevych (in der Zeitschrift „Krytyka") könnten der Beginn eines solchen Gesprächs sein[149]. Aber mich interessiert jetzt etwas anderes, und zwar, ob diese Markierungen tatsächlich eine Möglichkeit bieten, Gefühle auszudrücken, die für die damalige politische Organisation der Gesellschaft akzeptabel waren. Diese symbolischen Ausdrucks-

149 Marples, David R. Heroes and Villains: Creating National History in Contemporary Ukraine. Budapest: Central European University Press, 2007; Jilge, Wilfried. The Politics of History and the Second World War in Post-Communist Ukraine (1986 / 1991–2004 / 2005). Jahrbücher für Geschichte Osteuropas. 2006. Bd. 54. Nr. 1. S. 50–81; Hrynewytsch, Vladyslav. Wijna sa wijnu [Krieg um den Krieg]. Krytyka. 2012 (XVI). 6. Juni (176). S. 19–23.

punkte (ich beziehe mich auf Denkmäler, aber auch auf feierliche Trauerkundgebungen und andere Gedenktraditionen) führen in der Regel zu einer gewissen Symbiose zwischen offiziellen und populären Praktiken.

Und natürlich erfordert das kollektive Verstehen von Verlusten bestimmte Darstellungen von Menschen, die in diesen großen Narrativen als Helden, Opfer und Überlebende dargestellt werden. Sie können im symbolischen Raum als „das Volk", als ein unbekannter Soldat oder als berühmter Kommandant, wie Nikolai Watutin in Kyjiw, präsent sein. Nach seinem Tod wurde Watutin zu einem Symbol, das auf der politischen und kulturellen Landkarte der Ukraine eine neue Erinnerungslandschaft zu schaffen begann.

Zu Stalins Zeiten fand die offizielle Bekundung der Gefühle an Watutins Grab statt, und deshalb wird jetzt vorgeschlagen, ihn umzubetten. (Anmerkung des Autors: Die Statue Watutins auf seinem Grab wurde 2024 entfernt.) Und Russland spielt gern mit und verlangt die Herausgabe der sterblichen Überreste des Generals, dessen Allee in Kyjiw inzwischen nach Roman Schuchewytsch benannt ist.[150]

Schauen wir uns an, wie das Gedächtnis um diese symbolischen Marker herum geschaffen wurde, ohne den politischen Akteuren den Vorrang zu geben. Denn die Tatsache, dass zu einem bestimmten Zeitpunkt ein Dokument verabschiedet oder etwas umbenannt wurde, bestimmt noch nicht die Veränderungen im kollektiven Gedächtnis der Bevölkerung. Vielmehr wird das Gedächtnis assimiliert, wenn wir etwas von uns selbst in das Gedächtnis einbringen. Dieses Phänomen ist von Soziologen, die sich mit dem Holocaust beschäftigt haben, gut untersucht worden. Wir sprechen von Vertretern der zweiten und dritten Nachkriegsgeneration, die die Massenvernichtung der Juden nicht persönlich erlebt und nicht miterlebt haben, aber Geschichten darüber gehört und Filme gesehen haben und so ihre Identität um dieses zentrale Ereignis herum entwickelt haben.

Die Mechanismen dieser indirekten Identifikation mit den Opfern des Nationalsozialismus sind gut erforscht[151]. Betrachten wir nun die Ereignisse des Novembers 1943. Kyjiw ist bereits befreit, aber westlich der Stadt wird noch gekämpft. Ende November findet die Konferenz von Teheran statt; Stalin ruft Schukow aus Teheran an, um zu erfahren, warum Zhytomyr und Korosten aufgegeben worden sind[152]. Aber in

---

150 Schtschur, Marija. U Rossiji bojatsja „banderiwziw" i chotschut sabraty s Kyjewa ostanky Watutina [In Russland hat man Angst vor den „Bandera-Anhänger" und möchte die Überreste von Vatutin aus Kyjiw entfernen."] *Radio Swoboda*, 9. April 2015, https://www.radiosvoboda.org/a/26947487.html [Letzter Zugriff am 29.07.2024].

151 Siehe: Hirsch, Marianne. The Generation of Postmemory: Writing and Visual Culture After the Holocaust. New York: Columbia University Press, 2012.

152 Schtemenko, Sergej M. Generalny schtab w gody woiny [Der Generalstab in den Kriegsjahren]. Moskau: Voenizdat, 1968. S. 195.

diesen Stunden, Tagen und Wochen formt sich bereits die Erinnerung an die Befreiung der Stadt am 6. November. Ist der Moment der Befreiung selbst so wichtig für die Regierung? Nur in zwei Bezirken der Stadt konnten die politischen Offiziere der Roten Armee Versammlungen von Arbeitern organisieren. Im Stadtteil Podil versammelten sie bis zu tausend Menschen. Die zweite Versammlung fand im Arsenal-Werk statt, obwohl ich glaube, dass es keine Arbeiter des Arsenals waren, sondern alle, die sie in Petschersk oder im südlichen Teil der Stadt fanden. Es waren bis zu 700 Menschen, die sich dort versammelt hatten oder zusammengetrieben wurden, um den Jahrestag der Großen Sozialistischen Oktoberrevolution (7. November) zu feiern[153]. Das heißt, man hatte nicht die Absicht, die Befreiung der Stadt zu feiern oder die Toten zu betrauern. In erster Linie galt es, den wichtigsten Staatsfeiertag zu begehen, d. h. die politische Vertrauenswürdigkeit der im besetzten Gebiet Verbliebenen durch die Teilnahme am wichtigsten bolschewistischen Ritual zu bestätigen. Der Begriff des Rituals sollte in der historischen Forschung eine größere Rolle spielen, denn wir wissen aus der Anthropologie, dass er nicht leer ist, sondern Bedeutungen, Modelle und Erklärungen für die Gesellschaft schafft und die Menschen durch die Teilnahme am Ritual dazu bringt, diese Modelle zu akzeptieren.

Schon vor Ende des Jahres 1943 boten die sowjetischen Rituale der Wiederaufnahme der politischen Massenarbeit und der politischen Bildung einen Raum, um die Erfahrungen der Bevölkerung mit der Besatzung auszudrücken. Diese Erfahrungen werden gesammelt und in Berichten festgehalten, die in verallgemeinerter Form, aber mit Zitaten aus echten Aussagen an das Zentralkomitee der KP(B)U und darüber hinaus bis nach Moskau geschickt werden. Während der Sitzungen fangen die Menschen an zu weinen, sprechen über ihr Leben in den letzten zwei Jahren, erinnern sich an diejenigen, die gestorben sind, getötet wurden oder zur Gestapo gebracht wurden. Das Stadtkomitee der Partei kam sofort auf die Idee, an der Stelle, an der sich die Gestapo befand, ein Museum einzurichten. Das Problem war nur, dass vorher dort der NKWD war und das vertuscht wurde, weil ja nur die toten Soldaten zu betrauern waren, und auch das nur im Rahmen der Feier der sowjetischen Siege. Wenn man diese Berichte über die Geschichten der Menschen liest, vor allem auf der Ebene der Stadtbezirke oder der einzelnen Betriebe, beginnt man sofort zu verstehen, dass es zwar darum geht, der sowjetischen Regierung gegenüber Loyalität zu bekunden, dass die Menschen dies aber auch als Gelegenheit nutzen, um über ihre Erfahrungen zu sprechen. Hier verbindet sich das Pragmatische mit dem Emotionalen: Es ist notwendig zu zeigen, dass der Redner ein loyaler Sowjetmensch ist, aber gleichzeitig bietet sich die Gelegen-

---

153 Yekelchyk, Serhy. Powsjakdennyj stalinism [Alltäglicher Stalinismus]. S. 47.

heit, über sein Leid zu sprechen. Dies ist eine Möglichkeit, im Rahmen des sowjetischen Diskurses zu trauern.

Und das ist wichtig, denn dabei verschmelzen reale Erfahrungen und die offizielle Erinnerungspolitik durch die Erzählpraxis zu einer neuen Identität.

Die Erfahrung, den „Tag des Sieges" zu feiern, liegt noch vor uns. Wir haben bereits erwähnt, dass im Frühjahr 1945 niemand wusste, wann genau dieser „Tag des Sieges" sein würde. Im Jahr 1945 fiel Ostern auf den 6. Mai, und der 1. Mai war natürlich der „Feiertag der internationalen Arbeitersolidarität". Die Parteifunktionäre wollten, dass der 1. Mai mit dem „Tag des Sieges" zusammenfällt. Dann gäbe es nur einen Feiertag und man müsste keinen neuen freien Tag einführen. Auf dem Markt sagten die Leute, dass es gut wäre, wenn er mit Ostern zusammenfiele: Das wäre eine Gelegenheit, zwei schöne Feiertage gleichzeitig zu feiern. Natürlich war der Sieg nicht nur und nicht so sehr ein offizieller Feiertag, sondern das lang ersehnte Ende des Krieges und die Rückkehr der Angehörigen. Am 1. Mai fand die Parade in Kyjiw nicht auf dem Chreschtschatyk statt (da dieser zerstört war), sondern auf der Korolenko-Straße (heute Wolodymyrska-Straße). Zu diesem Zweck wurde in der Nähe der Oper eine Tribüne errichtet, auf der die Führer der Sowjetukraine stehen sollten, um die Parade abzunehmen. Die Zeitungen nannten die Parade bereits eine Siegesparade, obwohl der Sieg selbst noch nicht stattgefunden hatte. Es war die erste Gelegenheit, die Einnahme Berlins zu feiern, obwohl die eigentliche Kapitulation noch nicht stattgefunden hatte. Letztendlich wurde der 9. Mai zum „Tag des Sieges", in gewisser Weise formell — aufgrund der bekannten Geschichte der doppelten Unterzeichnung der Kapitulation sowie der Zeitverschiebung zwischen Mitteleuropa und Moskau (mit der Rückkehr der sowjetischen Herrschaft im Jahr 1943 wurde in Kyjiw die Moskauer Zeit eingeführt).

Der 9. Mai wird also ein Feiertag; für diesen Anlass wurden bereits Triumphbögen aus Holz vorbereitet, die nicht lange halten werden. Aber bei der Ausarbeitung des Entwurfs verständigen sich die Beamten darauf, die Bögen stärker zu machen, damit sie wenigstens ein paar Jahre halten können. Das heißt, das war eine Idee, noch ohne Anweisungen aus Moskau. Es schien, dass dies mit der allgemeinen Richtung des sowjetischen Diskurses übereinstimmen würde. Man bereitet die Gestaltung der Städte vor, man denkt über die Dekoration von Bahnhöfen nach und plant die feierliche Begrüßung von Siegern[154]. In den lokalen Quellen findet sich kein Hinweis auf ein mögliches Problem, dass die Feier der Sieger Sta-

---

154 Yekelchyk, Serhy. The Leader, the Victory, and the Nation: Public Celebrations in Soviet Ukraine under Stalin (Kiev, 1943–1953). Jahrbücher für Geschichte Osteuropas. 2006. Bd. 54. Nr. 1. S. 3–19.

lin sein symbolisches Kapital entziehen würde, denn im offiziellen Diskurs jener Zeit war er der Urheber dieser Siege.

Wie wir wissen, war der „Tag des Sieges" zwei Jahre lang, 1946 und 1947, ein gesetzlicher Feiertag. Im Jahr 1948 wurde er gestrichen und in die Kategorie der kleineren Feiertage wie den „Tag der Artilleristen" (auch bekannt als Stalins Artillerietag) oder den „Tag der Panzerfahrer" aufgenommen. Der „Tag des Sieges" wird noch unwichtiger als der „Tag der Stalin'schen Verfassung", der mit viel mehr Respekt gefeiert wurde. Mit anderen Worten, er verschwindet praktisch, stattdessen wird der Neujahrstag ein arbeitsfreier Tag[155].

Es stellt sich die Frage, warum dieser „Tag des Sieges", der möglicherweise potenziell der größte sowjetische Feiertag ist, mit dem die Erfahrung einer ganzen Generation verbunden werden kann, verschwindet. Dafür gibt es pragmatische Gründe: Erstens wollte die Regierung nicht, dass in der ersten Maidekade durchgehend getrunken und gefeiert wird, wie es nach 1965 der Fall war, da die Produktionsziele erreicht werden mussten. Zweitens hätte der „Tag des Sieges", — nicht an sich, aber in seiner potenziellen „Aneignung" durch Generationen von Veteranen — eine Bedrohung für das symbolische Verständnis von Stalin als universellem Schöpfer und Wohltäter darstellen können, der Leben spendet und den Menschen alles gibt, was sie brauchen. Selbst die Beschränkung der Rolle Stalins auf den „Schöpfer des Sieges" birgt eine solche Gefahr. Bleibt man nämlich bei der Tatsache, dass der Sieg dem Volk durch den Führer geschenkt wurde, würde dies bedeuten, dass seine Rolle als militärischer Führer übertrieben wird, während sie nur ein Aspekt seiner universellen Gabe des Lebens und des (bedingten) Wohlbefindens war. Mit anderen Worten: Wenn Stalin bereits die Welt geschaffen und den Menschen das Recht gegeben hat, zu arbeiten, zu leben und zu atmen, dann ist dies viel wichtiger als die Tatsache, dass er den Menschen, auch den Ukrainern, den Sieg geschenkt hat. Vor dem Hintergrund dieser universellen symbolischen Geschenke sollte das Geschenk des Sieges nicht hervorgehoben werden. Ich glaube, dies war das Hauptargument der sowjetischen Führung (obwohl wir in den Archiven nie ein Dokument finden werden, das die wahren Beweggründe dafür erklärt), warum der „Tag des Sieges" aus dem Kalender der wichtigsten sowjetischen Feiertage verschwand.

Übrigens gibt es andere Feiertage, die sehr wichtig hätten werden können, wie auf lokaler Ebene der „Jahrestag der Befreiung von Kyjiw". Das war aber nicht der Fall, denn dieses Datum fällt auf den 6. November, den Vorabend der Großen Sozialistischen Oktoberrevolution. Er wurde nur unmittelbar nach dem

---

155 Tumarkin, Nina. The Living & the Dead: The Rise and Fall of the Cult of World War II in Russia. New York: Basic Books, 1994. S. 104.

Krieg lang begangen, und schon damals wurde klar, dass es ein Problem damit gab, wie man die Stadt schmücken, wie viele Paraden und Demonstrationen man abhalten und welche Art von Leitartikeln man in den Zeitungen schreiben solle. Der „doppelte Feiertag", den wir in den Zeitungen von 1946 finden, ist in diesem Sinne kein besonders passender Begriff[156].

Es könnte sich nämlich herausstellen, dass sich die Stadtbevölkerung stärker mit dem Feiertag der Befreiung der Stadt identifiziert, weil es für sie tatsächlich ein Feiertag ist. Diejenigen, die mit den Deutschen gehen wollten, gingen. Es gab diejenigen, die bleiben wollten, weil sie keinen großen Unterschied sahen oder auf die Rückkehr der „Unsrigen" warteten. Es gab viele, die mit der Roten Armee oder nach der Befreiung zurückkehrten. Es handelte sich also um eine ziemlich loyale Bevölkerung, überwiegend Frauen, Kinder und ältere Menschen. Das Kyjiw der Nachkriegszeit ist eher eine russischsprachige Stadt als das Kyjiw der Vorkriegszeit oder der Besatzungszeit.

Bekanntlich versammelte Chruschtschow noch vor der Einnahme von Charkiw im August 1943 Sprachwissenschaftler und Schriftsteller in dem Dorf Pomirky, um die Rechtschreibung der ukrainischen Sprache zu reformieren. Dies war eindeutig ein wichtiger kultureller Moment. Die ukrainische Sprache musste reformiert werden, gerade kurz bevor die erste ukrainische Großstadt eingenommen wurde.

Es gibt ein wunderschönes Foto, auf dem Chruschtschow, die gesamte Regierung, der Linguist Bulachowskyj, die führenden Dichter Baschan, Rylskyy und Tytschyna in einem Garten sitzen und darüber diskutieren, wie man die ukrainische Sprache so verändern kann, dass sie sich der russischen Rechtschreibung annähert, denn man war ja dabei, die Ukraine zu befreien. Es lohnt sich, die Entscheidung dieser staatlichen Kommission zu zitieren: „... die Einheit mit den Schreibweisen der brüderlichen Völker der Sowjetunion zu gewährleisten, insbesondere mit der russischen Sprache."[157] Dies ist natürlich ein wichtiges Signal von oben.

Es gibt noch eine Reihe anderer Signale, die darauf hinweisen, was und wie man feiern und gedenken sollte. Zum Beispiel der „Feiertag der vollständigen Befreiung der ukrainischen Gebiete" im Oktober 1944, der definiert, was ukrainische Gebiete sind und wer sie vereinigt hat. Das Problem ist nur, dass bis zur Ausrufung des Feiertags niemand genau wusste, wann die vollständige Befreiung der ukrainischen Gebiete stattfinden würde, weil niemand entschieden hatte, wo die

---

156 Yekelchyk, Serhy. Powsjakdennyj Stalinism [Alltäglicher Stalinismus]. S. 53.
157 Ukrajinskyj prawopys [Ukrainische Rechtschreibung] / editiert von Kyrytschenko, Illja Mykytowytsh. Kyjiw: Ukrainischer Staatsverlag, 1946. S. 3.

ukrainischen Gebiete tatsächlich beginnen und enden. Chruschtschow stellt sich als Sammler ukrainischer Gebiete vor und gibt den politischen Offizieren der ukrainischen Fronten die Anweisung, Unterschriften für die Wiedervereinigung mit der Großukraine zu sammeln.

Solche Unterschriften werden im Transkarpatengebiet gesammelt, das in der Zwischenkriegszeit zur Tschechoslowakei gehörte, und im sogenannten Zakerzonia in Polen, den ukrainischen Volksgebieten westlich der „Curzon-Linie" von 1919, die die Entente als Ostgrenze Polens festlegte.

Die im Transkarpatengebiet gesammelten Unterschriften wurden verwendet, die aus Zaherzinia nicht. Aber es gibt sie. Dort werden auch einige Volkskomitees gegründet, falls die Frage positiv gelöst werden sollte. Aber der Kreml hat die Frage auf seine Weise gelöst: Im Oktober 1944 wurde Transkarpatien befreit, und das ist das Ende der Sammlung ukrainischer Gebiete. Man kann also feiern, indem man ein Narrativ von Stalins Befreiung und Wiedervereinigung entwirft, aber das wurde nicht zu einem jährlichen Feiertag[158].

Der Jahrestag der Gründung der Sowjetukraine wird ebenfalls gefeiert, und zwar im Winter. Das war sehr ungünstig, deshalb wurden nach dem Krieg die Feierlichkeiten zum 30-jährigen Jubiläum in den Frühling verlegt, denn das Datum ist Konvention, die Hauptsache ist die symbolische Funktion und die Konsolidierung des offiziellen Erinnerungskanons. Das heißt, es gibt viele historische Ereignisse und Jahrestage, die zu feierlichen Gedenkanlässen werden könnten; es gibt eine Auswahl, die bewusste Schaffung einer „erfundenen Tradition", die dann mit dem Inhalt der Gefühle der Menschen gefüllt werden muss. Denn vor der Erfindung der Tradition sind diese Gefühle aus Sicht der Regierung chaotisch und falsch.

Um auf das Hauptargument dieser Vorlesung zurückzukommen, möchte ich daran erinnern, dass die Erinnerung an den Krieg in der volkstümlichen Definition, die aus dem Volk kommt, zunächst als Tragödie verbalisiert wird. Besonders deutlich wird dies in den ersten Tagen und Monaten nach der Befreiung Kyjiws, bevor sich stalinistische politische Rituale und diskursive Praktiken etablierten.

Erinnern wir uns an das Grab des Panzerfahrers Nikifor Scholudenko, der zunächst auf dem heutigen Maidan begraben wurde und dann am Hügel zwischen dem Europaplatz (dem ehemaligen Stalinplatz) und dem heutigen Puppentheater. Ungefähr an dieser Stelle steht heute ein Plakatständer. Die spontane Verehrung von Scholudenko zeugt von der Wahrnehmung der Befreiung und des Krieges im Allgemeinen im Register der Trauer um die Opfer. Zwar herrschte jah-

---

158 Yekelchyk, Serhy. Imperija pamjati. [Stalin's Empire of Memory: Russian-Ukrainian Relations in the Soviet Historical Imagination]. S. 91–93.

relang Unklarheit über seinen militärischen Rang. Später wurde unbedingt verlangt, dass er unmittelbar vor seinem Tod eine „Heldentat" vollbracht hätte. Aber offensichtlich spürt man, dass eine solche Gedenkstätte notwendig ist. Das ist in der Tat sehr wichtig, denn es spiegelt eine Art gesellschaftlicher Forderung nach einer rituellen Dimension bei der Formatierung der Erinnerung wider. Scholudenko ist dafür ein guter Kandidat, weil er ein Ukrainer aus der Kyjiwer Region ist – obwohl der reale Scholudenko nicht so wichtig ist. In der Tat ist er die erste Verkörperung des Konzepts vom „Unbekannten Soldaten", das noch nicht formuliert und von oben genehmigt wurde. Später wurde festgestellt, dass er in Wirklichkeit ein Hauptfeldwebel und kein Leutnant oder Hauptmann war. Nun ist er im Park des Ruhmes beigesetzt[159].

Als Symbol für das stalinistische Modell des Kriegsgedenkens ist er jedoch nicht geeignet, denn das Hauptverdienst daran gebührt direkt und allein Stalin. Wir können und sollten ihm dankbar sein, aber wir können nicht um ihn trauern, weil er nicht bei der Befreiung von Kyjiw gestorben ist. Sie können sich die Schwierigkeit vorstellen. Und die Massentrauer um einen kleinen Offizier aus der Kyjiwer Region, so spontan sie auch sein mag, entspricht nicht der politischen Symbolik des Kriegs- und Nachkriegsstalinismus. Und dann verwundeten ukrainische Nationalisten glücklicherweise den Kommandanten der 1. ukrainischen Front, General Watutin, tödlich. Endlich kam alles zusammen! Es gab ein großes Begräbnis in Kyjiw: Sein Sarg wurde von der Philharmonie die heutige Hruschewskyj-Straße (damals Kirow-Straße) hinaufgetragen und in dem Park beigesetzt, in dem sich heute ein Denkmal befindet und bis in die 1930er Jahre eine Kirche stand; unter den Kränzen befindet sich auch einer mit der bedeutsamen Aufschrift „Von J.W. Stalin und dem Generalstab". Dies ist ein sehr wichtiges Zeichen. Oberstabsfeldwebel Scholudenko wird diese Ehre natürlich nicht zuteil. Die passende Rhetorik zur Beschreibung dieses wichtigen rituellen Ereignisses ist sofort gefunden — „ein treuer Jünger des Genossen Stalin"[160] Obwohl niemand genau sagt, wie er gestorben ist, weiß natürlich jeder in der Stadt aus Gerüchten, dass es die Schuld der „Bandera-Leute" war.

Liubomyr Dmyterko, ein gewitzter galizischer Dramatiker der späten stalinistischen Periode, der die politische Konjunktur klar spürte, schrieb rasch ein Stück über Watutin. Auch darin wird nicht erklärt, wie er gestorben ist, sondern ein majestätisches Bild des stalinistischen Befehlshabers, des Befreiers der Ukraine,

---

159 «Malovidomi storinky z biografiï vidomogo Heroja», Ukrajina 1939–1945 Martyrolog [„Wenig bekannte Seiten aus der Biografie des berühmten Helden", Ukraine 1939–1945, Martyrolog.], https://vbz.martyrology.org.ua/return/render_article.php?id=118 [Letzter Zugriff am 29.07.2024].
160 Yekelchyk, Serhy. Powsjakdennyj stalinism [Alltäglicher Stalinismus]. S. 73.

entworfen[161]. Es gibt keine schriftlichen Regeln für das offizielle rituelle Gedenken und die Trauer, aber stalinistische Ideologen sind der Meinung, dass ein Hauptfeldwebel nicht geeignet ist, während Watutin deshalb geeignet ist, weil er Stalin nahe stand. Im Englischen würde ich sagen, dass er ein „proxy" ist — das heißt, ein symbolischer Stellvertreter oder ein symbolischer Ersatz für Stalin. Stalin selbst ist nicht gestorben, aber ein Teil seines „politischen Körpers" (wie in der berühmten These von den „zwei Körpern" der Könige)[162] ist symbolisch während des Krieges gestorben, und dieser Teil sollte durch einen symbolischen Stellvertreter betrauert werden. Watutin kann eine solche Figur sein, da er mit denselben Begriffen beschrieben wird wie Stalin selbst: ein großer Befehlshaber, ein treuer Sohn des Volkes usw. Sein Bild passt besser für diesen Zweck als das Scholudenkos. Das ganze System der Rituale wird sofort umgestaltet. Während des ersten Staatsbesuchs eines ausländischen Führers in Kyjiw — ich glaube, es war Marschall Tito im Frühjahr 1945 — legen Beamte Blumen an Watutins Grab nieder. Ein Denkmal gibt es noch nicht.

Ein Mitglied dieser Delegation, Milovan Djilas, hat sehr interessante Erinnerungen daran hinterlassen, wie Kyjiw in der Nachkriegszeit aussah. Noch vor der Errichtung des Denkmals, entworfen von Wutschetitsch, dem führenden sowjetischen Bildhauer der Nachkriegszeit, im Jahr 1948 war Watutins Grab der wichtigste städtische, vielleicht sogar gesamtukrainische Ort der Erinnerung an den Krieg. Lassen wir uns darüber nachdenken, welche Art Erinnerungsort es ist. Er ist gelungen, weil er den Begriff des Opfers und des Verlustes widerspiegelt – und doch ist es kein festlicher Ort. Aber er ist auch deshalb gelungen, weil er das stalinistische Modell des politischen Handelns von oben nach unten widerspiegelt, dieses Handeln der „Führer", dass es einen Befehl des stalinistischen Kommandanten geben muss, demzufolge namenlose Soldaten und Unteroffiziere gehen und sterben werden. Es sind also nicht ihre Gräber, sondern das Grab dieses Kommandanten — der ein symbolischer Teil Stalins ist – das den Raum schafft, in dem all die Opfer betrauert werden können, die unbestattet oder zumindest auf nationaler Ebene unbetrauert bleiben. In Uman zum Beispiel spielte diese Rolle das andere vom Wutschetitsch entworfene Denkmal (1947), für den in 1945 in den Ostpreußen gestorbenen einheimischen Armeegeneral Iwan Tschernjachowskij. Die Ironie dabei ist, dass Watutin auf dem Weg zu Tschernjachowskis Armeehauptquartier verwundet wurde. Es ist bekannt, dass er in Litauen begraben wurde. 1992 wurde das Denkmal von dort nach Russland überführt, aber die

---

161 Die erste Fassung heißt "Chreschtschatyj Jar" (1944), die zweite „General Watutin" (1947).
162 Kantorowicz, Ernst. The King's Two Bodies: A Study in Medieval Political Theology. Princeton: Princeton University Press, 1957.

Umaner Büste war für die örtlichen Verhältnisse recht majestätisch. Bereits in den 1950er Jahren schrieb Heimatforscherin, Memoirenschreiberin und Dissidentin Nadezhda Surovtseva dass sie „Paris zur Ehre gereicht hätte"[163]. Das ist auch ein Beispiel für das stalinistische Modell der Erinnerung an den Krieg als Heldentat und Opfer der militärischen Führer.

Es gab weitere Gräber von Generälen und hohen Offizieren in Kyjiw, die oft von einzelnen Militäreinheiten in einem Park oder in einer Grünanlage angelegt wurden. Später wurden sie in den Park des Ruhms oder auf den Militärfriedhof Lukjaniwka verlegt. In den 1950er Jahren fanden überall in der Sowjetunion solche Prozesse der „Konsolidierung" von Kriegsgräbern statt, und die Zahl der historischen Denkmäler verringerte sich erheblich, da alle diese Gräber in ein gemeinsames Register aufgenommen wurden[164]. Viele von ihnen waren vernachlässigt oder gingen sogar verloren, weil Statuen von Militärführern, deren symbolische Rolle übernahmen.

Aber noch vor der massiven Konsolidierung der Gräber in den 1960er Jahren wurde ein sehr interessantes Ritual des Gedenkens erfunden bzw. aus dem Westen übernommen: der Kult des Unbekannten Soldaten. Chruschtschow spielte eine wichtige Rolle bei der Einführung dieses Modells des Kriegsgedenkens in der Sowjetunion. Dies könnte mit der Entstalinisierung und der Ablehnung des Personenkultes zusammenhängen: nicht Watutin oder Tschernjachowskij, sondern ein Soldat, auch wenn er unbekannt ist. So schreibt Iryna Sklokina, dass erst unter Chruschtschow Treffen ehemaliger Häftlinge der deutschen Konzentrationslager in Charkiw ermöglicht wurden[165].

Breschnew würde später diesen Kult aufgreifen, um Unterstützung in der Gesellschaft zu gewinnen, allerdings in einer anderen Form — mit der Rückkehr, wenn auch unter Vorbehalt von Stalin und einer Neuausrichtung auf die Demonstration der militärischen Macht der Sowjetunion. Mit anderen Worten: Es wird der Sieg gefeiert, nicht das Gedenken an die Opfer des Krieges. Dies wird der späte sowjetische Kult sein, aus dem die Paraden der Reenactors in Luhansk kurz vor dem Beginn unseres modernen Krieges erwachsen werden. Es ist interessant, dass das Konzept der „Parks des Ruhms" nicht aus Russland oder Moskau stammt. Der erste Park des Ruhms wurde 1957 in Kyjiw eröffnet, nachdem die Gräber der prominentesten Gefallenen dorthin verlegt worden waren, und diese

---

163 Surovceva, Nadija. Lysty [Briefe]. Kyjiw: Olena Teliha Verlag, 2001. Bd. 1. S. 168.
164 Yekelchyk, Serhy. Imperija pamjati [Stalin's Empire of Memory: Russian-Ukrainian Relations in the Soviet Historical Imagination]. S. 204.
165 Lastouski, Aliaksei; Khandozhko, Roman; Sklokina, Iryna. Rethinking the Soviet Memory of "Great Patriotic War" from the Local Perspective: Stalinism and the Thaw, 1943–1965. Charkiw: Geschichtswerkstatt Europa and Kharkiv Historical-Philological Society, 2012. S. 39.

Tradition verbreitete sich in der gesamten Union. Das Konzept selbst — die Stelen des Unbekannten Soldaten und die ewige Flamme — ist eine direkte Anleihe aus dem Westen[166].

Während der Herrschaft Chruschtschows wurde nicht versucht, die Erinnerung an den Krieg als ‚Tag des Sieges' wiederherzustellen. Es ist wichtig, zwischen diesen beiden Positionen analytisch zu unterscheiden: Chruschtschow versuchte, den Gedenkkult als Opferkult, als Kult des Unbekannten Soldaten, neu zu definieren, aber der Siegeskult als Feiertag wurde nicht eingeführt. Unter Chruschtschow wurde dieser Feiertag nicht zu einem der Hauptereignisse des sowjetischen Kalenders oder zu einem arbeitsfreien Tag; er wurde lediglich mit Feuerwerk, öffentlichen Festlichkeiten und Vorträgen gefeiert. Dies sollte sich unter Breschnew zum zwanzigsten Jahrestag des Sieges im Jahr 1965 ändern.

Dabei ist jedoch zu bedenken, dass privates Gedenken nicht lange Bestand hat, wenn es nicht durch den Staat oder die Gesellschaft institutionalisiert wird. Jeder Feiertag wiederum wird von den Menschen auf seine eigene Weise wahrgenommen, auf eine bestimmte Art und Weise domestiziert: Die Zeit vergeht (zehn Jahre oder mehr), die Menschen gewöhnen sich daran, dass es in diesem oder jenem Monat einen Feiertag (und einen freien Tag) gibt. Heutzutage sind sich die Regierungen im Westen dessen bewusst. Wenn es beispielsweise in Kanada zwei Monate lang keinen Feiertag gibt, schafft die Regierung einen, und jede Provinz entscheidet, wie sie ihn nennt: In Britisch-Kolumbien zum Beispiel ist der dritte Montag im Februar der „Familientag", in Manitoba ist es der „Louis-Riel-Tag" (der Gründer der Provinz, der zweimal einen Aufstand gegen die Bundesregierung anführte), in anderen Provinzen ist es der „Tag des Erbes", der „Tag unserer Insel" usw. Der Geburtstag der Königin fällt sowohl in Kanada als auch in England nicht mit ihrem eigentlichen Geburtstag zusammen und wird in unterschiedlichen Monaten gefeiert. Außerdem wird er im englischsprachigen Teil Kanadas als „Queen Victoria Day" und in Quebec als „Patriots' Day" gefeiert — die Quebecer betrachten sich als eigene Nation.

Ein pragmatisches Verständnis für die „Aneignung" von Feiertagen durch das Volk gab es schon zu Stalins Zeiten. In den Archiven finden sich zahlreiche Dokumente darüber, wie viele Selterswasser- und Eisstände auf dem Chreschtschatyk und in den Kyjiwer Parks während der Feierlichkeiten zum Ersten Mai oder zum Jahrestag des Oktobers aufgestellt werden sollten. Dies wird dem Zentralkomitee gemeldet, man entwarf sogar ein eigenes „Jubiläums-Eis" für diese Feiertage. Die

---

166 Siehe die Klassiker von George L. Mosse und Jay Winter: Mosse, George L. Fallen Soldiers: Reshaping the Memory of the World Wars. Oxford: Oxford University Press, 1990; Winter, Jay. Sites of Memory, Sites of Mourning: The Great War in European Cultural History. Cambridge: Cambridge University Press, 1995.

Menschen fordern übrigens Musikkapellen, damit sie nach der Parade und der Demonstration tanzen können — und die Behörden sind dazu bereit[167]. Theoretisch sollten die Kyjiwer über die Größe der Revolution oder den Aufbau des Kommunismus nachdenken, aber sie wollen nach dem Eisessen im Park tanzen. Der berühmte amerikanische Fotograf Robert Capa, der mit dem Schriftsteller John Steinbeck durch die Nachkriegssowjetunion reiste, machte absolut unglaubliche Fotos von diesen Tänzen auf dem Platz hinter der Philharmonie — die Menschen sind schlecht gekleidet, fast alle Männer tragen Militäruniformen, es ist nicht bekannt, ob sie tatsächlich Militärs sind, aber mit welchem Eifer sie tanzen![168] Dieser Prozess der Wahrnehmung des Festes durch die Menschen bestärkt sie mehr, als es der totalitärste Staat könnte. Aus diesem Grund dauert heute es so lange, bis sowjetische Feiertage wie der 7. November oder der 9. Mai abgeschafft werden. Im Laufe der Zeit ist das Verständnis für die Bedeutung dieser Feiertage verblasst, aber sie bleiben Teil des Kalenders der Massenkultur und erinnern an sowjetische Konzerte und Orangenverkauf. Der „Tag des Sieges" im spätsowjetischen Sinne ist jedoch immer noch eine Ausnahme, da die Komponente der Totenehrung nie ganz entfernt wurde und die populäre Aneignung dieses Feiertags mit der Entwicklung der modernen Massenkultur (der Ära des Fernsehens als Propagandamittel) und der Zeit zusammenfiel, in der die Generation der Veteranen noch präsent war.[169]

Der westliche Kult des Unbekannten Soldaten wurde natürlich für den 11. November, den Tag des Endes des Ersten Weltkriegs, geschaffen und unter dem Slogan „Nie wieder", und nicht als „Wir feiern einen großen Sieg" eingeführt. Im Westen der Zwischenkriegszeit gestaltete man die Denkmäler für die Gefallen/die Kriegerdenkmäler als Jugendstil- oder auch Art Déco-Stelen. Später wurden diesen Stelen die Namen der Gefallenen des Zweiten Weltkriegs, des Koreakriegs (zum Glück hat Kanada nicht am Vietnamkrieg teilgenommen) und manchmal auch der Gefallenen der Friedensmission in Afghanistan hinzugefügt. Aber der Archetypus des Gedenkens selbst, der Erinnerung an die Opfer und des Versprechens „nie wieder" entstand jedoch nach dem Ersten Weltkrieg. Natürlich war dies für Kanada nicht so schwierig, da es nicht von feindlichen Truppen überfallen wurde, weder von denen des Kaisers noch von denen Hitlers. Für die Kanadier war es einfacher, diesen Totenkult in einen demokratischen und humanisti-

---

167 Yekelchyk, Serhy. Powsjakdennyj stalinism [Alltäglicher Stalinismus]. S. 80.

168 Wot takim uwidel Kiew v 1947 godu wsemirno iswesnyj fotograf Robert Kapa [So sah der weltbekannte Fotograf Robert Capa] Kyjiw im Jahr 1947, The Fotonews Post, https://www.photonews.net/2014/10/1947.html [Letzter Zugriff am 29.07.2024].

169 Über Veteranen als soziale Bewegung, die dieses Fest als ihr eigenes betrachteten, gibt es ein ausgezeichnetes neues Buch: Edele, Mark. Soviet Veterans of World War II: A Popular Movement in an Authoritarian Society, 1941–1991. Oxford: Oxford University Press, 2008.

schen Topos einzubetten, der zum Vorbild für das Gedenken an alle Kriege und alle Toten werden sollte. Dort gibt es folgendes weit verbreitetes Postulat: „Wir haben uns an diesem Krieg beteiligt, um Böses und Opfer zu verhindern; unsere Leute starben nicht, weil sie ihre Feinde töten oder zu Helden werden wollten, sondern weil sie die Menschheit retten wollten." Und wohlgemerkt: hier geht es nicht um zivile Opfer, denn es gab keinen Krieg auf kanadischem Boden.

Chruschtschow übernimmt einige Elemente dieses westlichen Modells, um den Kult des Unbekannten Soldaten zu schaffen. Breschnew behält sie bei und entwickelt sie sogar weiter, fügt aber das Element der Feier des „Großen Sieges" und der Demonstration der militärischen Macht des Sowjetstaates hinzu. Darüber hinaus gestaltet er die Atmosphäre dieses Tages festlich — ich spreche hier nicht nur von dem freien Tag und den Paraden seit 1965, sondern vom gesamten Topos der Massenkultur. Und das wird von der Gesellschaft akzeptiert[170]. Obwohl das in der Tat ein Problem für den Staat ist. Ich denke, Sie wissen sehr wohl, welche Auswirkungen die Einführung des zweiten Feiertags Anfang Mai auf die Wirtschaft und das Alltagsleben hatte. Vielen Dank an den „lieben Leonid Iljitsch" dafür.

Wir sollten ihm auch für ein anderes Problem der derzeitigen Regierung „dankbar" sein. Denn nun stellt sich die Frage, was mit der riesigen Mutter-Heimat-Statue geschehen soll. Das darunter liegende Museum wurde vom Museum des „Großen Vaterländischen Krieges" in Museum des Zweiten Weltkrieges umbenannt, die Ausstellung wurde neu gestaltet, aber die architektonische und ästhetische Form des Denkmals selbst verkörpert Breschnews Konzept des Sieges des Sowjetstaates.

Nach langen Diskussionen über die Entfernung des Wappens der UdSSR aus dem Schild und den Versprechungen des Kyjiwer Bürgermeisters, in der Nähe einen riesigen Fahnenmast für die Nationalflagge zu errichten,[171] entstand die wunderbare postmoderne Idee, die Stirn der Statue mit einem Kranz aus roten Mohnblumen zu schmücken und sie auf diese Weise sowohl zu einer ukrainischen Frau als auch in ein Symbol des 8. Mai (und nicht des 9. Mai) zu verwandeln. (Anmerkung des Autors: Das sowjetische Wappen auf dem Schild wurde 2023

---

170 Weiner, Amir. Making Sense of War. S. 345; Brunstedt, Jonathan. Building a Pan-Soviet Past: The Soviet War Cult and the Turn Away from Ethnic Particularism. Soviet and Post-Soviet Review. 2011. 38. № 2. S. 149–171.
171 Tunik, Julija. Flahschtok sa 48 miljoniw hrywen: KMDA wdruhe prosyt urjad pohodyty proekt [Flaggenmast für 48 Millionen Hryvnja: Die Kyjiwer Stadtverwaltung bittet die Regierung zum zweiten Mal um Genehmigung des Projekts]. The Village-Ukraine. 28. Dezember 2018, https://www.the-village.com.ua/village/city/city-news/280311-flagshtok-za-48-milyoniv-griven-kmda-vdruge-prosit-uryad-pogoditi-proekt [Letzter Zugriff am 29.07.2024].

durch einen ukrainischen Dreizack ersetzt.) Es ist natürlich schade, dass der „liebe Leonid Iljitsch", der diese Gedenkstätte 1981 eröffnete, dies nicht sehen wird.

Für ihn und seine ideologischen Berater war es wichtig, dass die Atmosphäre der Feierlichkeiten von „trauernd-feierlich" zu „einfach feierlich" wechselte, und dass sie durch eine wichtige Komponente ergänzt wurde, die es unter Chruschtschow nicht gab: eine Militärparade. Dies ist nicht nur eine Rückkehr des Neostalinismus mit Kultsprüchen und Liedern à la „unser genialer Generalsekretär", sondern auch eine Anerkennung der Veteranengeneration, die ein wichtiges Merkmal des gesellschaftlichen Kompromisses von Breschnew war. Darüber hinaus bildete der Kalte Krieg einen wichtigen Kontext für diese Umwälzung der Erinnerungspolitik. Die Militärparaden, die seit 1965 an den „runden Jahrestagen" des Krieges abgehalten werden, sind in der Tat eine Art Antwort an den Westen — eine Demonstration der militärischen Macht der Sowjetunion. In der Praxis haben sie nichts mit dem Gedenken an die Opfer des Krieges zu tun — weshalb sie im Übrigen in Putins Russland teilweise in Reenactment-Paraden umgewandelt werden, die die Verbindung zum „Großen Vaterländischen Krieg" wiederherstellen sollen, auf dessen Mythos die Legitimität des Staates beruht.

Nach dem Zusammenbruch der Sowjetunion im Jahr 1991 verschwanden diese Paraden zunächst, wurden dann aber 1996 in Russland auf dem Roten Platz wieder aufgenommen (1995 fand eine Veteranenparade auf dem Roten Platz und eine kleine Militärparade auf dem Poklonnaja-Hügel statt)[172]. Während der Präsidentschaft Putins, seit 2005, werden regelmäßig Rekonstruktionen der Parade vom 7. November 1941 abgehalten. Zweifellos kehrt der Neostalinismus zurück, allerdings auf einer anderen Grundlage als zu Breschnews Zeiten, mit der offenen Rehabilitierung Stalins und des NKWD sowie einem neuen Kalten Krieg mit dem Westen. Aber es geht um mehr als das – es geht um die Ausbeutung eines einzigen sowjetischen Kults, der sich erfolgreich im Familienbewusstsein festgesetzt hat, während die lebendige Erinnerung an den Krieg verdrängt wurde. Zunächst gibt es „Hologramme" von „Veterane" — seltsame Menschen mit fünf Lenin-Orden oder in der Uniform des Generalleutnants der Luftwaffe. Dann gibt es das so genannte „unsterbliche Regiment", obwohl es in Wirklichkeit nicht um Veteranen geht, sondern darum, die Loyalität zu Putins Staat durch die Treue zum traditionellen sowjetischen Mythos des „Großen Vaterländischen Krieges" zu demonstrieren. Für die Teilnehmer wurde dieser Mythos erfolgreich durch Formen der Familienerinnerung domestiziert, die so umgeschrieben wurden, dass sie in den

---

172 Smith, Cathleen E. Mythmaking in the New Russia: Politics and Memory during the Yeltsin Era. Ithaca, NY: Cornell University Press, 2002. S. 85–100.

staatlichen Kanon passen. In diesem Modell wird die Loyalität gegenüber dem Staat zum Äquivalent für den Respekt vor den Veteranen.

Überlegen wir nun, wie eine demokratische Ukraine im 21. Jahrhundert auf eine solche Erinnerungspolitik in Russland und in einigen Regionen der Ukraine selbst reagieren sollte. Das Verbot des so genannten „St.-Georgs-Bandes", das zu einem Symbol der „russischen Welt" geworden ist, ist an sich keine Lösung des Problems, denn es geht um die Entwicklung eines neuen — europäischen — Modells der Erinnerung. Für einen Historiker ist es eine große Chance, die Geburt einer neuen Tradition mitzuerleben. Genau das geschah im Mai 2015, als in der Ukraine der ‚Tag der Erinnerung und Versöhnung' am 8. Mai zusammen mit dem „Tag des Sieges" am 9. Mai eingeführt wurde.

Ein neues Symbol erscheint im öffentlichen Raum – die rote Mohnblume, genau wie in Kanada, aber auf Plakaten nicht mit dem erwarteten westlichen Slogan „Nie wieder", sondern mit dem Versuch, die sowjetische Erinnerung an den Zweiten Weltkrieg unter dem Slogan „Lasst uns gedenken — lasst uns siegen" zu instrumentalisieren[173].

Es ist eine Sache, die Gedenkpolitik auf staatlicher Ebene zu ändern, und eine andere, die Reaktion der Gesellschaft zu sehen. Zunächst einmal war es sehr interessant, wie gut die Tradition, am 8. Mai rote Mohnblumen an die Kleidung zu stecken, in den ersten Jahren angenommen wurde; obwohl man in Kanada normalerweise etwa zwei Wochen vor dem 11. November damit beginnt, die Mohnblumen zu tragen und sie erst einige Tage danach wieder abnimmt. Der Versuch, direkt an die sowjetische Tradition des „Großen Vaterländischen Krieges" anzuknüpfen, erschien mir etwas problematisch, sowohl in dem Slogan „Erinnern wir uns — gewinnen wir" als auch in dem (glücklicherweise nicht umgesetzten) Projekt, einen unbekannten Soldaten des aktuellen Krieges im Donbas im Park des Ruhms in Kyjiw zusammen mit einem unbekannten Soldaten des Zweiten Weltkriegs umzubetten, dessen Grab unter dem Grab eines modernen ukrainischen Soldaten gefunden wurde[174]. In dem neuen humanistischen, auf den Menschen ausgerichteten Modell des Gedenkens sollte kein Platz für nicht identifizierte Sol-

---

173 Eine der ersten Forschungen über die Veränderung politischer Rituale zum Tag des Sieges ist bereits erschienen: Pastuschenko, Tetjana W.; Tytarenko, Dmytro M. und Tscheban, Olena. 9 trawnja 2014–2015 rr. v Ukrajini: stari tradyciji — nowi ceremoniji widsnatschennja. [9. Mai 2014–2015 in der Ukraine: Alte Traditionen – Neue Feierzeremonien]. Ukrainische historische Zeitschrift. 2016. Nr. 3. S. 106–124.

174 Administrazija presydenta widmowylas wid ideji perepochowan u Parku witschnoji slawy [Die Präsidialverwaltung verzichtete auf die Idee der Umbettungen im Park des Ewigen Ruhms]. Radio Swoboda, 18. August 2015, https://www.radiosvoboda.org/a/news/27195800.html [Letzter Zugriff am 29.07.2024].

daten sein. Es gibt viele Gelegenheiten, echte Anteilnahme an den Teilnehmern dieses modernen Krieges und seinen Opfern, einschließlich der Zivilbevölkerung, zu zeigen.

Eine spiegelbildliche Antwort auf die russische Erinnerungspolitik in Form einer Vereinigung der beiden Kriege funktioniert nicht. Die Antwort auf diese symbolische Herausforderung sollte ein anderes Konzept des Gedenkens sein, das sich an die Menschen richtet. In Kanada hat sich der 11. November seit langem als demokratischer und humanistischer Gedenktag für die Toten und Opfer etabliert, der keine militaristische Komponente hat, sondern vielmehr eine Feier des Friedens und eine Erinnerung an seinen Preis ist. Da die Ukraine derzeit in einem Konfliktzustand lebt und das Datum des Friedens oder des Sieges nicht bekannt ist, wird der 8. Mai (das Ende des Krieges in mitteleuropäischer Zeit) eine Zeit lang mit dem 9. Mai (dem „Großen Sieg" in Moskauer Zeit) koexistieren. Es wäre jedoch gut, wenn die ukrainische Regierung einen Weg fände, den Unterschied zwischen den beiden Traditionen hervorzuheben: Die erste richtet sich an die Menschen, die zweite ist eine Feier des Militarismus. Es sollte darauf geachtet werden, dass der Unterschied zwischen dem 8. und dem 9. Mai nicht rein politisch ist und mit einer Identitätsentscheidung zusammenhängt: Sind wir mit Russland oder gegen Russland? Vielmehr sollte es eine Entscheidung zwischen Humanismus, Erinnerung und der staatlich-militaristischen Tradition sein, die auf den Kalten Krieg zurückgeht und bedeutet, sich der demokratischen Welt zu widersetzen. Im Laufe der Zeit wird diese Wahl zweifellos getroffen werden — von den Menschen, wenn auch nicht von den Regierenden. Ähnliche, aber noch komplexere Fragen werden sich mit dem Ende des gegenwärtigen Krieges stellen.

Wie die Feiern im Mai 2019 gezeigt haben, erlebt die Ukraine derzeit eine Periode, in der neue Traditionen geschaffen werden und um ihre Bedeutung gerungen wird. So gab es in Kyjiw zum Beispiel am 9. Mai den Versuch, das „unsterbliche Regiment" mit einer gleichzeitigen Parade von Comicfiguren lächerlich zu machen. Es gab auch eine vielversprechende neue Tradition, die von dem bekannten zeitgenössischen ukrainischen Schriftsteller Andrij Kurkow vorgeschlagen und vom Ministerium für Veteranenangelegenheiten aufgegriffen wurde: ein Marsch von Veteranen und Familien gefallener Veteranen unseres aktuellen Krieges am 8. Mai, ein Marsch, der an der Gedenkmauer nahe der Sankt-Michaels-Kathedrale endete[175].

---

175 Marsch pamjati polehlych sachysnykiw Ukrajiny widbuwsja w Kyjewi. [Marsch des Gedenkens für die gefallenen Verteidiger der Ukraine fand in Kyjiw statt]. Censor.NET, 8. Mai 2019. https://censor.net.ua/ua/photo_news/3125968/marsh_pamyati_poleglyh_zahysnykiv_ukrayiny_vid buvsya_v_kyyevi_videofotoreportaj [Letzter Zugriff am 29.07.2024].

Russland hat einer solchen Zeremonie nichts entgegenzusetzen, da es bis 2022 eine Beteiligung am Donbas-Krieg leugnet und noch immer keinen eigenen symbolischen Raum dafür hat (es handelt sich ja angeblich um eine Fortsetzung des „Großen Vaterländischen Krieges"). Nach 2022 entwickeln der ukrainische Staat und die ukrainische Gesellschaft in ihrem Dialog ein wahrhaft humanistisches Modell des Gedenkens an diesen Krieg entwickeln werden, in dem den zivilen Opfern der ihnen gebührende Platz eingeräumt wird. Dies wird die Leistung der ukrainischen Verteidiger nur noch deutlicher ans Licht bringen.

Teil 2: **Die Kriegserfahrung lesen**

Alltägliches Überleben inmitten des totalen Krieges

Die Literatur über die Ukraine im Zweiten Weltkrieg wird seit langem von der Diskussion über die Ukrainische Aufständische Armee und die SS-Division Galizien dominiert. Auch in der postsowjetischen Ukraine, wo die Erinnerung an den Krieg nach wie vor von verschiedenen politischen Kräften umkämpft wird, sorgen diese Themen für erhebliche politische Kontroversen[176]. In diesen Debatten geht es weniger um die Vergangenheit als vielmehr um die Gegenwart, d. h. um das Fortbestehen des Narrativs des „Großen Vaterländischen Krieges" und der entsprechenden Modelle der nationalen Identität in der Zeit nach der Unabhängigkeit. Nach der Orangenen Revolution von 2004–2005 und dem Euromaidan von 2013–2014 stellte die neue ukrainische Regierung dieses dominante Narrativ in Frage, das eng mit den Konzepten der russisch-ukrainischen Einheit und der Nostalgie nach der sowjetischen Vergangenheit verbunden ist. Solche Versuche haben stets eine starke Reaktion Russlands hervorgerufen, das den sowjetischen Kriegsmythos geerbt und ihn zum Kern seiner nationalen Identität gemacht hat[177].

Aber diese hitzige Debatte hat auch zu einer Radikalisierung der ukrainischen Reaktion geführt, einschließlich der Verleihung des Status eines „Helden der Ukraine" an Stepan Bandera und Roman Schuchewytsch in den letzten Jahren von Viktor Juschtschenkos Präsidentschaft sowie der gesetzlichen Anerkennung radikaler Nationalisten als Teil des Kanons nationaler Helden während der Präsidentschaft von Petro Poroschenko.

Die Dringlichkeit der politischen Debatte über den Krieg kann sich nachteilig auf die historische Forschung auswirken. Bis vor kurzem haben Historiker in der Ukraine und im Westen endlose Debatten über den ukrainischen Nationalismus und den Krieg geführt, während andere nationale Geschichtsmodelle längst dazu übergegangen sind, die Mechanismen der Gewalt, die Prüfung sozialer Bindungen, das Alltagsleben und den kulturellen Wandel in Kriegsgesellschaften zu un-

---

176 Siehe: Marples, David R. Heroes and Villains: Creating National History in Contemporary Ukraine. Budapest: Central European University Press, 2008; Hrynewytsch, Vladyslav. Mit wijny i wijna mitiw [Mythos des Krieges und Krieg der Mythen]. Krytyka. 2005. Nr. 5. S. 2–8. Portnov, Andrej. Upraschnennyja s ystcryej po-ukraynsky [Geschichtstraining auf Ukrainisch]. Moskau: OGI; Polit.ru; Memorial, 2010.

177 Siehe: Zhurzhenko, Tetjana. The Geopolitics of Memory. Eurozine. 10. May 2007, https://www.eurozine.com/the-geopolitics-of-memory/ [Letzter Zugriff am 25.06.2025]; Yekelchyk, Serhy. The Conflict in Ukraine. New York: Oxford University Press, 2015.

tersuchen. Doch auch in der ukrainischen Geschichtsschreibung gibt es Anzeichen für diesen Wandel. Einige der in den letzten Jahrzehnten erschienenen Werke und Memoiren lassen ein wachsendes Interesse an der sozialen Dimension der ukrainischen Kriegserfahrung erkennen[178]. Darüber hinaus zeigen ihre Autoren, dass die Sozialgeschichte der Kriegszeit nicht nur im Kontext der Debatte über den ukrainischen Nationalismus, sondern auch im breiteren Kontext politischer und ideologischer Fragen im Zusammenhang mit dem langen sowjetischen Experiment und der kurzen Periode der Herrschaft Nazi-Deutschlands in der Ukraine nützliche Anhaltspunkte liefern kann. Jede eingehende Untersuchung dieser gegensätzlichen ideologischen Regime in der Ukraine konzentriert sich unweigerlich auf ihre Auswirkungen auf die ukrainische Gesellschaft[179].

I

Die Sozialgeschichte des Krieges hilft uns, die langfristige (longue durée) Dimension der Sowjetzeit zu verstehen, selbst wenn dies nicht in der Absicht des Autors liegt, wie im Fall von Karel Berkhoffs solider Studie über das tägliche Leben im Reichskommissariat Ukraine, der größten Kolonie Nazideutschlands. Berkhoff beginnt sein Buch „Harvest of Despair" mit der Feststellung, dass ihm vordefinierte Begriffe wie „Widerstand", „nationale Solidarität" oder „Kollaboration" bei seiner Arbeit mit Primärquellen nicht viel geholfen haben.

Der Wissenschaftler lehnt die Vorstellung ab, dass das Verhalten der Bevölkerung des Reichskommissariats durch nationale oder Klassensolidarität, d. h. durch das Selbstverständnis als ukrainisches oder sowjetisches Volk, bestimmt war.

---

178 Alle in dieser Publikation erwähnten Werke beziehen sich auf die Ostukraine; die Geschichte der Westukraine während des Zweiten Weltkriegs fällt nicht in den Rahmen dieser Forschung.

179 Die Geschichte der politischen und Strafinstitutionen während der deutschen Besatzung ist für das Verständnis dieser Prozesse ebenfalls äußerst wichtig. Eine erfolgreiche Kombination von Sozial- und Institutionsgeschichte haben die Autoren des folgenden Sammelbandes erzielt: Kyjiw: wijna, wlada, suspilstwo. 1939–1945: Sa dokumentamy radjanskych spezsluschb ta nazystskoji okupazijnoji administraziji. [Kyjiw: Krieg, Macht, Gesellschaft. 1939–1945: Nach Dokumenten sowjetischer Geheimdienste und der nationalsozialistischen Besatzungsverwaltung]/ Redaktionskollegium: Smolij, Valerij Andrijovyč; Baschan, Olha Wiktoriwna; Borjak, Hennadij Volodymyrovyč u. a.; geschrieben und zusammengestellt von Wronska, Tamara Vasylivna; Sabolotna, Tetiana Wolodymyriwna.; Kentij, Anatolij V. u. a. Kyjiw: Tempora, 2014. Dieser Sammelband enthält einen wissenschaftlichen Einführungsteil von monographischem Umfang und eine große Anzahl wichtiger Dokumente.

Vielmehr geht er von einer einfachen Vermutung aus: „In Extremsituationen konzentrieren sich die meisten Menschen ihre Anstrengungen in erster Linie darauf, zu überleben und nicht als Held oder Märtyrer zu sterben"[180].

Das bedeutet jedoch nicht, dass die Erfahrungen der Menschen unter sowjetischer Herrschaft irrelevant gewesen wären. Auch Sheila Fitzpatrick erkennt den Kampf ums Überleben als ein bestimmendes Merkmal des sowjetischen Sozialverhaltens in den 1930er Jahren[181]. Es ist wahrscheinlich, dass die sowjetischen Ukrainer die Überlebensstrategien nutzten, die sie lange vor dem Einmarsch der Nazis erworben hatten. Insbesondere die bereits bekannten Möglichkeiten, sich mit Nahrung, Kleidung und Unterkünften zu versorgen, sowie die Möglichkeiten, eine versehentliche Verhaftung zu vermeiden, könnten auch während der Nazi-Besetzung funktioniert haben. Der aufschlussreichste Moment für einen Forscher der sowjetischen Gesellschaft war jedoch der Übergang von der sowjetischen zur nationalsozialistischen Herrschaft, d. h. die wenigen Tage des Machtvakuums, die alle Siedlungen, die während des Krieges den Besitzer wechselten, erlebten. Berkhoff weist zu Recht darauf hin, dass die Reaktion der einfachen Menschen auf die sowjetischen Niederlagen und Rückzüge „vielleicht beispiellos in der Geschichte der militärischen Ereignisse in Europa war"[182]. Er verweist insbesondere auf die weit verbreiteten Massenplünderungen, die in der Regel schon begannen, bevor die Rote Armee ein bestimmtes Gebiet verließ. Berkhoff hält die Plünderung der Bevölkerung für ein logisches Verhalten als Reaktion auf den Zusammenbruch des staatlichen Versorgungssystems und die Zerstörung aller Vorräte im Sinne der Stalinschen Taktik der „verbrannten Erde". Doch es ging nicht nur ums Überleben: „Für viele Sowjetbürger war das Plündern notwendig, um nicht zu verhungern; außerdem hatten sie in den Städten wie in den Dörfern das Gefühl, dass sie das Recht zum Plündern hatten."[183] Mit anderen Worten: Die Menschen glaubten, dass dies ihre Art war, das zu kompensieren, was ihnen rechtmäßig zustand und was der Staat ihnen zukommen lassen sollte.

Dieser massive Angriff auf staatliches Eigentum war so gewaltig, dass einer der Memoirenschreiber sogar die sowjetischen Behörden verdächtigte, daran beteiligt gewesen zu sein. Als Iwan Majstrenko die Plünderungen in Slowjansk be-

---

180 Berkhoff, Karel. Schnywa rospatschu. schyttja i smert w Ukrajini pid nazystskoju wladoju [Harvest of Despair: Life and Death in Ukraine Under Nazi Rule] / übersetzt aus dem Englischen ins Ukrainische von Zymbal, Taras, Kyjiw: Krytyka, 2011. S. 14–15.
181 Siehe: Fitzpatrick, Sheila. Everyday Stalinism: Ordinary Life in Extraordinary Times; Soviet Russia in the 1930s. New York: Oxford University Press, 1999. S. 227.
182 Berkhoff, Karel. Schnywa rospatschu [Harvest of Despair: Life and Death in Ukraine Under Nazi Rule]. S. 44.
183 Ebd. Kursiv im Original.

obachtete, bei denen nicht nur Möbel und medizinische Geräte gestohlen wurden
sondern auch Feuer gelegt wurde, konnte er die Motivation der Plünderer nicht
verstehen: Waren es NKWD-Agenten, die mit der Zerstörung beauftragt waren,
oder junge Sowjetbürger, die diese Arbeit im Auftrag der Regierung erledigten?
Oder waren es im Gegenteil Menschen, die „aus Hass auf das Terrorregime", d. h.
das Stalin-Regime, Staatseigentum zerstört?[184]
  Ich hatte das Glück, in den Memoiren von Hryhorij Kostjuk einen weiteren
Bericht über Plünderungen in Slowjansk zu finden, der zu der später von Berkhoff vorgeschlagenen Theorie passt: Die Plünderer waren sehr viele Frauen, Männer und Kinder, die „von der Angst vor einer möglichen Hungersnot getrieben
wurden". Später hielt jedoch niemand die Mengen junger Menschen davon ab,
Schulen und Bibliotheken zu plündern und anzuzünden. Kostjuk erklärt dies
damit, dass „die Menschen, die lange Zeit unter einer harten Diktatur gelebt
haben, die Fähigkeit verloren haben, sich selbst zu organisieren, die Initiative zu
ergreifen und sich zu verteidigen"[185]. Es lässt sich jedoch dagegen argumentieren,
dass sie die staatlichen Institutionen nicht als ihr kollektives Eigentum betrachteten. Diese Lesart der Ereignisse wird durch andere Berichte über dieses Phänomen bestätigt, insbesondere durch Dmytro Malakows anschauliche Beschreibung
von Plünderungen in Kyjiw, bei denen es Frauen und Kinder vor allem auf Lebensmittel abgesehen hatten, und junge Männer, die in eine Sparkasse einbra-
chen, den Passanten fröhlich erklärten: „Das sind unsere Anleihen!"[186]. Die Menschen, die seit Jahren gezwungen worden waren, Staatsanleihen zu kaufen,
versuchten nicht, die Räuber aufzuhalten. Berkhoff meint, dass Massenmanifesta-
tionen bürgerlicher Solidarität oder Unzufriedenheit, die unter sowjetischer Herrschaft selten waren, während der Naziherrschaft völlig verschwanden. Die sozialen Bindungen verschwanden jedoch nicht, sondern blieben auf der Mikroebene
bestehen.
  Während die Stadtbewohner die Geschäfte plünderten, nahmen die Dorfbewohner das mit, was in den Kolchosen übrig geblieben war. Als Beobachter des
Machtwechsels beschreibt Fedir Pihido den bäuerlichen Widerstand gegen die
„Taktik der verbrannten Erde" und die spontane Dekollektivierung, die bereits
vor der Ankunft der Deutschen einsetzte. Seine Bemerkung über Bäuerinnen, die

---

184 Majstrenko, Iwan. Istorija moho pokolinnja: Spohady utschasnyka rewoljuzijnych podij w
Ukrajini [Die Geschichte meiner Generation: Erinnerungen eines Zeitzeugen der revolutionäre
Ereignisse in der Ukraine.]. Edmonton: CIUS Press, 1985.
185 Kostjuk, Hryhorij. Sustritschi j proschtschannja [Begegnungen und Abschiede]. Edmonton:
CIUS Press, 1998. Bd. 2, S. 9.
186 Malakow, Dmytro. Oti dwa roky. U Kyjewi pry nimzjach [„Die zwei Jahre …" In Kyjiw unter
den Deutschen.]. Kyjiw: Amadej, 2002. S. 60.

die Beschlagnahmung von Getreide, Schweinen und Hühnern aus Kolchosen an-
führten, erinnert an Viola Lynns Diskussion über Bäuerinnen als Anführerinnen
des Widerstands gegen die Kollektivierung ein Jahrzehnt zuvor[187]. Berkhoff
stimmt mit Pihidos Beschreibung der bäuerlichen Erwartungen überein und stellt
fest, dass „fast alle Bauern die Deutschen und ihre Verbündeten als Befreier be-
grüßten"[188].

Während diese Handlungen die Reaktion der Bevölkerung auf die vorangegan-
gene sowjetische Politik zeigen, können andere Aktionen als Beweis dafür interpretiert werden, dass das Stalinistische Regime das soziale Verhalten auf einer tieferen
Ebene beeinflusste. Pihido beschreibt eine regelrechte „Spionagemanie" in Kyjiw
während der zwei Wochen von Ende Juni bis Anfang Juli 1941, als sich Menschen-
massen um mutmaßliche Spione für die Deutschen versammelten, wie z. B. einen älteren Mann, der eine Mütze im polnischen Stil trug (vermutlich eine sogenannte
„Konföderierten"-Mütze), oder einen jungen Mann in einer ungewöhnlichen Schlag-
hose. Malakov erinnert sich an eine als Legende weitergegebene Geschichte, wonach
eine Angestellte eines Lebensmittelladens einen Kunden als Spion „erkannte", weil
er, anstatt den Verkäufer anzubrüllen, höflich nach dreihundert Gramm Wurst
fragte und damit ein eindeutig nicht-sowjetisches Verhalten an den Tag legte[189]. Auf
die Frage, wer an der Spitze dieser massiven Hexenjagd stand, gibt Pihido zu bedenken, dass es vor allem die Komsomolzenjugend war. Er sieht auch ältere Leute unter
den Initiatoren, die er sofort als „Parteimitglieder und „Aktivisten" aus dem bürgerlichen Milieu"[190] identifiziert. Er hat jedoch Recht, dass die sowjetische Propaganda
der Vorkriegszeit, insbesondere während des Großen Terrors, der sowjetischen Jugend den paranoiden Verdacht einflößte, dass sich überall Spione und Saboteure verstecken würden und dass die wachsame Jugend sie entlarven solle[191].

Dieses Verhalten war nicht auf die Jugend beschränkt. Es setzte sich auch
unter der Naziherrschaft fort, allerdings in genau umgekehrter Weise: Diesmal

---

187 Pihido-Prawobereschnyj, Fedir. Welyka Wittschysnjana wijna. Spohady ta rosdumy otsche-
wydzja [„Der Große Vaterländische Krieg". Erinnerungen und Überlegungen eines Zeitzeugen].
Kyjiw: Smoloskyp, 2002. S. 45. Vgl.: Viola, Lynne. Bab'i bunty and Peasant Women's Protest during
Collectivization. Russian Review. 1986. Bd. 45. Nr. 1 (Januar). S. 23–42.
188 Berkhoff, Karel. Schnywa rospatschu [Harvest of Despair: Life and Death in Ukraine Under
Nazi Rule]. S. 121.
189 Pihido-Prawobereschnyj, Fedir. Welyka Wittschysnjana wijna [„Der Große Vaterländische
Krieg". Erinnerungen und Überlegungen eines Zeitzeugen]. S. 31; Malakow, Dmytro. Oti dwa roky
[„Die zwei Jahre …" In Kyjiw unter den Deutschen.]. S. 50.
190 Pihido-Prawobereschnyj, Fedir. Welyka Wittschysnjana wijna [„Der Große Vaterländische
Krieg". Erinnerungen und Überlegungen eines Zeitzeugen]. S. 31–32.
191 Ebd. S. 32. Über sowjetische Propaganda und die Jagd auf Spione während des Großen Terrors siehe: Fitzpatrick, Sheila. Everyday Stalinism. S. 207–209.

wurden verdächtige Kommunisten oder Juden den deutschen Behörden und später den ukrainischen Nationalisten gemeldet. In diesem Zusammenhang beleuchtet Berkhoff einen wenig bekannten Aspekt der nationalsozialistischen Besatzungspolitik. Anfangs nahm die deutsche Militärführung alle Denunziationen ernst, doch später erklärten ihre Dolmetscher, dass dies „ein typisches sowjetisches Verhalten wäre und daher viele der Anschuldigungen falsch sind."[192] In der Tat war dies auch während des Großen Terrors der Fall. Denunziationen waren oft durch Rache oder persönliche Vorteile motiviert, wie zum Beispiel der Hoffnung, zusätzliche Wohnfläche in einer Gemeinschaftswohnung zu bekommen.

In einigen Gebieten begannen die deutschen Befehlshaber, im Falle unbegründeter Anschuldigungen mit Verfolgung zu drohen. Später jedoch förderten sie Meldungen über jüdische Überlebende, die nach Berkhoffs Quellen häufig von denselben Personen kamen, die 1937 „Klassenfeinde" denunziert hatten. Berkhoff argumentiert, dass „der Antisemitismus bei der Entscheidung, einen Juden auszuliefern, nicht immer eine große Rolle spielte, wenn überhaupt".[193] Ukrainische Memoirenschreiber beschuldigen sowjetische Geheimagenten, die angeblich in der deutschen Verwaltung arbeiteten, ukrainische Nationalisten denunziert zu haben[194] Dies mag in einigen Fällen zutreffen, aber dieser Prozess wurde wahrscheinlich auch durch das allgemeine Gefühl beeinflusst, dass ukrainische Nationalisten nun auf die Liste der deutschen „Feinde" gesetzt wurden, und man sie den Behörden ausliefern müsse.

Eine weitere, weniger düstere Parallele zwischen Vorkriegs- und Besatzungsverhalten findet sich in den gesellschaftlichen Gepflogenheiten. Dies ist einer der Punkte, in denen es Berkhoffs detaillierter Darstellung an Nuancen mangelt[195]. So zitiert er beispielsweise Hans Koch (einen deutschen Geheimdienstoffizier in der Ukraine, und späteren prominenten Sowjetologen im Nachkriegsdeutschland), der seinen Vorgesetzten berichtet, dass „bei vielen Versammlungen aus eigener Initiative von „Adolf Hitler, unserem größten Führer und Befreier' gesprochen wird"[196]. Für Berkhoff ist dieses Zitat ein Beleg für die großen Hoffnungen der

---

192 Berkhoff, Karel. Schnywa rospatschu [Harvest of Despair: Life and Death in Ukraine Under Nazi Rule]. S. 61.
193 Ebd. S. 88.
194 Majstrenko, Ivan. Istorija moho pokolinnja. S. 340–341; Kostjuk, Hryhorij. Sustritschi j proschtschannja. Bd. 2, S. 78–92.
195 Eine ausführlichere Kritik der Forschungsmethode von Berkhoff hat Oleksandr Melnyk vorgelegt. Siehe: Melnyk, Oleksandr. Schnywa istoriohrafiji: Monohrafija Karela Berkhoffa i problemy interpretaziji dscherel s istoriji okupowanoji nazystamy Ukrajiny. Ukraina Moderna. 2008. Nr. 13. S. 272–282.
196 Berkhoff, Karel. Schnywa rospatschu [Harvest of Despair: Life and Death in Ukraine Under Nazi Rule]. S. 122. Ähnliche Zitate von Koch über die offen antikommunistischen Stimmungen

ukrainischen Bauern auf ein besseres Leben unter deutscher Herrschaft, aber einem Stalinismusforscher kommt es verdächtig bekannt vor. Schließlich hatten sich dieselben Bauern nur wenige Monate zuvor auf einer ganz ähnlichen Versammlung in ganz ähnlicher Worten über Stalin geäußert. Selbst wenn wir Kochs Aussage wörtlich nehmen — können wir daraus schließen, dass diese Aussagen die wahren Gefühle der Akteure widerspiegeln? Berkhoff führt weiter aus, dass die Ukrainer „Hitler für einen herausragenden Führer hielten", da sein Porträt sehr gefragt war und an seinem Geburtstag verziert wurde. Berichten zufolge küssten Pilger des Potschajiw-Klosters Hitlers Porträt und nannten ihn „unseren Vater"[197]. Dies war jedoch zweifellos eine Wiederholung des Verhaltens, das die Sowjetbürger bereits gegenüber dem Porträt Stalins an den Tag gelegt hatten. Es ging nicht darum, dass Hitler als großer Führer anerkannt wurde, sondern vielmehr darum, dass die einfachen Ukrainer wussten, dass von ihnen erwartet wurde, dem großen Führer, wer auch immer er war, Loyalität und Liebe entgegenzubringen.

II

Paradoxerweise waren sogar die nationalsozialistische Rassenhierarchie und die entsprechenden Maßnahmen den Sowjetbürgern nicht so fremd, wie ein oberflächlicher Vergleich der beiden Ideologien vermuten ließe. Nach Amir Weiners These, die er in seiner intensiven Studie über den Zweiten Weltkrieg und sein Erbe in der Region Winnyzja entfaltet, gehörten zum sowjetischen Projekt von Anfang an der „Wunsch nach Reinheit" und Maßnahmen zur „Formung der Gesellschaft".[198] In den ersten beiden Jahrzehnten der sowjetischen Herrschaft reinigte der Staat (oder der „Staatsgarten" – ein Ausdruck, den Weiner von Zygmunt Bauman entlehnt) die Gesellschaft von sogenannten klassisch fremden Elementen. Dieses Stigma war häufig mit der ethnischen Zugehörigkeit verbunden, konnte aber durch einen Wechsel des sozialen Status und den Dienst am Staat

---

der Mehrheit der Ukrainer werden manchmal ohne angemessene Kontextualisierung von zeitgenössischen ukrainischen Historikern verwendet. Siehe zum Beispiel: Kutscher, Wolodymyr Iwanowytsch. Ruch oporu w okupowanij Ukrajini. Politytschna istorija Ukrajiny: 20 stolittja [Der Widerstand in der besetzten Ukraine. Politische Geschichte der Ukraine: 20. Jahrhundert] / editiert von Kuras, Igor u. a. Kyjiw: Henesa, 2003. S. 383.

197 Berkhoff, Karel. Schnywa rospatschu [Harvest of Despair: Life and Death in Ukraine Under Nazi Rule]. S. 220, 244–245.

198 Weiner, Amir. Making Sense of War: The Second World War and the Fate of the Bolshevik Revolution. Princeton: Princeton University Press, 2001. S. 246.

beseitigt werden. Die Deportation ethnischer Polen und Deutscher in den späten 1930er Jahren von der Westgrenze der Ukraine hauptsächlich nach Sibirien wurde jedoch von einer anderen Logik angetrieben: der Vorstellung einer unveränderlichen, unwiderruflichen ethnischen Identität. In diesem Sinne fand, wie Weiner argumentiert, „das auf der Rassenunterscheidung beruhende nationalsozialistische Ethos" in der besetzten Ukraine fruchtbaren Boden[199]. Mit der Einführung der Nationalitätenspalte im Inlandspass und den ersten Deportationen auf der Grundlage der ethnischen Zugehörigkeit am Vorabend des Krieges bereiteten die sowjetischen Behörden die Bevölkerung auf die Vorstellung vor, dass sie Menschen nach bestimmten „objektiven" ethnischen Merkmalen säubern und sortieren könnten. Die Rassenpolitik des NS-Regimes war also für die Bürger der Ukrainischen SSR nicht völlig unverständlich, auch wenn sie für die Mehrheit empörend gewesen sein mag.

Die Menschen akzeptierten sie jedoch weder freiwillig noch vollständig. Sowohl Weiner als auch Berkhoff stellen fest, dass die deutsche Verwaltung von den ersten Monaten der Besatzung bis etwa November 1941 zwischen ethnischen Ukrainern und Russen unterschied. In dieser Zeit wurden Hunderttausende von Kriegsgefangenen, die sich selbst als Ukrainer bezeichneten, aus den Lagern entlassen, während „Russen" dort verblieben und massenhaft an Hunger, Krankheiten und manchmal auch durch Erschießen starben. Berkhoff ist der Ansicht, dass die Nazis einer multiethnischen Gruppe von sowjetischen Kriegsgefangenen im Wesentlichen eine russische Identität aufzwingen wollten. Während Ukrainer, Belarusen und Balten freigelassen wurden, waren die übrigen zur „Ausrottung mit völkermörderischem Charakter" verurteilt.[200] Im gleichen Zeitraum genossen ethnische Ukrainer Privilegien am Arbeitsplatz und in der lokalen Verwaltung und wurden bei frühen Geiselnahmen freigelassen[201].

Die Bevölkerung, die bereits aus sowjetischer Erfahrung wusste, wie positive Diskriminierung funktioniert, ließ sich nun bei der Entwicklung ihrer Überlebensstrategie von demselben Prinzip leiten. Die Mehrheit versuchte, sich als Ukrainer und nicht als Russen registrieren zu lassen, während die Angestellten der örtlichen Verwaltung „ukrainische bestickte Hemden und lange Schnurrbärte trugen, die ihnen ein 'patriotisches' Aussehen verliehen" (bestickte Hemden waren

---

199 Ebd. S. 13.

200 Berkhoff, Karel. Schnywa rospatschu [Harvest of Despair: Life and Death in Ukraine Under Nazi Rule]. S. 98.

201 Weiner, Amir. Making Sense of War. S. 157, 245; Berkhoff, Karel. Schnywa rospatschu [Harvest of Despair: Life and Death in Ukraine Under Nazi Rule]. S. 150.

auch bei deutschen Soldaten beliebt, die sie als Souvenirs kauften)[202]. Am aufschlussreichsten war der Wandel der Kommunikationssprache. Die Memoirenschreiber weisen darauf hin, dass die Kyjiwer im Oktober 1941 plötzlich zum Ukrainischen wechselten und am Ende des Jahres wieder zum Russischen zurückkehrten[203]. Berkhoff führt diese Veränderungen auf einflussreiche Artikel in der Zeitung „Ukrajinske slowo" (Ukrainisches Wort) und auf Plakate der OUN zurück, in denen die Bevölkerung aufgefordert wurde, Ukrainisch zu sprechen. Da die meisten Kyjiwer das Leben unter der Ukrainisierung erlebt hatten, waren sie zweisprachig und daran gewöhnt, in der offiziellen Presse Hinweise darauf zu finden, welche Sprache sie verwenden sollten.[204]

Weiner zeichnet einen ähnlichen Prozess in Winnyzja nach. Nach dem Erscheinen nationalistischer Plakate und Zeitungsartikel, in denen die Moskowiter als Todfeinde des ukrainischen Volkes bezeichnet wurden, „ging man dazu über, die russische Sprache nicht mehr öffentlich, sondern nur noch privat zu gebrauchen"[205]. Als die Deutschen plötzlich ihren Kurs änderten, ukrainische Nationalisten zu Feinden erklärten und zwischen November 1941 und Februar 1942 eine Säuberung der Kyjiwer Stadtverwaltung und eine Reihe von Verhaftungen durchführten, wirkte sich dies unmittelbar auf die gängige Kommunikationssprache aus. Ab Mitte Dezember 1942 machte die neue offizielle Zeitung „Nowe Ukrajnske Slowo", die zwar immer noch in ukrainischer Sprache erschien, ihren Lesern klar, dass die Zeit des nationalistischen Eifers vorbei war. Ihre Redakteure sprachen wie die Stadtverwaltung bei der Arbeit Russisch. Auch bestickte Hemden und lange Schnurrbärte verloren ihre Popularität[206]. Die Bürger der Stadt hatten bereits in den 1930er Jahren einen ähnlichen Wandel der offiziellen Medien erlebt, so dass sie diese Signale leicht deuten konnten.

Während die Bevölkerung des Reichskommissariats keine Probleme hatte, vom Russischen ins Ukrainische und wieder zurück zu wechseln, war ihre grundlegende ethnische Zugehörigkeit immer noch unklar. Sowohl Weiner als auch Berkhoff argumentieren, dass in den Kriegsjahren der häufigste Unterscheidungsfaktor in der Bevölkerung das Konzept „unsere" war, das zweifellos auch ethni-

202 Berkhoff, Karel. Schnywa rospatschu [Harvest of Despair: Life and Death in Ukraine Under Nazi Rule]. S. 154.

203 Majstrenko, Ivan. Istorija moho pokolinnja [Die Geschichte meiner Generation: Erinnerungen eines Zeitzeugen der revolutionären Ereignisse in der Ukraine.]. S. 339, 341; Kostjuk, Hryhorij. Sustritschi j proschtschannja [Begegnungen und Abschiede]. Bd. 2, S. 31, 34.

204 Berkhoff, Karel. Schnywa rospatschu [Harvest of Despair: Life and Death in Ukraine Under Nazi Rule]. S. 197.

205 Weiner, Amir. Making Sense of War. S. 246.

206 Kostjuk, Hryhorij. Sustritsch j proschtschannja [Begegnungen und Abschiede]. Bd. 2, S. 34; Malakow, Dmytro. Oti dwa roky [„Die zwei Jahre ..." In Kyjiw unter den Deutschen]. S. 144.

sche Russen einschloss. Nationalisten, die in OUN-Marschgruppen in Winnyzja ankamen, mussten verwirrt feststellen, dass die örtliche Bevölkerung „überhaupt keinen Sinn für Nationalhass hatte"[207].

Tatsächlich stellte sich heraus, dass es schwierig war, die meisten Ostslawen im Reichskommissariat Ukraine zu Hassakten zu mobilisieren, selbst gegenüber ethnischen Gruppen, die eindeutig als „nicht ihre eigenen" definiert wurden, wie Juden und Polen.

Weiner stellt fest, dass es in Winnyzja nach dem Rückzug der Roten Armee „keine Volksmanifestationen antisemitischer Gewalt gab". Hier wie auch in Lwiw wollten die Nazis zeigen, dass die örtliche Bevölkerung von der Ausrottung der Juden begeistert war. Sie wendeten also eine Methode an, die in der Westukraine und den baltischen Republiken funktioniert hatte: die Exhumierung von NKWD-Opfern, gefolgt von „spontaner Rache" an den örtlichen Juden. Im Ergebnis bescheinigt der deutsche Bericht die Ermordung von 146 Juden, wobei unklar ist, ob dies das Ergebnis eines Pogroms oder der Aktionen der deutschen Einsatzgruppe C und der Hilfspolizei war. Tatsächlich beklagte sich die Einsatzgruppe C über die „Passivität" der Anwohner: „Es war fast nirgends möglich, die Bevölkerung zu einem aktiven Vorgehen gegen die Juden zu bewegen."[208]

Im Gegensatz zu Berkhoff, für den die fehlende Solidarität der Kyjiwer ein Argument dafür ist, dass in der Bevölkerung insgesamt „die Abwesenheit jeglicher Gesinnung" herrschte, findet Weiner in einer ländlichen Gegend bei Winnyzja Anzeichen für die versteckte Existenz einer größeren Gesinnungsgemeinschaft. Als die rumänische Polizei in Schargorod im November 1941 eine große Gruppe jüdischer Frauen und Kinder über den Marktplatz trieb, gaben ukrainische Bäuerinnen ihnen zunächst Lebensmittel und versperrten dann den Weg, um den „Todesmarsch" auf der verschneiten Winterstraße zu verhindern. Eine der ukrainischen Frauen schrie den rumänischen Kommandanten an: „Du Bourgeois! Wie kannst du so rücksichtslos zu den Menschen sein?" Das Wort „Bourgeois" weist auf die Quelle dieser Solidarität hin — auf die gemeinsame sowjetische Identität. Wahrscheinlich entsprach dies aber ganz dem allgemeinen bäuerlichen Rechtsempfinden.[209]

---

207 Weiner, Amir. Making Sense of War. S. 250–251; Berkhoff, Karel. Schnywa rospatschu [Harvest of Despair: Life and Death in Ukraine Under Nazi Rule]. S. 210–212. Die zitierten Worte von Mychajlo Seleschko siehe in Berkhoffs Buch (S. 231). Seleschko wird ebenso von Kate Brown zitiert und interpretiert: Brown, Kate. A Biography of No Place: From Ethnic Borderland to Soviet Heartland. Cambridge, Mass.: Harvard University Press, 2004. S. 214. Zit. nach Berkhoff, Karel. Schnywa rospatschu [Harvest of Despair: Life and Death in Ukraine Under Nazi Rule]. S. 231.
208 Weiner, Amir. Making Sense of War. S. 276–277.
209 Ebd. S. 281, 313.

Ein weiterer beeindruckender Fall in der Region Winnyzja lässt Weiner vermuten, dass soziale Bindungen zwischen Dorfbewohnern bestehen blieben, die dazu beitrugen, das Leben eines jüdischen Flüchtlings zu retten. In dem Dorf Byrliwka nahm der ehemalige Leiter einer Kolchose ein jüdisches Mädchen namens Hannah Meller-Faust auf und gab sie als seine Tochter aus. Das ganze Dorf wusste, dass seine eigene Tochter als sowjetische Partisanin hingerichtet worden war, aber niemand stellte ihn bloß. Außerdem versteckte sich Hanna nicht, sondern nahm aktiv am Dorfleben teil. Weiner zufolge war dies durch eine Kombination von mehreren Faktoren möglich: die moralische Autorität des örtlichen Pfarrers, die Nichteinmischung der rumänischen Besatzungsbehörden in die Angelegenheiten des Dorfes und der Zusammenhalt der Dorfgemeinschaft (viele von ihnen waren Siebenten-Tags-Adventisten)[210]. Obwohl dieser Gemeinschaftsgeist auch einen sowjetischen Aspekt hatte, da die meisten Männer in der Roten Armee dienten, standen in diesem Fall offensichtlich die Religion und der Respekt vor den Dorfältesten im Mittelpunkt des sozialen Zusammenhalts. In der Stadt gab es keinen solchen Zusammenhalt.

Berkhoff und einige Memoirenschreiber bescheinigen in der Tat ein deutliches Wiederaufleben der Religiosität unmittelbar nach dem Rückzug der Sowjets. Pihido, der damals auf dem Land lebte, beschreibt, wie die Dorfbewohner beim ersten Gottesdienst seit vielen Jahren von Freude überwältigt waren: „Die Menschen grüßten einander, als ob Ostern wäre: „Christus ist auferstanden!" — der Herr hat uns erlaubt, auf diesen glücklichen Tag zu warten — das konnte man überall in der Nähe der Kirche hören, die übrigens in einem gewöhnlichen Haus eingerichtet war."[211] In der Literatur über die Ukraine im Zweiten Weltkrieg sind Hinweise auf das Phänomen der spontanen Wiederbelebung einer lange verbotenen Religion so häufig, dass sie als Beispiel für die Interaktion zwischen den Gemeinschaften und den Behörden angesehen werden können.

Die deutsche Militärverwaltung der besetzten ukrainischen Gebiete verkündete Religionsfreiheit, aber ihr Engagement war nicht darauf beschränkt. Berkhoff zufolge erteilten einige Kommandeure den Befehl, Kirchen zu öffnen, und eine große Zahl von Soldaten und Offizieren half bei der Sanierung der Räumlich-

---

210 Ebd. S. 286–287. Nach Karel Berkhoff haben „unter den Ukrainern wahrscheinlich die Baptisten und Evangelikalen den Juden am meisten geholfen" (Berkhoff, Karel. Schnywa rospatschu [Harvest of Despair: Life and Death in Ukraine Under Nazi Rule]. S. 95). Wie auch anderswo in Europa herrschten in den eng verbundenen religiösen Gemeinschaften der Ukraine, die ein hohes Maß an gegenseitigem Vertrauen untereinander hatten, günstigere Bedingungen für die Rettung von Juden.
211 Pihido-Prawobereschnyj, Fedir. Welyka Wittschysnjana wijna [„Der Große Vaterländische Krieg". Erinnerungen und Überlegungen eines Zeitzeugen.]. S. 113.

keiten. Diese Praxis endete, als die Militärbehörden durch die zivile Verwaltung des NS-Regimes ersetzt wurden. Allerdings war es den Militärbehörden bereits gelungen, der Bevölkerung eine Reihe von Annahmen über die neue offizielle Politik zu vermitteln. Die Menschen durften nicht nur orthodoxe Gottesdienste besuchen, sondern wurden auch dazu ermutigt. Die lokalen Behörden unterstützten die Religiosität (insbesondere den Religionsunterricht in den Schulen) auch dann noch, als die Deutschen begannen, strenge Maßnahmen zur Trennung von Kirche und Staat zu ergreifen. Es gibt auch Hinweise darauf, dass die lokalen Behörden in einigen Regionen die Kindertaufe zur Pflicht machten oder Gerüchte verbreiteten, dass nicht getaufte Kinder erschossen würden.[212]

Es gab viele Anzeichen für eine neue Volksreligiosität, vor allem in ländlichen Gebieten, aber deutsche Beobachter führten dies auch auf die Erwartung eines neuen und besseren Lebens zurück, mit freien Sonntagen und einer Reihe religiöser Feiertage — also einer Gelegenheit zum Feiern.[213] Darüber hinaus bekehrte das Elend des totalen Krieges viele Bürger zur Religion, was nicht unbedingt eine Leugnung der sowjetischen Werte bedeutete. So beschreibt Malakov in seinen Memoiren die Gründe, warum seine Mutter begann, das Fürbittkloster in Kyjiw zu besuchen. Sie betete für seinen Vater, der damals in der Roten Armee war, dass er unversehrt aus dem Krieg zurückkehren würde. Außerdem wurde sie von Gerüchten angezogen, dass die Nonnen verwundete Rotarmisten versteckten und sowjetische Partisanen mit Medikamenten versorgten. Schließlich wurde im Kloster angeblich eine kostenlose Kantine „für hungrige Familien von Rotarmisten" eröffnet — zumindest ist dies die Erklärung, an die sich Malakov erinnert.[214]

Einem anderen Hinweis aus derselben Quelle zufolge wurde die Kantine vom Ukrainischen Roten Kreuz betrieben, was der vorherigen Aussage widerspricht, da diese Organisation auf Initiative des Melnyk-Zweigs der OUN gegründet wurde, um ethnisch ukrainischen Kriegsgefangenen und Familien von unterdrückten und evakuierten Personen zu helfen, nicht aber Soldaten der Roten Armee.[215] Doch die meisten der sechshundert Mitarbeiter des Kyjiwer Roten Kreuzes, das 1942 in „Kyjiwer Komitee für gegenseitige Hilfe" umbenannt wurde,

---

212 Berkhoff, Karel. Schnywa rospatschu [Harvest of Despair: Life and Death in Ukraine Under Nazi Rule]. S. 236–238, 246. Siehe auch: Berkhoff, Karel. Was There a Religious Revival in Soviet Ukraine under the Nazi Regime? Slavonic and East European Review. 2000. Bd. 78. Nr. 3. S. 536–537.

213 Berkhoff, Karel. Schnywa rospatschu [Harvest of Despair: Life and Death in Ukraine Under Nazi Rule]. S. 245, 251.

214 Malakow, Dmytro. Oti dwa roky [„Die zwei Jahre ..." In Kyjiw unter den Deutschen]. S. 139.

215 Berkhoff, Karel. Schnywa rospatschu [Harvest of Despair: Life and Death in Ukraine Under Nazi Rule]. S. 165–166.

teilten wahrscheinlich die gleichen Ansichten wie der Rest der Stadtbevölkerung. Sie halfen den „Unsrigen".

III

Dmytro Malakow (1937–2019) und Fedir Pihido (1888–1962) würden sich wahrscheinlich nicht einig darüber sein, wer „unsere" sind. Der Unterschied zwischen den beiden Autoren der Memoiren ist nicht nur ein Generationsunterschied, sondern vor allem ein Unterschied in der politischen Optik, die beide bewusst oder unbewusst einsetzen. Pihido (Prawoberezhnyj – *ukr. „Rechtsufer"* — ist sein Pseudonym) schrieb seine Memoiren für ein ukrainisches Publikum in Kanada auf dem Höhepunkt des Kalten Krieges; die Herausgeber der Neuauflage (2002) mussten erklären, dass der Autor „es für notwendig hielt, mehr über die kommunistischen Verbrechen als über die nationalsozialistischen zu schreiben", weil diese im Westen weniger bekannt waren.[216] Im Gegensatz dazu schrieb Malakow für eine zeitgenössische ukrainische Leserschaft, ohne ihr wesentliche politische Rahmenbedingungen oder Erwartungen aufzudrängen. Die Voreingenommenheit in Malakows Beschreibung ist unbewusst. Der Autor war vier Jahre alt, als die Besatzung begann, und sieben, als die Deutschen abzogen. Daher stützt er sich stark auf die Geschichten, die er von seiner Familie gehört hat, und auf die Zeichnungen seines älteren Bruders Heorhij. Natürlich hoffte die Familie auf die Rückkehr der Roten Armee, was ein Wiedersehen mit dem Ehemann und Vater bedeutete, und diese Haltung prägt Malakows Erzählung im Einklang mit den Kriegserinnerungen vieler, wenn nicht sogar der meisten Kyjiwer Bürger noch viele Jahrzehnte später.

Doch trotz der unterschiedlichen politischen Perspektiven der Autoren bestätigen diese Memoiren Berkhoffs Annahme, dass das Hauptproblem der Bevölkerung des Reichskommissariats der tägliche Kampf ums Überleben war. Eines der größten Verdienste von Berkhoffs Studie besteht darin, dass sie dem westlichen Leser die nationalsozialistische Hungerpolitik in den Großstädten der Ukraine vor Augen führt (die deutsche Armee und das Reich brauchten Nahrungsmittel; außerdem wurden Großstädte in dem Gebiet, das eine landwirtschaftliche Kolonie werden sollte, nicht benötigt). Tatsächlich aber wurde die absichtlich herbeigeführte Hungersnot in Kyjiw und Charkiw zuerst von Pihido beschrieben, der

---

216 Serbyn, Roman; Schapoval, Jurij. Fedir Pihido ta jogo spogady [Fedir Pihido und seine Erinnerungen]. Pihido-Praworeschnyj, Fedir. Welyka Wittschysnjana wijna [„Der Große Vaterländische Krieg". Erinnerungen und Überlegungen eines Zeitzeugen]. S. 8–9.

solche Maßnahmen der Nazis als „eine passive Methode der Massenvernichtung" bezeichnete.[217] Malakow beschreibt die verwirrenden Details der verzweifelten Suche der Kyjiwer nach Nahrung, den Hungertod seiner Großmutter und sein eigenes Überleben dank Mahlzeiten in einem Waisenhaus (wo ihn seine Tante illegal angemeldet hatte).

Sowohl Pihido als auch Malakow beschreiben die brutalen Razzien gegen potenzielle Ostarbeiter durch die Deutschen in den Jahren 1942–1943 als ein Ereignis, das die Bevölkerung aufrüttelte. Für Pihido war dies der letzte Tropfen, der die Bauern, die zuvor eine gewisse Hoffnung auf die Deutschen gesetzt hatten, zu Anhängern der nationalen Befreiungsbewegung machte (er bestreitet die Unterstützung der Bevölkerung für prosowjetische Partisanen). Malakow beschreibt, wie es den Ostarbeitern gelang, auf Postkarten ein elendes Dasein anzudeuten, und listet die Methoden auf, mit denen die jungen Menschen von Kyjiw die „Rekrutierung" vermieden.[218] Berkhoff liefert ein viel umfassenderes Bild, das jedoch durchaus mit den Aussagen der beiden oben genannten Memoirenschreiber vereinbar ist. Er beschreibt die erzwungene Emigration nach Deutschland und kommt zu dem Schluss, dass „die Eskalation der Gewalt im Zusammenhang mit diesen Deportationen ein wichtiger Faktor für die Entwicklung groß angelegter Partisanenbewegungen war"[219].

Gleichzeitig ermöglicht die parallele Lektüre von Pihidos Memoiren und den Abschnitten in Weiners Buch über die sowjetischen Partisanen eine Kontextualisierung von Pihidos Behauptungen, die ansonsten zweifelhaft erscheinen könnten. Pihido argumentiert, dass die sowjetische Partisanenbewegung in den Dnipro-Gebieten erst entstand, als die Deutschen im Sommer 1943 begannen, die zuvor bei der Gestapo registrierten Mitglieder der Kommunistischen Partei zu vernichten. Viele von ihnen waren gewarnt worden und konnten so in die benachbarten Wälder fliehen und sich den Partisanen anschließen[220]. Dies könnte ein begleitender

---

217 Pihido-Prawobereschnyj, Fedir. Welyka Wittschysnjana wijna. S. 123–124; Berkhoff, Karel. Schnywa rospatschu [Harvest of Despair: Life and Death in Ukraine Under Nazi Rule] (Kapitel 7).
218 Pihido-Prawobereschnyj, Fedir. Welyka Wittschysnjana wijna [„Der Große Vaterländische Krieg". Erinnerungen und Überlegungen eines Zeitzeugen.]. S. 150–151; Malakow, Dmytro. Oti dwa roky [„Die zwei Jahre …" In Kyjiw unter den Deutschen.]. S. 172–74. Zu diesem Thema gibt es nun eine sehr interessante Studie: Pastuschenko, Tetiana. Ostarbajtery z Kyjiwschtschyny: werbuvannja, prymusova pratsja, repatriacija (1942–1953) [Ostarbeiter aus der Oblast Kyjiw: Anwerbung, Zwangsarbeit, Repatriierung (1942–1953)]. Kyjiw: Institut für Geschichte der Ukraine, 2009.
219 Berkhoff, Karel. Schnywa rospatschu [Harvest of Despair: Life and Death in Ukraine Under Nazi Rule]. S. 257.
220 Pihido-Prawobereschnyj, Fedir. Welyka Wittschysnjana wijna [„Der Große Vaterländische Krieg". Erinnerungen und Überlegungen eines Zeitzeugen.]. S. 154–156.

Faktor gewesen sein, doch Weiner zeichnet ein differenzierteres Bild. Er erklärt, dass die Partisanengruppen zu diesem Zeitpunkt bereits seit langem aktiv waren, dass aber 1943 eine bedeutende Veränderung eintrat, nämlich ein Stimmungswandel in der Bauernschaft. Bis zum Frühjahr 1943 (oder bis zum Herbst, wie einige ehemalige Partisanen aus der Region Winnyzja bezeugen) fühlten sich die prosowjetischen Partisanen von den Bauern isoliert, weil die entweder hofften, von den deutschen Behörden Land zu erhalten, oder deren Repressalien befürchteten[221]. Nach dem Krieg hegten die ehemaligen sowjetischen Partisanen, die lange überlebt hatten, Ressentiments gegenüber denjenigen, die sich der Partisanenbewegung erst später, nämlich 1943 anschlossen, als sich das Blatt zugunsten der Sowjetunion wendete.[222]

Malakows Memoiren können, wenn sie parallel zu Berkhoffs Forschungen gelesen werden, auch Neues über die Jahre der Nazi-Besatzung enthüllen. In einer Zeit, in der es für die Kyjiwer zwar in erster Linie darum ging, ihr Überleben zu sichern, wehrten sie sich dennoch dagegen, auf tierhafte Bedingungen reduziert zu werden. Sie brauchten Informationen über das internationale Geschehen und den Fortgang des Krieges; sie wollten auch Unterhaltung und kulturelle Aktivitäten. Die Bewohner der Stadt lasen das offizielle „Ukrainske Slowo" *(ukr.- Ukrainisches Wort)* „genauso wie die sowjetischen Zeitungen — zwischen den Zeilen", und einige kamen zu dem Schluss, dass „das Propagandavokabular jedes totalitären Staates gleichermaßen widerlich ist".[223]

Die jungen Menschen von Kyjiwer füllten die Kinos, in denen deutsche Filme gezeigt wurden (wie z. B. der sehr populäre Film „Das indische Grabmal" des Regisseurs Richard Eichberg aus dem Jahr 1938 oder andere), „meist Abenteuerfilme, aber mit einem deutlichen politischen Unterton". Was die aufwendigen deutschen Wochenschauen betrifft, die vor Beginn des Spielfilms auf der Leinwand erschienen, so war „unser Publikum seit langem darauf trainiert, zwischen den Zeilen zu sehen und zu lesen"[224].

Auf der Grundlage weiterer Quellen argumentiert Berkhoff, dass das, was die Bevölkerung wirklich vermisste, das sowjetische System der Pflichtversammlungen war, das, obwohl es langweilig war, den Menschen das Gefühl gab, über die neuesten ideologischen Entwicklungen auf dem Laufenden zu sein, und ihnen vermittelte, dass die Regierung sie ernst nimmt[225]. Im Gegensatz zu ihren sowjeti-

---

221 Weiner, Amir. Making Sense of War. S. 155–157.

222 Ebd. S. 90.

223 Malakow, Dmytro. Oti dwa roky [„Die zwei Jahre ..." In Kyjiw unter den Deutschen]. S. 150.

224 Ebd. S. 192–194.

225 Berkhoff, Karel. Schnywa rospatschu [Harvest of Despair: Life and Death in Ukraine Under Nazi Rule]. S. 194.

schen Vorgängern zeigten die nationalsozialistischen Behörden kein Interesse an der Gestaltung der öffentlichen Meinung in der Ukraine. Es spielte für sie keine Rolle — oder zumindest glaubte man das. Diese unsichere Situation führte im Laufe der Zeit zu einer Intensivierung der Aktivitäten von Wahrsagern und Chiromanten.

Als Maler verdiente Malakows Bruder etwas Geld mit dem Zeichnen von Tarot-Karten. Traditionelle ukrainischen Kobsare, blinde Wandersänger, tauchten wieder in ländlichen Gebieten auf. Sie sangen oft Lieder, die das Naziregime kritisierten, wofür die Deutschen sie gelegentlich als mutmaßliche Partisanen aufhängten.[226]

Berkhoff behauptet auch, dass die Nazis im Gegensatz zu den sowjetischen Behörden das Propagandapotenzial des Drahtfunks (die meisten Kyjiwer Wohnungen verfügten über ein solches Gerät) vernachlässigten und es hauptsächlich für die Ausstrahlung von deutschsprachigem Material und leichter Tanzmusik nutzten; in ukrainischer Sprache verlasen sie lediglich die tägliche Botschaft des Oberkommandos der Wehrmacht.[227]. Malakows Memoiren stellen eine interessante Ergänzung zu dieser These dar. Ihm zufolge hörten die Kyjiwer Einwohner den militärischen Berichten mit einer gewissen Voreingenommenheit zu, aber sie liebten es, Musik zu hören, insbesondere ukrainische Lieder. Seiner Meinung nach wählten die Journalisten des Radiostudios Lieder aus, die neutral erschienen, aber dennoch einen gewissen Kommentar zur aktuellen Situation enthielten. Er nennt insbesondere Lieder wie „Ich schaue in den Himmel" und „Wehe, Wind, in die Ukraine", die beide einen unruhigen inneren Monolog über Nostalgie und Trennung darstellen und die Gefühle der Kyjiwer Bevölkerung zu jener Zeit widerspiegeln. Die Mutter des Autors weinte oft bei „Wehe, Wind ...", weil sich am Ende des Liedes herausstellte, dass der Wind keine Nachrichten von ihren Lieben bringt. Alle diese Lieder waren „einheimisch, unsere eigenen, die nicht in der Macht des Feindes stehenden". Die Reihe der „einheimischen Lieder" enthielt nun eine bedeutende Ergänzung aus dem kulturellen Repertoire der Westukraine (insbesondere aus Galizien), die wahrscheinlich von nationalistischen Aktivisten, die in den Marschgruppen der OUN mitmarschierten, ins Radio gebracht wurden; darunter war das Lied „Hutsulin Ksenja", das „die geheimsten Winkel der Seele berührte".[228]

---

226 Ebd. S. 203–204 (über Kobsaren), 224 (über Kartenlegerinnen); Malakow, Dmytro. Oti dwa roky. S. 125.

227 Berkhoff, Karel. Schnywa rospatschu [Harvest of Despair: Life and Death in Ukraine Under Nazi Rule]. S. 194.

228 Malakow, Dmytro. Oti dwa roky [„Die zwei Jahre ..." In Kyjiw unter den Deutschen]. S. 125.

Sowjetische Lieder, Filme politische Versammlungen und Nachrichtensendungen machten sich Ende 1943 und Anfang 1944 bezahlt, aber die Ukraine konnte nicht zu ihrem Vorkriegszustand zurückkehren. Weiner zeigt, wie der Mythos des Krieges mit seinen neuen, auf Fronterfahrungen und Auszeichnungen basierenden Linien der Ausgrenzung und Einbeziehung die ideologische Grundlage der sowjetischen Nachkriegsgesellschaft bildete. Nach der Rückkehr aus dem Krieg versuchten die Veteranen, den Militärkult zu nutzen, um ihre Position zu stärken. In der Region Winnyzja machten ethnische Ukrainer, die an der Front gedient hatten, später mehr als 72 Prozent der sowjetischen Nomenklatura aus[229]. Sie säuberten die Parteireihen von denjenigen, die in den besetzten Gebieten geblieben waren und sich nicht aktiv gegen das Naziregime gestellt hatten. Sie leiteten auch die Re-Sowjetisierung des ländlichen Raums, die „größtenteils dank der neuen mächtigen Kraft der Roten Armee und ihrer Familien" vollzogen wurde – 336.832 Familien bis Ende 1944.[230] Sie offenbarten jedoch auch das, was Weiner „die grenzenlose Kraft des sowjetischen Ukrainertums" nennt — eine Identität, die sowohl ukrainisch als auch sowjetisch war und die es ihnen ermöglichte, eine bedeutende Rolle in der Gesellschaft zu spielen. Obwohl Krieg und Sieg die Grundlage dieser Identität bildeten, wurden diese Ereignisse in „eine kraftvolle Erzählung über die ukrainische Nation und die allererste Vereinigung aller ukrainischen Länder und Nationalitäten" verwoben[231]. Man kann mit Weiner darüber streiten, wie die Angriffe auf die ukrainische Kultur in der Nachkriegszeit in diesem Fall zu verstehen sind, aber sein Argument gewinnt aus einer größeren historischen Distanz an Bedeutung. Der Krieg schuf tatsächlich eine neue Sowjetukraine, die eines Tages eine unabhängige Ukraine werden sollte.

---

229 Weiner, Amir. Making Sense of War. S. 62.
230 Ebd. S. 314, 325.
231 Ebd. S. 334, 335.

Krieg und die Nationalisierung der Städte

In der Zeit der multinationalen dynastischen Reiche vor dem Ersten Weltkrieg beklagten sich die Patrioten der so genannten staatenlosen Nationen Osteuropas häufig über den „fremden" Charakter der Großstädte.

Im Gegensatz zum relativ homogenen Dorf (obwohl die Idee der Zugehörigkeit zu einer Nation den Bauern immer noch erklärt werden musste), schien die Stadt die Sprache einer ausländischen herrschenden Klasse und Bürokratie zu sprechen und einer „anderen" ethnischen Gruppe anzugehören. Die patriotischen Intellektuellen glaubten, dass die Logik der „großen" Geschichte diese Ungerechtigkeit korrigieren würde. Die marxistischen Revolutionäre schienen ihnen zuzustimmen. Stalin selbst sagte auf dem Zehnten Kongress der KPdSU (b) im Jahr 1921: „Wir können uns nicht gegen die Geschichte stellen. Wenn die Städte der Ukraine noch immer von russischen Elementen beherrscht werden, werden sie mit der Zeit sicherlich ukrainisiert werden. Vor vierzig Jahren war Riga eine deutsche Stadt, aber da die Städte auf Kosten der Dörfer wachsen und die Dörfer die Hüter der Nationalität sind, ist Riga heute eine rein lettische Stadt. Vor fünfzig Jahren waren alle ungarischen Städte deutsch, aber jetzt sind sie magyarisiert. Das Gleiche wird in Belarus geschehen, dessen Städte immer noch von Nichtweißrussen dominiert werden."[232] Bekanntlich begannen die Ukrainer in den späten 1920er Jahren, die großen Städte der Ukrainischen SSR zu erobern, aber dieser Prozess wurde durch Stalins Repressalien in den 1930er Jahren und die Rückkehr zu assimilatorischen Praktiken gestoppt[233].

Man kann sagen, dass die ukrainischen Städte durch den Zweiten Weltkrieg für immer verändert wurden. Dies ist insbesondere die Hauptthese der Monografie von Tariq Amar über Lwiw. Der Autor argumentiert, dass die „Nationalisierung" der osteuropäischen Städte durch „gewaltsame ethnische Umgruppierungen" erfolgte, die oft von den Großmächten in ihrem eigenen Interesse und in Verbindung mit ihren eigenen Programmen der sozialen Transformation

---

232 Stalin, Josif Vissarionovič. Sakljutschitelnoje slowo po dokladu ob otscherednych sadatschach partii i natsionalnom woprose na X sjesde RKP(b) 10 marta 1921 g. [Schlusswort zum Bericht über die aktuellen Aufgaben der Partei und die nationale Frage auf dem X. Parteitag der RKP(b) am 10. März 1921]. Marxists.org, https://www.marxists.org/russkij/stalin/t5/tenth_congress_national_question2.htm [Letzter Zugriff am 29.07.2024].
233 Krawchenko, Bohdan. Social Change and National Consciousness in Twentieth-Century Ukraine. New York: St. Martin's, 1985. S. 112–113; Liber, George O. Soviet Nationality Policy, Urban Growth, and Identity Change in the Ukrainian SSR 1923–1934. Cambridge: Cambridge University Press, 2002.

initiiert wurden[234]. Dieses Argument verdient Beachtung, aber es stellt sich die Frage, ob Amars Konzentration auf die Rolle der Kriegsgewalt nicht die Rolle der sozialen Prozesse in den folgenden Jahrzehnten schmälert[235].

Amars Buch untersucht die Geschichte einer ganz bestimmten Stadt, Lwiw, die in der späten Sowjetzeit das Zentrum des ukrainischen Kulturlebens und später die einzige größere ukrainischsprachige Stadt in der postkommunistischen Ukraine war. Es wäre verlockend, die Widerstandsfähigkeit der ukrainischen Identität im Nachkriegs-Lwiw mit der Logik der Geschichte, der ewigen Kraft der Volkskultur oder, akademisch ausgedrückt, mit der erfolgreichen nationalen Mobilisierung in Ostgalizien während des Habsburgerreiches zu erklären. Letztere hat zwar auf dem Lande stattgefunden, aber sie hat kein ukrainisches Lwiw geschaffen. Der Anteil der ukrainischen (ehemals ruthenischen) Bevölkerung in Lwiw schwankte zwischen dem Ende des 18. Jahrhunderts und 1939 zwischen 15 und 20 Prozent[236]. Laut Amar ist die wichtigste Komponente der Geschichte Lwiws im 20. Jahrhundert die homogenisierende Wirkung des Zweiten Weltkriegs. Darüber hinaus begnügt er sich nicht damit, die Nazis und den Stalinismus für die gewaltsame Veränderung des nationalen Gesichts von Lwiws verantwortlich zu machen, sondern versucht vielmehr, die komplexe Interaktion zwischen den Einwohnern der Stadt und den verschiedenen Besatzungsmächten zu untersuchen. Diese Symbiose verlieh den Einheimischen einerseits eine gewisse Subjektivität, ermöglichte aber andererseits auch Völkermord, Staatsterror und die Neudefinition ethnischer Hierarchien.

Die These über sie Verflechtung der Politik Hitlers und Stalins in Osteuropa wurde in allgemeinerer Form von Timothy Snyder in seinen Büchern „Bloodlands" und „Black Earth" und davor von Amir Weiner in seiner Studie über die Region Winnyzja in der Ukrainischen SSR[237] aufgestellt. Der Fall Lwiw mit seiner einzigar-

---

234 Amar, Tarik Cyril. The Paradox of Ukrainian Lviv: A Borderland City between Stalinists, Nazis, and Nationalists. Ithaca-London: Cornell University Press, 2015. S. 11.

235 In einem größeren Kontext wird die Rolle der Kriege in der Geschichte der Ukraine im 20. Jahrhundert von George Liber erfolgreich beleuchtet. Siehe: Liber, George O. Total Wars and the Making of Modern Ukraine, 1914–1954. Toronto: University of Toronto Press, 2016.

236 Siehe: Hryzak, Yaroslav. Lviv: A Multicultural History through the Centuries. Harvard Ukrainian Studies, 2000. Bd. 24. S. 58.

237 Siehe: Snyder, Timothy. Bloodlands: Europe between Hitler and Stalin. New York: Basic Books, 2012; Idem. Black Earth: The Holocaust as History and Warning. New York: Tim Duggan Books, 2015. Beide Bücher wurden ins Ukrainische übersetzt, wobei das erste sogar in zwei verschiedenen Übersetzungen erschien. Siehe: Snyder, Timothy. Krywawi semli: Jewropa misch Hitlerom i Stalinym [Bloodlands: Europe Between Hitler and Stalin]/ übersetzt von Klymtschuk, Mykola; Hryzak, Pawlo. Kyjiw: Hrari-T, 2011; Snyder Timothy. Krywawi semli: Jewropa misch Hitlerom i Stalinym [Bloodlands: Europe Between Hitler and Stalin] / übersetzt von Schawlow, Borys; Lytomyna, Olena und Schbankow, Wolodymyr. Kyjiw: Laurus, 2018; Snyder, Timothy.

tigen Geschichte als multinationale Stadt, die Stalin 1939 eroberte, 1941 schnell an Hitlers Offensive verlor, aber drei Jahre später zurückeroberte, ermöglichte es Amar jedoch, die Ähnlichkeiten zwischen der Politik dieser beiden Diktaturen und ihre gegenseitige Verstärkung deutlicher herauszuarbeiten. In diesem Sinne ist Amars Forschung sowohl lokal als auch transnational angelegt, wie es bei Studien über Grenzgebiete in Zeiten sozialer oder politischer Umwälzungen häufig der Fall ist.

Er beginnt seine Erzählung mit einem einmaligen Moment, als die NKWD-Leute gezwungen waren, ihre Aktionen in Lwiw mit ihren nationalsozialistischen Kollegen zu koordinieren. Nach der sowjetischen Übernahme Galiziens im Jahr 1939 organisierte der NKWD mehrere Deportationswellen, die sich offiziell gegen Ausbeuter, Militärs und Beamte richteten, bei denen es sich meist um Polen und Juden handelte. Obwohl diese ethnische Voreingenommenheit nicht laut ausgesprochen wurde, war sie für die Mitarbeiter des NKWD handlungsleitend. So waren beispielsweise die Opfer der Deportation von Lwiw im April 1940, bei der 7.200 Menschen verschleppt wurden, hauptsächlich die Familien von Kriegsgefangenen, die von den sowjetischen Truppen gefangen genommen worden waren, darunter auch die Familien derer, die bereits in Katyn getötet worden waren. Ungefähr 90 Prozent der Deportierten waren ethnische Polen. Im Juni 1940 schickte der NKWD 22.000 Flüchtlinge aus den von den Nazis besetzten polnischen Gebieten nach Sibirien, 80 Prozent davon Juden[238]. Es entbehrt nicht einer gewissen Ironie, dass sie dafür bestraft wurden, dass sie sich nicht an dem massiven Bevölkerungsaustausch zwischen der sowjetischen und der nationalsozialistischen Besatzungszone beteiligten, bei dem 66.000 Menschen über die neue Grenze nach Westen und 34.000 nach Osten gebracht wurden. Darüber hinaus deportierte der NKWD auch diejenigen Flüchtlinge aus der deutschen Besatzungszone nach Sibirien, die den Wunsch äußerten, in die Besatzungszone zurückzukehren (viele Juden taten dies, was sowohl für die sowjetische als auch für die deutsche Führung völlig unerwartet war), was aber von den Nazis abgelehnt wurde. Auch die einheimischen ethnischen Ukrainer standen im Visier des NKWD, insbesondere bei den Deportationen im April 1941, als „mehrere hundert" Menschen aus Lwiw und etwa 2.000 aus der Umgebung deportiert wurden.[239]

Tschorna semlja. Holokost jak istorija i sastereschennja [Black Earth: The Holocaust as History and Warning]/ übersetzt von Bilak, Pawlo; Kamyschnykowa, Olesja und Rodionowa, Tania. Kyjiw: Medusa, 2017. Im Gegensatz dazu blieb das Buch von Weiner bisher unübersetzt: Weiner, Amir. Making Sense of War: The Second World War and the Fate of the Bolshevik Revolution. Princeton: Princeton University Press, 2001.
238 Amar, Tarik Cyril. The Paradox of Ukrainian Lviv. S. 56–57.
239 Ebd. S. 57.

Laut Amar war es jedoch die Überführung von 6.000 Deutschstämmigen in die deutsche Zone, bei der „die ethnische Zugehörigkeit offen als Schlüsselkriterium auftrat."[240]. Natürlich ist hier anzumerken, dass die Sowjetunion zu diesem Zeitpunkt bereits Erfahrungen mit Deportationen aufgrund ethnischer Zugehörigkeit hatte, z. B. von Koreanern im Jahr 1937 oder von Polen aus den westlichen Grenzgebieten im Jahr 1936[241]. Der Fall Lwiw brachte jedoch eine neue und potenziell tödliche Dynamik ins Spiel, da das Hitler- und das Stalin-Regime zum ersten Mal begannen, die ethnische Neuordnung des jeweils anderen zu kontrollieren.

Die Deportation war nicht das einzige Instrument des sowjetischen Programms der Sozialtechnik. In ihrem Bestreben, die menschliche Natur zu verändern, setzten Stalins Funktionäre für die verschiedenen ethnischen Gruppen in Lwiw unterschiedliche Mittel ein. Eines der interessantesten Probleme, die Amar beschreibt, ist das Verhältnis zwischen den sowjetischen Behörden und den Lwiwer Juden. Polnische Zeitgenossen sprechen in der Regel von Juden als den Hauptunterstützern der Roten Armee. Genau wie 1914, als Gerüchte kursierten, dass galizische Juden die Pferde der feindlichen Armee küssten, sollen sie 1939 sowjetische Panzer geküsst haben.[242] In der Tat war die „Befreiung" für das sowjetische Regime eine Gelegenheit, „den Befreiten" Rückständigkeit und Minderwertigkeit zuzuschreiben."[243] — im Fall der Juden war die kolonialistische Haltung noch ausgeprägter als im Fall der Ukrainer. Sie ging so weit, dass die Autonomie der jüdischen Gemeinden aufgehoben und das „reaktionäre" Hebräisch in den jüdischen Schulen durch „fortschrittliches" Jiddisch ersetzt wurde. Sowjetische Journalisten schilderten das jüdische Leben in Galizien als rückständig und die dortigen Juden als psychologisch (wenn auch nicht physisch) anders als ihre sowjetischen Brüder. Wiktor Schklowski behauptete, Lwiwer Juden hätten ihn gefragt, warum Juden, die mit der Roten Armee kamen, einen „nicht-jüdischen Gesichtsausdruck"[244] hätten. Eine große Anzahl lokaler Gemeindeleiter mit „jüdischem" Gesichtsausdruck war bereits auf dem Weg nach Sibirien.

---

240 Ebd. S. 60.
241 Siehe: Brown, Kate. A Biography of No Place: From Ethnic Borderland to Soviet Heartland. Cambridge, MA: Harvard University Press, 2004; Gelb, Michael. An Early Soviet Ethnic Deportation: The Far-Eastern Koreans. Russian Review. 1995. 54. Nr. 3. S. 389–412; Martin, Terry. The Origins of Soviet Ethnic Cleansing. Journal of Modern History. 1998. 70. Nr. 4. S. 813–861; Sword, Keith. Deportation and Exile: Poles in the Soviet Union, 1939–48. New York: Palgrave Macmillan, 1994.
242 Amar, Tarik Cyril. The Paradox of Ukrainian Lviv. S. 46.
243 Ebd. S. 64.
244 Ebd. S. 79.

Aus der Sicht der zeitgenössischen Sozial- und Kulturgeschichte ist der spektakuläre Aspekt bei historischen Ereignissen wichtig, um sie in den richtigen sozialen Kontext zu stellen. So beginnt beispielsweise die Geschichte des Holocaust oft mit der Beschreibung der Novemberpogrome 1938[245]. Auch Amars Erzählung ist sensibel für solche Momente des öffentlichen Spektakels, die die Entfaltung des Staatsterrors signalisieren. Im Juni 1940 wurde die Massendeportation von Flüchtlingen, zumeist jüdischer Herkunft, aus der deutschen Zone von Lwiw zu einem erschreckenden städtischen Spektakel: Auf den Straßen fanden Razzien statt, die Inhaftierten wurden auf Karren durch die Stadt gefahren. Diese Aktion versetzte die Bevölkerung in Angst und Schrecken, sicherte aber ihre Unterwerfung. In der Stadt verbreitete sich das Gerücht, dass bereits Güterwagen für eine noch massivere Säuberung vorbereitet wurden[246]. Auch das schreckliche Judenpogrom Ende Juli 1941, unmittelbar nach der Einnahme der Stadt durch die Deutschen, war ein öffentliches Spektakel, das der Vorbereitung und Rechtfertigung des Holocaust dienen sollte[247]. Das Szenario dieses Pogroms, das zwar von der lokalen Bevölkerung durchgeführt wurde, geht jedoch auf die Deutschen zurück, die es auch gefilmt haben. Es sollte als „Beweis" für den spontanen Wunsch der lokalen Bevölkerung nach Rache gegen den „Judeo-Bolschewismus"[248], dienen, nachdem die Leichen ukrainischer politischer Gefangener gefunden worden waren. Diese waren vom NKWD vor der Evakuierung von Lwiw getötet worden.

Bei diesem Szenario wurde jedoch nicht berücksichtigt, dass es sich bei den ermordeten Häftlingen um eine multinationale Gruppe handelte, darunter auch Juden. Dennoch waren sowohl Hitler als auch Goebbels mit dem Filmmaterial zufrieden[249]. Dem kann man nur die aufschlussreiche Beobachtung von Timothy Snyder in seinem Buch „Black Earth" hinzufügen, dass die Beteiligung an den von den Deutschen inszenierten Pogromen eine Gelegenheit für die örtliche Bevölkerung war, die Geschichte ihrer eigenen Kollaboration mit dem Stalinistischen Re-

---

245 Über dieses Ereignis als öffentliche Veranstaltung siehe: Loewenberg, Peter. The *Kristallnacht* as a Public Degradation Ritual. The Leo Baeck Institute Year Book, 1987. Bd. 32, Heft 1 (Januar). S. 309–323.

246 Amar, Tarik Cyril. The Paradox of Ukrainian Lviv. S. 57.

247 Über den performativen Aspekt des Lemberger Pogroms von 1941 siehe: Himka, John-Paul. The Lviv Pogrom of 1941: The Germans, Ukrainian Nationalists, and the Carnival Crowd. Canadian Slavonic Papers. 2011. 53, Hefte 2–3–4 (June – September – December). S. 209–243.

248 Die nationalsozialistische antisemitische und antikommunistische Theorie, die die bolschewistische Revolution und die Sowjetunion mit einer weltweiten jüdischen Verschwörung gleichsetzte.

249 Amar, Tarik Cyril. The Paradox of Ukrainian Lviv. S. 94–95.

gime umzuschreiben, dessen Anhänger sicherlich nicht ausschließlich Juden waren[250].

Die nationalsozialistische Tötungsmaschinerie wandte in Lwiw mehrere Methoden an, um die einheimischen Juden zu vernichten. Sie wurden in das Ghetto und das lokale Konzentrationslager getrieben, die dann in mehreren Tötungswellen verwüstet wurden. Einige Juden wurden in andere, weiter entfernte Vernichtungslager geschickt, andere wurden bei Massenerschießungen getötet.[251] Vor dem Hintergrund dieser Massaker sind die enthusiastischen Äußerungen in der ukrainischsprachigen Stadtzeitung „Lwiwski Wisti" *(ukr. – Lwiwer Nachrichten)* vom Oktober 1941, die deutsche Besatzung sei eine „historische Chance für die Ukraine, eine ukrainische Bourgeoisie zu schaffen" oder „unseren Städten" ihr „wahres Gesicht" zu geben, alles andere als unschuldig.[252] Wenn die sowjetischen Deportationen den Prozess der Nationalisierung von Lwiw einleiteten, so wurde er durch die nationalsozialistischen Säuberungen mit tödlicher Gewalt fortgesetzt. Tatsächlich war der ukrainische Anteil an der Stadtwirtschaft von 7,4 Prozent bis zum Frühjahr 1942 auf 44 Prozent angestiegen. Bei der Verdrängung der Juden aus dem Geschäftsleben der Stadt bevorzugten die deutschen Verwalter Ukrainer, die von den sowjetischen Behörden unterdrückt worden waren, und Behinderte.[253]

Die Juden waren nicht das einzige Ziel der Nazi-Maßnahmen. Amar erwähnt kurz das berüchtigte Kriegsgefangenenlager für Soldaten der Roten Armee in der Stadtfestung, das man als Todeslager bezeichnen könnte, sowie die Hungersnot in der Stadt, die durch die deutschen Restriktionen verursacht wurde. Im Westen wurde jedoch seit Ende der 1970er Jahre viel über die deutsche Politik gegenüber den sowjetischen Kriegsgefangenenlagern und der städtischen Hungersnot geschrieben, die im Wesentlichen eine Politik des Völkermords war. In der westlichen Ukraineforschung sind die Politik der Vernichtung von Kriegsgefangenen und das Verbot von Lebensmittellieferungen in Großstädte durch Karel Berkhoffs Buch über das Reichskommissariat Ukraine[254] gut bekannt. Stattdessen weist Amar auf die Besonderheit der Situation in Galizien hin — den ungewöhnlich

---

250 Snyder, Timothy Tschorna semlja [Black Earth: The Holocaust as History and Warning]. S. 141–142, 147.

251 Den ausführlichsten Überblick über die Geschichte des Holocaust in Ostgalizien bietet Dieter Pohl: Pohl, Dieter. Nationalsozialistische Judenverfolgung in Ostgalizien 1941–1944: Organisation und Durchführung eines staatlichen Massenverbrechens. München: Oldenburg, 1997.

252 Amar, Tarik Cyril. The Paradox of Ukrainian Lviv. S. 116.

253 Ebd. S. 136.

254 Berkhoff, Karel. Schnywa rospatschu [Harvest of Despair: Life and Death in Ukraine Under Nazi Rule]. Kapitel 4, 7.

hohen Prozentsatz von Menschen, die zur Zwangsarbeit nach Deutschland geschickt wurden (Ostarbeiter). Er schätzt, dass 325.000 Ostarbeiter aus dem Distrikt Galizien verschickt wurden, davon allein 30.000 aus Lwiw. Etwa 60.000 Einwohner von Lwiw unterließen es, ihre offiziellen Rationen abzuholen, um zu vermeiden, dass sie von der Versorgungsstelle direkt deportiert würden.[255]

Amar beginnt seine Darstellung der Beziehungen zwischen den ukrainischen Nationalisten und den deutschen Behörden mit der treffenden Feststellung, dass die Handlungen der ersteren „nicht erklärt werden können, ohne ihr Ziel der Schaffung eines Nationalstaates zu berücksichtigen"[256]. Tatsächlich zeigt sein Text, wie wenige Zugeständnisse die ukrainischen Eliten (vor allem vertreten durch Wolodymyr Kubijowytsch und sein Ukrainisches Zentralkomitee)[257] von der NS-Verwaltung erreichen konnten: eine leichte Erhöhung der Zahl ukrainischer Kindergärten und Schulen, eine gewisse Unterstützung für ukrainische Kriegsgefangene, die während des deutsch-polnischen Krieges 1939 in den Reihen der polnischen Armee gewesen waren, die Erhaltung des Lwiwer Polytechnikums in Form von Spezialkursen für ukrainische Studenten und dann in Folm von der SS-Division Galizien. Die von Amar angeführten Zahlen zeigen, dass die Entfernung der Polen aus den Ämtern und die Beförderung von Ukrainern in der Verwaltung und der Polizei durch die Nazis eher eingeschränkt und sicherlich nicht mit einem vollständigen Abbau der polnischen Vorherrschaft verbunden war, wie es in polnischen Schriften zu diesem Thema manchmal den Anschein hat.

Am Vorabend der Ankunft der Roten Armee im Jahr 1944 griff die polnische Heimatarmee jedoch die sich zurückziehenden deutschen Truppen an, um die Kontrolle über die Stadt zu übernehmen und so die sowjetischen Behörden zu zwingen, sich der Tatsache der Rückkehr der polnischen Herrschaft in Lwiw zu stellen.[258] In einer Stadt, in der ethnische Polen zu jener Zeit eine bedeutende Mehrheit bildeten (infolge des Holocaust und des Zustroms von Flüchtlingen aus dem Umland), gelang es den Einheiten der Heimatarmee, einige Polizeistationen einzunehmen und Ukrainer zu verhaften und zu töten, während gleichzeitig ei-

255 Amar, Tarik Cyril. The Paradox of Ukrainian Lviv. S. 118–119.
256 Ebd. S. 120.
257 Der Geographieprofessor Volodymyr Kubijovytsch leitete das Ukrainische Zentralkomitee, ein Koordinationszentrum, das die Nazis im Distrikt Galizien (dem heutigen Westen der Ukraine) unter der Voraussetzung genehmigten, dass es sich nur mit kulturellen und gesellschaftlichen Angelegenheiten befassen würde. In der späteren Kriegsphase war Kubijovytsch jedoch auch in politische und militärische Fragen involviert, darunter die Gründung der freiwilligen SS-Division „Galizien". Im Reichskommissariat Ukraine, das den Großteil der ukrainischen Gebiete umfasste, gab es hingegen nichts Vergleichbares.
258 Weitere Informationen dazu bei Mick, Christoph. Lemberg–Lwów–L'viv, 1914 – 1947: Violence and Ethnicity in a Contested City. West Lafayette: Purdue University Press, 2015. S. 321–325.

nige ukrainische Polizisten polnische Jugendliche töteten, um mit deren Dokumenten den Sowjets zu entkommen.[259] In Lwiw kam es jedoch nicht zu einem umfassenden polnisch-ukrainischen Konflikt, da eine dritte, viel mächtigere Kraft auf den Plan trat: Die Rote Armee und der NKWD. Amar liefert interessante Beispiele für die Beteiligung polnischer Einwohner der Stadt am symbolischen Widerstand gegen die sowjetische Herrschaft, als sich beispielsweise am 1. November 1944 Tausende von Polen auf dem Lychakiv-Friedhof versammelten, um den Jahrestag der „Verteidigung von Lwiw" gegen die Streitkräfte der Westukrainischen Volksrepublik im Jahr 1918 zu feiern. Während dieser Veranstaltung ertönten Rufe wie „Tod den Bolschewiken!", die die Ereignisse von 1918 sowohl mit der Verteidigung der Stadt während des polnisch-sowjetischen Krieges von 1920 als auch mit der Rückkehr der Stadt unter die Kontrolle der Ukrainischen SSR im Jahr 1944 in Verbindung brachten.[260]

Der so genannte „freiwillige" Bevölkerungsaustausch zwischen Polen und der Sowjetunion in den Jahren 1944–1946, einschließlich des Transfers von 105.000 Polen, führte schließlich zur Entstehung einer ukrainischen Mehrheit in Lwiw. Dieser Stalinsche Akt der Eliminierung unerwünschter Bevölkerungsgruppen kann, wie Amar es tut, mit ethnischen Säuberungen durch nationalistische Zeitgenossen verglichen werden, aber es ist wichtig, die von dieser Stalinistischen Politik geprägte Ukraine nicht aus den Augen zu verlieren. Einige Rezensenten von Amars Buch weisen zu Recht darauf hin, dass man sehr vorsichtig sein sollte, wenn man von der „Ukrainisierung" Lwiws in den 1940er Jahren spricht, denn die Politik der „Ukrainisierung" im Jahr 1939 und erst recht im Jahr 1946 unterschied sich stark von der Ukrainisierung in den 1920er Jahren.[261] Wie Mayhill Fowler in ihrem Buch zeigt, lenkte der reife Stalinismus die ukrainische Kultur in ein sicheres folkloristisches Fahrwasser, in dem die Dankbarkeit gegenüber dem großen russischen Bruder ein obligatorisches Motiv war[262].

Der letzte Teil Amars Buches ist der Nachkriegskampagne gewidmet, mit der ukrainische Intellektuelle in Lwiw gezwungen wurden, diese rhetorischen Tropen zu lernen. Was Amar als „Ukrainisierung" der Stadt in der späten Stalinistischen Periode bezeichnet, zielte also keineswegs auf die Verwirklichung eines nationalistischen Projekts oder gar auf die volle Entfaltung der ukrainischen Kultur ab. Angesichts der Tatsache, dass 70 Prozent der Einwohner Lwiws

---

259 Amar, Tarik Cyril. The Paradox of Ukrainian Lviv. S. 146, 137.
260 Ebd. S. 155.
261 Siehe: Sklokina, Iryna. The Paradox of Ukrainian Lviv and Soviet Lviv. Ab Imperio. 2016. Nr. 2. S. 431–432.
262 Siehe: Fowler, Mayhill C. Beau Monde on Empire's Edge: State and Stage in Soviet Ukraine. Toronto: University of Toronto Press, 2017.

in den späten 1940er Jahren erst kürzlich „aus dem Osten" gekommen waren (womit im Stalinistischen Jargon jener Zeit die übrige Sowjetukraine und die Sowjetunion insgesamt gemeint waren) und 22.000 davon demobilisierte Offiziere der Roten Armee waren, die beschlossen, sich in der Stadt niederzulassen,[263] war Lwiw im letzten Jahrzehnt der Stalinschen Zeit überwiegend russischsprachig[264].

Außerdem stand diese Stadt im Mittelpunkt des Krieges, diesmal des sowjetischen Krieges gegen ukrainische nationalistische Aufständische. Wladimir Beljajew, ein russischer Schriftsteller und Journalist, der in Lwiw lebte, veranschaulichte die sowjetische Paranoia über die nationalistische Unterwanderung Lwiws perfekt, indem er den Moskauer Behörden vorschlug, alle einheimischen Hausmeister durch Nicht-Lwiwer KP-Mitglieder zu ersetzen, die ein Auge auf die Bevölkerung haben sollten[265]. Auch die in der Stadt stationierten Armeeeinheiten behandelten die Stadt als feindliches Gebiet: sie zerstörten die örtlichen Parks, misshandelten die Bevölkerung und verübten Schießereien im Suff. Beljajew beklagte sich auch darüber, dass die sowjetischen Militärs gegenüber dem befreiten Lwiw die gleiche Einstellung hatten wie gegenüber dem besetzten Dresden.[266]

In einem der letzten Kapitel, das den poetischen Titel „Das sowjetische Grenzland der Zeit" trägt, analysiert Amar, wie die sowjetischen Behörden die Produktion von Kriegserinnerungen über Lwiw regulierten. Er zeigt, wie die Geschichte einer einzigen Untergrundorganisation, der Iwan-Franko-Volksgarde, von ihren polnischen Wurzeln und ihrer Unterordnung unter die polnische Führung bereinigt wurde, um zu einem Symbol des „ukrainischen" prosowjetischen Widerstands zu werden. Ein solches Symbol zu haben, war angesichts des bekannten Ausmaßes des antisowjetischen ukrainischen Widerstands unerlässlich. Bei der Umschreibung der Erinnerung wurden die sowjetischen Ideologen mit unbequemen Details aus dem städtischen Alltag unter deutscher Besatzung konfrontiert, wie z. B. der Verteilung von Flugblättern in überfüllten Kinos, die nicht dem in den sowjetischen Lehrbüchern gezeichneten Bild der Besatzung entsprachen.[267]

Im Allgemeinen bietet Amars Buch eine reichhaltige und detaillierte Analyse der ersten, gewaltsamen Phase der Umwandlung Lwiws in eine ukrainische Stadt. Seine allgemeine These von der Entstehung einer ukrainischen Stadt fin-

---

263 Amar, Tarik Cyril. The Paradox of Ukrainian Lviv. S. 161, 163.
264 Siehe dazu: Zayarnyuk, Andriy. Paradox Illusions. Ab Imperio. 2016. Nr. 2. S. 438.
265 Amar, Tarik Cyril. The Paradox of Ukrainian Lviv. S. 172.
266 Ebd. S. 177.
267 Ebd. S. 291.

det jedoch nur teilweise Bestätigung in den Dokumenten der zweiten Hälfte der 1940er Jahre. Es wäre einfacher, sie zu belegen, wenn man die gesamte Nachkriegszeit betrachten würde, zu der auch der massive Zustrom ukrainischsprachiger „bereits nationalisierter ukrainischer Bauern"[268] aus galizischen Dörfern nach Lwiw in den 1950er und 1960er Jahren gehört.[269] Die Behauptung des Autors, die sowjetischen Behörden „hätten nicht versucht, Lwiw zu russifizieren"[270], erhält in einem breiteren Kontext eine etwas andere Färbung, da wir es nicht mehr mit Stalins Absichten zu tun haben, sondern mit den Folgen gesellschaftlicher Prozesse, die der Kreml nur zu kontrollieren glaubte. In diesem Zusammenhang wäre es interessant gewesen, wenn Amar mehr über die faszinierende Kategorie der „Einheimischen" gesprochen hätte und darüber, wie sie während des Krieges und beim Wiederaufbau nach dem Krieg als Instrument zur Kontrolle und Stärkung der Bevölkerung eingesetzt werden konnte. Am Ende, wenn der Leser den letzten Absatz des Buches erreicht, haben die sowjetischen Behörden eine separate sowjetisch-westukrainische Identität bereits „akzeptiert" und sogar „gefördert".[271] In der Tat war es jedoch ein langer Weg von der brutalen, vollständigen Umgestaltung der ethnischen Struktur Lwiws bis zur Anerkennung einer eigenen ukrainischen Identität durch die Sowjetmacht und die Gesellschaft in der späten Sowjetzeit. Lwiw begann diesen Weg im Jahr 1939, aber nicht alle Wendungen folgten der Karte aus der Kriegszeit. Amars Buch bietet dem aufmerksamen Leser interessantes Material zum Verständnis der ersten Phase dieses Prozesses.

---

268 Ebd. S. 322.
269 Dieser Zeitraum wird im folgenden Buch beschrieben: Risch, William Jay. The Ukrainian West: Culture and the Fate of Empire in Soviet Lviv. Cambridge, MA: Harvard University Press, 2011; Kapitel 3 und 4, obwohl der Schwerpunkt des Autors nicht so sehr auf sozialen Prozessen, sondern eher auf Kultur und Gegenkultur liegt.
270 Amar, Tarik Cyril. The Paradox of Ukrainian Lviv. S. 322.
271 Ebd. S. 322.

Krieg der Menschen, Erinnerung des Staates?

Fast fünfundsiebzig Jahre nach dem Ende des Zweiten Weltkriegs bleibt die Interpretation dieses Konflikts ein wichtiger Aspekt der Identität vieler postsowjetischer Staaten. Betrachtet man die drei ostslawischen Völker, so zeigt sich ein deutlicher Unterschied zwischen Russland und Belarus einerseits und der Ukraine andererseits. In den beiden erstgenannten Ländern beruht die Legitimität der Regime nach wie vor auf dem alten sowjetischen Modell des „Großen Vaterländischen Krieges", wenn auch in leicht abgewandelter Form: weniger kommunistische Ideologie und mehr ostentative Orthodoxie, besonders in Russland. Stattdessen hat die Ukraine jahrzehntelang eine unsichere Position zur offiziellen Politik des Kriegsgedenkens eingenommen. Je nachdem, wer an der Macht war, wurde entweder der Beteiligung von Ukrainern an der Roten Armee und der sowjetischen Partisanenbewegung oder der ukrainischen Aufstandsarmee mehr Aufmerksamkeit geschenkt, während der Begriff der sowjetischen Besatzung, der heute in den baltischen Staaten verwendet wird, im offiziellen ukrainischen Diskurs bisher nur in begrenztem Umfang verwendet wurde.[272]

Gleichzeitig kann nicht behauptet werden, dass die offizielle Erinnerungspolitik in Russland keinen Widerstand hervorruft. Als Reaktion auf das „Unsterbliche Regiment" (ein von der Regierung genehmigter öffentlicher Marsch am 9. Mai, bei dem die Teilnehmer Fotos von Verwandten mit sich führen, die am Krieg teilgenommen haben — eine tatsächliche Volksinitiative, die der Staat in ein Ritual der Verehrung verwandelt hat) wurden von der russischen demokratischen Opposition die Initiative „Unsterbliche Baracke" des Gulags und Wandtafeln mit der Aufschrift „Letzte Adresse" an den Häusern der Stalinistischen Opfer ins Leben gerufen. Der russische Staat unterdrückt weiterhin objektive Forschungen über

---

[272] Viel wurde zu diesem Thema bereits geschrieben; einige vergleichende Arbeiten sind besonders erwähnenswert: War and Memory in Russia, Ukraine and Belarus / hrsg. von Julie Fedor, Markku Kangaspuro, Jussi Lassila und Tatiana Zhurzhenko. New York: Palgrave Macmillan, 2017; Koposov, Nicolaj. Memory Laws, Memory Wars: The Politics of the Past in Europe and Russia. Cambridge: Cambridge University Press, 2017; Stryjek, Tomasz. Wijna sa wijnu (2005–2010). Stratehiji polityky pamjati pro podiji 1930–1950 rokiw u Zentralnij ta Schidnij Jewropi. Sutschasni dyskussiji pro Druhu switowu wijnu: sbirnyk naukowych statej ta wystupiw ukrajinskych i sarubischnych doslidnykiw [„Krieg um den Krieg" (2005–2010): Strategien der Erinnerung an die Ereignisse der 1930er–1950er Jahre in Mittel- und Osteuropa. Aktuelle Diskussionen über den Zweiten Weltkrieg: Sammlung wissenschaftlicher Artikel und Vorträge ukrainischer und ausländischer Forscher]. Lviv: SUKZ, 2012. S. 34–49. Für die ukrainischen und belarusischen Fälle gibt es zwei wichtige Bücher: Marples, David R. Heroes and Villains: Creating National History in Contemporary Ukraine. Budapest: Central European University Press, 2007; Idem. «Our Glorious Past»: Lukashenka's Belarus and the Great Patriotic War. Stuttgart: ibidem-Verlag, 2014.

die Russische Befreiungsarmee von General Andrej Wlassow, die auf der Seite Deutschlands kämpfte; 2017 erklärte das Ministerium für Bildung und Wissenschaft die Verleihung eines Doktortitels an den Historiker Kirill Alexandrow für seine Dissertation zu diesem Thema für ungültig. Gleichzeitig versuchen oppositionelle Intellektuelle gelegentlich, ein Gespräch über die Hunderttausenden von Russen anzustoßen, die gegen die Rote Armee gekämpft haben, indem sie provokativ vorschlagen, den Zweiten Weltkrieg als zweiten russischen „Bürgerkrieg" zu betrachten.[273]

Obwohl die drei in diesem Abschnitt besprochenen Bücher dem englischsprachigen Publikum zur gleichen Zeit zugänglich gemacht wurden, entsprechen sie unterschiedlichen Stadien im Prozess der Dekonstruktion der offiziellen Version der wirtschaftlichen Tätigkeit des sowjetischen Militärs[274].

Die erste Ausgabe von Swetlana Alexijewitsch Oral History der sowjetischen Frauenbeteiligung am Krieg erschien 1985, die aktualisierte Ausgabe, auf der die englische Übersetzung basiert, erschien 1990. Die damalige Glasnost-Politik sah eine „Offenlegung der Wahrheit" über den Krieg vor, insbesondere über die enormen menschlichen Verluste und das Leid der Zivilbevölkerung. Alexijewitschs Buch spiegelt den Prozess der „Suche nach der verbotenen Wahrheit" wider; wie dieser Prozess selbst ist das Buch uneinheitlich und unvollständig. Lopuchowski und Kavalerchik schrieben ihr Buch in den 2000er Jahren, als sich die offizielle Haltung Russlands zum „Großen Vaterländischen Krieg" wieder verhärtet hatte.

Das Buch wurde 2012 auf Russisch veröffentlicht, ist aber nur eines von vielen Beispielen für die Bemühungen der Autoren. In einem anderen Buch entlar-

---

273 Siehe: Kurilla, Ivan. «Memory of the War and Other Memories in Russia, 2019». Ponars Eurasia, 8 May 2019. URL: http://www.ponarseurasia.org/point-counter/article/memory-war-and-other-memories-russia-2019 [Letzter Zugriff am 25.06.2025]; Tromly, Benjamin. Reinventing Collaboration: The Vlasov Movement in the Postwar Russian Emigration. In: Traitors, Collaborators and Deserters in Contemporary European Politics of Memory: Formulas of Betrayal. Hrsg. von Grinchenko, Gelinada; Narvselius, Eleonora. New York: Palgrave Macmillan, 2018. S. 109–110; Beljaew, Iwan. Literaturny wlassowez: kak patrioty opoltschilis na Dmitrija Bykowa [„Der literarische Vlassowist": Wie Patrioten sich gegen Dmitrij Bykow stellten]. Radio Swoboda, 15. Jan. 2019, https://www.svoboda.org/a/29710623.html [Letzter Zugriff am 25.06.2025].
274 Dieses Kapitel widmet sich der Vorstellung von drei Büchern, die 2017 auf Englisch erschienen sind: Alexievich, Svetlana. The Unwomanly Face of War: An Oral History of Women in World War II / übers. von Pevear, Richard und Volokhonsky, Larissa. New York: Random House, 2017; Lopukhovsky, Lev; Kavalerchik, Boris. The Price of Victory: The Red Army's Casualties in the Great Patriotic War / übers. von Orenstein, Harold. Vorwort von Glanz, David. Barnsley: Pen & Sword Books, 2017; Edele, Mark. Stalin's Defectors: How Red Army Soldiers Became Hitler's Collaborators, 1941–1945. Oxford: Oxford University Press, 2017.

ven sie beispielsweise den Mythos von der „größten Panzerschlacht" der Geschichte bei Prochorowka nahe Kursk im Juli 1943.[275]

Die Autoren bekämpfen die sowjetischen und postsowjetischen Fälschungen jedoch im Namen der gefallenen Soldaten und nicht, um die Kriegserfahrung in seiner Gesamtheit aufzuzeigen – mit ambivalenten gestimmten Zivilisten und den Soldaten der schon erwähnten Wlassow-Armee.

Mark Edele befasst sich in seinem neuen Buch mit einem Thema, das im heutigen Russland noch nicht frei diskutiert wird, das aber in Zukunft einer der letzten Nägel im Sarg des Stalinistischen Narrativs vom „Großen Vaterländischen Krieg" werden könnte: die Zahl der Überläufer in der Roten Armee, die um ein Vielfaches höher war als in den Streitkräften aller Staaten der Anti-Hitler-Koalition und übrigens auch in Nazi-Deutschland und seinen Verbündeten. Die Frage ist natürlich, wie die Daten zu interpretieren sind, die von den Nazis (und später von einigen westlichen Historikern) lange Zeit als Beweis für eine antisowjetische Stimmung herangezogen wurden.

---

275 Lopuchowski, Lev. Prochorowka: bes grifa sekretnosti [Prochorowka: Ohne Geheimhaltungsvermerk]. Moskau: Jauza; Eksmo, 2006.

Eine humanistische Perspektive

Obwohl der „Enthüllungsjournalismus" der späten 1980er Jahre im Namen der historischen „Wahrheit" agierte, ist sich Alexijewitsch bewusst, dass ihre mündliche Geschichte des Krieges diese Wahrheit nicht vollständig widerspiegelt. Die Publikation beginnt mit einem kurzen Kapitel, in dem Gespräche mit der Zensur (offensichtlich fiktiv, aber plausibel) und ausgeschnittene Texte beschrieben werden, die von der Zensur verboten und von der Autorin selbst abgelehnt wurden. Hier stellt die Autorin auch fest, dass die von ihr interviewten Personen ihr nach der Veröffentlichung des Buches schrieben, dass sie ihr nicht alles gesagt hätten[276]. Die Texte dieses kurzen Abschnitts enthalten nur Andeutungen über so schwierige Themen wie das Verhältnis zwischen sowjetischen Partisanen und der Zivilbevölkerung und die Massenvergewaltigungen deutscher Frauen (dieses Thema wird in einem Interview mit einem männlichen Veteranen, nicht mit einer weiblichen Veteranin behandelt).

Alle von Alexijewitsch interviewten Frauen kämpften auf der sowjetischen Seite. Es würde zu weit führen, die Erfahrungen derjenigen zu beschreiben, die in antisowjetischen militärischen Formationen tätig waren oder für die deutsche Verwaltung in den besetzten Gebieten arbeiteten. Man sollte daher nicht erwarten, in dem Buch die Geschichten von Frauen aus der Ukrainischen Aufständischen Armee oder den Lienzer Kosaken zu finden, deren Mitglieder sich umbrachten, um der Zwangsdeportation in die Sowjetunion zu entgehen.[277] Die einzige Erwähnung einer sowjetischen Frau, die eine Affäre mit einem Deutschen hatte, basiert auf einem erkennbaren Stalinistischen Archetyp: Sie wurde vergewaltigt und erhängte sich, als sie merkte, dass sie schwanger war[278]. Darüber hinaus erklärt Alexijewitsch, die dafür bekannt ist, auch heute noch positiv über das sowjetische Volk als eine einzige politische Gemeinschaft zu sprechen, stolz ihre Blindheit gegenüber den unterschiedlichen Kriegserfahrungen der verschiedenen Völker der UdSSR: „Waren sie russisch oder sowjetisch? Nein, sie waren sowjetisch — Russen, Belarusen, Ukrainer und Tadschiken ... Es gab ihn also

---

276 Alexievich, Svetlana. U wijny ne schinotsche oblytschtschja [Der Krieg hat kein weibliches Gesicht]/ übers. aus dem Russischen ins Ukrainische von Rafejenko Wolodymyr. Charkiw: Vivat Publishing, 2016. S. 26.

277 Zu diesen Fällen siehe: Petrenko, Olena. Unter Männern: Frauen im ukrainischen nationalistischen Untergrund 1944–1954. Paderborn: Ferdinand Schöningh, 2018. 336 c.; Tolstoy, Nikolai. Victims of Yalta. London: Hodder and Stoughton, 1977.

278 Alexievich, Svetlana. U wijny ne schinotsche oblytschtschja [Der Krieg hat kein weibliches Gesicht]. S. 317.

doch – den sowjetischen Menschen."[279] Allerdings kommen in dem Buch keine tadschikischen Frauen vor, und Alexijewitschs Gesprächspartnerinnen reproduzieren die Stalinistische Rhetorik über „verräterische Völker" (wenn z. B. eine Frau über die Westukraine sagt: „Aber dort gibt es Bandera-Leute!"[280]).

Obwohl es sich bei den Frauen in der Roten Armee während des Krieges meist um Krankenschwestern, Telefonistinnen und Wäscherinnen handelte, versucht Alexijewitsch, ungewöhnliche Fälle hervorzuheben, wie die Geschichten einer Karriereoffizierin in der sowjetischen Marine, der Kommandantin eines schweren Panzers, deren Fahrer ihr Ehemann war, und mehrerer Scharfschützinnen. Dies führt sie manchmal zu lokalen Heldinnen, die ihre zensierten Geschichten schon so lange erzählen, dass sie sie einfach nicht ändern können, wie die beinlose, feurige Kommunistin Fekla Struj aus dem Gebiet Tschernihiw, die nur sagen kann: „Wir haben eine gute Vergangenheit."[281]

Aber selbst die am meisten mythologisierten Kriegsgeschichten zeigen manchmal, wie kollektive und persönliche Bindungen unter der Nazi-Besatzung weiterwirkten und die Ideologie überlagerten. So erzählt das Untergrundmitglied Sofija Wereschtschak aus Schytomyr ausführlich, wie sie mit einem deutschen ehemaligen Geschichtslehrer, der sie verhörte und folterte, indem er ihr Nadeln unter die Fingernägel steckte, über die Bedeutung des Marxismus stritt. Die Frau aus dem Untergrund habe ihm beweisen können, dass der Wunsch zu leben nicht stärker sei als die Ideologie, zumindest nicht stärker als ihre marxistischen Überzeugungen. Aber es war nicht der sowjetische Untergrund, der sie rettete. Aus Dankbarkeit gegenüber ihrem Vater, der Arzt war, kickten sie irgendwelche Leute (wahrscheinlich einheimische Polizisten, woran sie sich nicht erinnern wollte) bei einer nächtlichen Überstellung aus der Häftlingskolonne und brachten sie nach Hause.[282]

Alexijewitsch ist nicht im Geringsten unzufrieden mit den Gender-Erwartungen der Stalinzeit. Eines der Hauptthemen des Buches ist die Gegenüberstellung von Krieg und traditioneller Weiblichkeit. Die Autorin hebt die Aussagen jener Befragten hervor, die dieser Sichtweise entsprechen: zum Beispiel die Sehnsucht nach langen Haaren (der Befehl, Frauen in der Roten Armee die Haare „wie ein Junge" zu schneiden, wurde erst gegen Ende des Krieges gelockert) oder die größere Angst vor Verletzungen im Gesicht, an den Beinen und Armen als vor jeder anderen schweren Verletzung.[283] Frauen durften keine Ohrringe tragen, aber eine Befragte erinnerte sich gern daran, dass sie sie nachts trug, wenn niemand sie sehen konnte. In einer ande-

---

279 Ebd. S. 21.
280 Ebd. S. 226.
281 Ebd. S. 334.
282 Ebd. S. 338.
283 Ebd. S. 202, 204, 213, 391.

ren Geschichte wird erzählt, wie Soldatinnen eine Kameradin, die nach einem Urlaub in Moskau zu ihrer Einheit zurückgekehrt war, buchstäblich beschnupperten, weil sie den Geruch von Seife, Parfüm und sauberer Kleidung – den Geruch eines friedlichen Lebens – bereits vergessen hatten[284]. Ein weiteres wiederkehrendes Motiv in diesem Buch ist das Ausbleiben der Menstruation bei den Soldatinnen während des Krieges.

Die Konfrontation zwischen dem Krieg und der „weiblichen Natur"[285] (eine männliche Formulierung, die aber wohlwollend zitiert wird) wird in dem Buch auf zwei Arten gelöst. Unmittelbar nach Kriegsende ziehen sich einige Veteraninnen bereitwillig Kleider an, lassen sich umwerben, heiraten und bekommen Kinder, so wie sie es vor dem Krieg getan haben. Andere geraten in Panik; sie wissen nicht, wie sie sich an das friedliche Leben anpassen sollen. Einige der Protagonistinnen des Buches brauchen Jahre, um dies zu schaffen. Darüber hinaus litt eine beträchtliche Anzahl der Frauen nach dem Krieg an einer Erkrankung (wahrscheinlich an Posttraumatischen Belastungsstörung), die damals noch nicht als Krankheit anerkannt war). Alexijewitsch widmet der Frage der weiblichen Gruppenidentität an der Front keine Aufmerksamkeit, obwohl der häufig wiederholte Satz „Ach, Mädels ..." sowohl auf einen Appell an diese Gruppe als auch auf eine Ansprache in ihrem Namen hinzuweisen scheint[286]. Interessanterweise kam es in den Berichten der Frauen in Alexijewitschs Buch zu einer gewissen Wiederherstellung der Weiblichkeit und einer begrenzten Rückkehr zum zivilen Leben als die Rote Armee nach Westen, in Richtung der westlichen Peripherie der UdSSR und über die Vorkriegsgrenzen hinaus vorrückte. Eine Befragte erinnert sich, wie sie im neu eroberten Lwiw, wo sie zum ersten Mal freie Abende hatte, einen Film in einem Kino mit „weichen Stühlen" und „schöner Umgebung" sah; nach der Vorführung wurde im Foyer getanzt. Eine andere Frau in Dej kleidete sich in traditionelle rumänische Frauenkleider und tanzte die ganze Nacht, ohne von ihren Mitstreitern erkannt zu werden. Eine andere Frau erinnerte sich daran, dass sie für eine Nacht in einem deutschen Schloss untergebracht war, wo ... „jede von diesen Mädchen suchte sich ein Kleid aus"[287].

---

284 Ebd. S. 138.
285 Ebd. S. 163.
286 Zur Existenz einer solchen Gruppenidentität siehe: Cardona, Euridice Charon; Markwick, Roger D. «Our Brigade Will Not Be Sent to the Front»: Soviet Women under Arms in the Great Fatherland War, 1941–45. Russian Review. Bd. 68, Nr. 2. 2009 (Apr.). S. 240–262.
287 Alexievich, Svetlana. U wijny ne schinotsche oblytschtschja. S. 275, 279–280, 244.

Die sowjetischen Frauen waren auch vom deutschen Wohlstand scho-
ckiert. Wenn sie in Deutschland große Bauernhäuser mit Ziegeldächern und
Rosen in den Gärten oder — zum ersten Mal in ihrem Leben — eine Waschma-
schine sahen, hatten sie zwei Reaktionen: den Wunsch, ihnen „wehzutun" und
die Fassungslosigkeit, warum die Deutschen die Sowjetunion angegriffen hatten: „Wir konnten nicht verstehen, warum sie kämpfen mussten, wenn es
ihnen so gut ging"; „Es war schwer für uns zu verstehen, woher ihr Hass
kam".[288] Einige Rachegeschichten werden mit typisch sowjetischen Tropen erzählt. Wenn ein betrunkener sowjetischer Soldat im Suff eine ganze deutsche
Familie in ihrem Haus mit einem Maschinengewehr erschoss, wurde er natürlich vor ein Kriegsgericht gestellt und hingerichtet — es handelte sich angeblich um einen Einzelfall[289]. Die meisten Geschichten über den Umgang mit
deutschen Zivilisten und sogar verwundeten deutschen Soldaten betonen die
sowjetische Menschlichkeit.

Dennoch konnte Alexijewitsch das Thema der Massenvergewaltigungen deutscher Frauen durch sowjetische Soldaten nicht ignorieren und nahm zwei Geschichten in das Buch auf, die sich damit befassen: Eine (im ersten „zensierten"
Kapitel) wird von einem Mann erzählt, die andere (fast am Ende des Buches) von
einer sowjetischen Frau.

Bezeichnenderweise beginnt die von der Frau erzählte Geschichte mit einer
wenig überzeugend formulierten Verurteilung der verbotenen Liebe zwischen
einem sowjetischen Offizier und einer deutschen Frau. Dann erwähnt sie eine
Vergewaltigung, die nicht ausdrücklich so genannt wird, als Beispiel für das, was
erlaubt war: „Das ... Natürlich hat es gegeben ... Man schreibt nicht viel darüber,
aber es ist das Gesetz des Krieges. Die Männer haben so lange auf die Frauen ver-
zichtet, und natürlich gibt es Hass. Wenn wir in eine Stadt oder ein Dorf kamen,
wurden die ersten drei Tage damit verbracht, zu plündern und ... Nun, natürlich
wurde nicht darüber gesprochen ... Sie verstehen.

Und nach drei Tagen konnte man vor ein Kriegsgericht gestellt werden. Im
Eifer des Gefechts. Und drei Tage lang tranken sie und ... Und da auf einmal —
Liebe. Der Offizier selbst gestand vor der Sonderabteilung — Liebe. Das ist natür-
lich Hochverrat ..."[290].

Vielleicht noch schockierender ist das fast vollständige Schweigen über die
sexuelle Gewalt, der sowjetische Frauen durch sowjetische Soldaten und Offiziere
ausgesetzt waren. Das Buch ist voll von ideologisch korrekten Beschreibungen

---

288 Ebd. S. 369, 370–371.
289 Ebd. S. 377.
290 Ebd. S. 368.

des Verhältnisses zwischen Männern und Frauen in der Armee, die den Lesern weismachen sollen, dass „man nicht einfach sagen kann, mit welcher Bewunderung und Enthusiasmus die Männer uns behandelt haben."[291] Solche Beziehungen waren natürlich brüderlich und schwesterlich; wenn es etwas mehr gab, dann war es monogame Liebe, die im Idealfall zur Ehe führen sollte. Der einzige Hinweis auf verbalen Missbrauch sexueller Natur wurde als Scherz dargestellt: Die Pionierkommandantin soll erst gemerkt haben, dass die Soldaten über ihren „Rahmen" nachrufen, als die Männer ihres Zuges begannen, gegen die Beleidiger zu prügeln[292]. Nur eine anonyme weibliche Befragte gab einen Einblick darin, wie es war, als Krankenschwester in demselben sechs Meter langen Unterstand zu schlafen wie die männlichen Soldaten: sie musste sie sogar im Schlaf auf Arme schlagen. Nach einigen Monaten wählte sie den einzig möglichen Weg in die Sicherheit und zog in den Unterstand des Bataillonskommandeurs: „Wohin gehen? Es waren nur Männer da, also war es besser, mit einem zu leben, als vor allen Angst zu haben. In der Schlacht war es nicht so schrecklich wie nach der Schlacht, besonders wenn wir uns ausruhten und uns neu formierten"[293]. Schließlich verliebte sich die Erzählerin in den zweiten Kommandeur ihres Bataillons und wurde von ihm schwanger; nach dem Krieg kehrte er jedoch zu seiner Familie zurück.

Somit sind wir bei dem Thema angelangt, das nach der Erstveröffentlichung von Alexijewitschs Buch wahrscheinlich die größte „Offenbarung" darstellte: die Ablehnung von Soldatinnen durch die sowjetische Nachkriegsgesellschaft. Sie galten als Ehezerstörerinnen, die an der Front verheiratete Männer verführten, oder als verdorbene Biester, die eine Zigarette nach der anderen rauchten und zu Hause oft nicht willkommen waren. In einer schockierenden Geschichte bittet eine Mutter ihre Soldatentochter, ihr Dorf so schnell wie möglich zu verlassen, weil sie noch zwei andere Töchter hat, die heiraten müssen, und das Zusammenleben mit einer solchen Schwester eine Schande für die ganze Familie sei.[294] Beleidigungen gegen weibliche Veteraninnen waren auch in den Städten häufig zu hören. Eine Befragte trug ihre Medaillen nach dem Krieg nicht mehr, ebenso wie ihre Kriegskameradinnen[295].

Im Laufe der Zeit kam eine weitere Errungenschaft von Alexijewitsch ans Licht. Ohne die traditionellen Geschlechterrollen in Frage zu stellen sowie die Idee einer eigenen Einstellung der Frauen zum Krieg zu unterstützen, führte die

---

291 Ebd. S. 299.
292 Ebd. S. 274–275.
293 Ebd. S. 293.
294 Ebd. S. 36.
295 Ebd. S. 156.

Autorin eine humanistische Sichtweise des Krieges in den öffentlichen Diskurs der späten Sowjetunion ein.

Sie untergrub den sowjetischen Mythos vom „Großen Vaterländischen Krieg" mit dem Argument, dass es sich dabei um eine männliche Geschichte handele, in der „einige Leute andere heldenhaft getötet und gewonnen haben". In solchen offiziellen Erzählungen wurde „die Geschichte des Krieges durch die Geschichte des Sieges ersetzt"[296].

Stattdessen müsse das Land die Geschichte der Frauen hören, in der Tod und Leiden im Vordergrund stünden. Natürlich war dies nicht nur Frauengeschichte; selbst in den letzten Jahren der Sowjetunion wurde sie noch in den Dörfern bewahrt, weit entfernt von den großen Ritualen des Tages des Sieges, wo „die Menschen am 9. Mai nicht jubeln, sondern weinen"[297]. Was Alexijewitsch als weibliche Sicht auf den Krieg darstellt („Krieg ist vor allem Mord und dann harte Arbeit"[298]), ist in Wirklichkeit eine humanistische Alternative zur sowjetisch geprägten Siegesfeier (als Sieg des Staates), die in Russland und ihrem Heimatland Belarus weiterhin existiert.

Westliche Wissenschaftler erkennen auch an, dass die Kriegserinnerungen von Frauen geschlechtsspezifisch sind, d. h. sie entstehen aus der Interaktion des menschlichen Selbst mit dominanten Diskursen über Weiblichkeit und die Rolle der Frau im Krieg. Das Ergebnis unterscheidet sich in der Tat von den männlichen Narrativen, wobei Emotionen und Alltagserfahrungen stärker betont werden[299]. Alexijewitsch befasst sich nicht mit den theoretischen Aspekten dieses Themas, sondern nutzt die „weibliche Wahrheit", um das hässliche Gesicht des Krieges zu zeigen. Ihr Beharren auf der besonderen Gefühlswelt der Frauen ermöglichte es ihr auch, unsichtbar die Geschichte des Alltags an der Front zu thematisieren, eine Realität, die Männern und Frauen gemeinsam war, wie Catherine Merridale gezeigt hat[300]. Für die Zensoren und die postsowjetische Gesellschaft war es leichter zu akzeptieren, dass es Frauen waren, die an der Front das Wort „Tod" vermieden, die an Vorahnungen glaubten, die beteten, auch wenn sie die Worte des Gebets nicht kannten, die

---

296 Ebd. S. 10, 24.
297 Ebd. S. 310.
298 Ebd. S. 19.
299 Summerfield, Penny. Reconstructing Women's Wartime Lives: Discourse and Subjectivity in Oral Histories of the Second World War. Manchester: Manchester University Press, 1998; Reading, Anna. The Social Inheritance of the Holocaust: Gender, Culture and Memory. New York: Palgrave Macmillan, 2002.
300 Siehe: Merridale, Catherine. Ivan's War: Life and Death in the Red Army, 1939–1945. New York: Metropolitan Books, 2006.

Talismane von zu Hause mitführten und zu Wahrsagern gingen[301]. Es ist bemerkenswert, dass, wie die Erzählerin im letzteren Fall zugibt, auch viele männliche Offiziere die „Zauberin" aufsuchten. Für Männer wie für Frauen wurden ihre eigenen Kinder durch „Regimentssöhne" ersetzt, die im Alter von sieben Jahren bereits Experten im schnellen Nachladen der Scheibe des PPS-Gewehrs sein konnten[302].

Alexijewitschs Buch eröffnete dem postsowjetischen Leser eine neue Seite des Krieges und hat auch dreißig Jahre später noch eine starke emotionale Wirkung, auch wenn es in eine andere Sprache übersetzt wird, obwohl im Westen eine Reihe wissenschaftlicher Monographien über sowjetische Frauen während des Krieges erschienen sind, die manchmal Aspekte behandeln, die in Alexijewitschs Buch nicht behandelt wurden[303].

301 Alexievich, Svetlana. U wijny ne schinotsche oblytschtschja [Der Krieg hat kein weibliches Gesicht]. S. 246, 130, 104, 178, 307–308.
302 Ebd. S. 351.
303 Siehe: Krylova, Anna. Soviet Women in Combat: A History of Violence on the Eastern Front. Cambridge: Cambridge University Press, 2010; Markwick, Roger D.; Cardona, Euridice Charon. Soviet Women on the Frontline in the Second World War. New York: Palgrave Macmillan, 2012.

Neuzählung der Toten

Die humanistische Sichtweise des Krieges verschwand aus dem nationalen russischen Mediendiskurs nach der Mitte der 1990er Jahre, als die führenden politischen Kräfte vor dem Hintergrund wirtschaftlicher Schwierigkeiten begannen, Elemente des russischen imperialen Chauvinismus Stück für Stück wiederherzustellen. 1995, nach der Parade zum fünfzigsten Jahrestag des Sieges, zu der ein Veteranenmarsch auf dem Roten Platz und eine Militärparade auf dem Poklonnaja-Hügel gehörten, beschloss Präsident Boris Jelzin, der vor einer schwierigen Wiederwahlkampagne stand, jährliche Militärparaden auf dem Roten Platz abzuhalten, und schlug eine Reihe weiterer Maßnahmen vor, die darauf abzielten, den „Großen Vaterländischen Krieg" zu einem der Schwerpunkte der russischen Erinnerungspolitik zu machen[304]. Für Jelzins Nachfolger Wladimir Putin wurde die sowjetische Vision des Krieges zum Kern der Legitimität des Regimes.

Es war nur natürlich, dass der russische Staat und seine Institutionen versuchten, den öffentlichen Diskurs von Elementen des anderen Narrativs zu säubern, das von der inkompetenten Kriegsführung Stalins und des militärischen Oberkommandos berichtete, die zu riesigen Verlusten und unsäglichem Leid der Sowjetbürger führte. Jahrzehntelang fütterten staatliche Institutionen und konservative Militärs die Öffentlichkeit mit gefälschten Daten über sowjetische und deutsche Opfer. Da das Verhältnis der Verluste zwischen den Kriegsparteien als bester Indikator für die Effektivität und Moral ihrer Armeen gilt, sieht die russische Regierung in diesen Informationen eine potenzielle Gefahr für die offizielle Geschichte des „Großen Vaterländischen Krieges". Ein weiteres Problem ist die Verantwortung Stalins und seiner Befehlshaber für das Massaker, das dieser Krieg für ihre Soldaten darstellte. Diese für die humanistische Interpretation charakteristische Sichtweise kann die heroische Version des Krieges in Frage stellen.

Unter professionellen russischen Militärhistorikern gibt es jedoch Widerstand gegen die offizielle Version der militärischen Verluste. Zweifellos geht dieser Widerstand von regierungstreuen Positionen aus. Anstatt die Fortsetzung der ungeheuerlichen Fälschungen dem Wesen des Putin-Regimes zuzuschreiben, schreiben führende Persönlichkeiten der oben genannten Oppositionsgruppe (darunter Igor Ivlev und Lev Lopuchowski) Briefe an Putin und argu-

---

304 Malinova, Olga. Political Uses of the Great Patriotic War in Post-Soviet Russia from Yeltsin to Putin. War and Memory in Russia, Ukraine and Belarus / hrsg. von Julie Fedor, Markku Kangaspuro, Jussi Lassila und Tatiana Zhurzhenko. New York: Palgrave Macmillan, 2017. S. 51–55.

mentieren, dass die „Wahrheit" die Größe der heroischen Anstrengungen des sowjetischen Volkes noch deutlicher zeigen würde[305].

Diese Historiker verwenden zwar immer noch den Begriff „Großer Vaterländischer Krieg" als offizielle Bezeichnung, halten aber eine Verherrlichung Stalins und seiner Befehlshaber für inakzeptabel: „Die enormen Opfer, die das sowjetische Volk auf dem Weg zum Sieg gebracht hat, lasten größtenteils auf ihrem Gewissen."[306]

Die betreffenden Forscher können auch in Russland publizieren; das hier rezensierte Buch ist eine gekürzte Fassung des Werkes „Washed in Blood? Lies and Truths about Losses in the Great Patriotic War", das 2012 gemeinsam von zwei großen russischen Verlagen veröffentlicht wurde. Zusätzlich zu den von Lopuchowski und Kavalerchik verfassten Kapiteln (die in der englischen Ausgabe wiedergegeben werden) enthielt das frühere Buch auch Texte von Igor Ivlev, Igor Pikhalov und Viktor Zemskov[307].

Das Buch von Lopuchowski und Kavalerchik ist eine ausführliche Polemik gegen die offiziellen Veröffentlichungen des russischen Verteidigungsministeriums zu diesem Thema, insbesondere der Arbeitsgruppe unter der Leitung von Generaloberst Grigorij Kriwoschejew. Kriwoschejews Gruppe wurde 1993 mit der Veröffentlichung des Werkes „Geheimhaltungsfrist aufgehoben" bekannt, einer Sammlung von Statistiken über sowjetische Verluste in allen militärischen Konflikten bis 1991. Die Publikation galt zunächst als Durchbruch und wurde 1997 sogar in englischer Übersetzung veröffentlicht, doch Lopuchowsky und Kavalerchik argumentieren, dass die Sammlung voller vorsätzlicher Fälschungen ist.[308] Das nächste Werk der Gruppe, das auch den Ersten Weltkrieg, Russland und die UdSSR in den Kriegen des 20. Jahrhunderts behandelt, erlebte zwischen 2001 und 2010 drei Auflagen.[309] In der Ausgabe von 2001 nahmen die Autoren erhebliche

---

305 Lopuchowski, Lev; Kawalertschik, Boris. The Price of Victory: The Red Army's Casualties in the Great Patriotic War / übers. von Orenstein, Harold. Vorwort von Glanz, David. Barnsley: Pen & Sword Books, 2017. S. 146.

306 Ebd. S. 16.

307 Pychalow, Igor; Lopuchowski, Lev und Semskow, Valerij. Umylis krowju? Losch i prawda o poterjach w Welikoi Otetschestwennoi woine [Haben sie sich mit Blut gewaschen? Lügen und Wahrheit über die Verluste im Großen Vaterländischen Krieg.]. Moskwa: Jausa; Eksmo, 2012.

308 Grif sekretnosti snjat: poteri Wooruschennych Sil SSSR w woinach, bojewych deistwijach i wojennych konfliktach: statitscheskoje issledowanije / ed. von Kriwoschejew, Grigorij F. Moskau: Voenizdat, 1993; Soviet Casualties and Combat Losses in the Twentieth Century / ed. von Kriwoschejew, Grigorij F. London: Greenhill Books, 1997.

309 Rossija i SSSR w woinach 20. weka: poteri wooruschennych sil: statitscheskoje issledowani [Russland und die UdSSR in den Kriegen des 20. Jahrhunderts: Verluste der Streitkräfte: Statistische Untersuchung]/ ed. von Kriwoschejew, Grigorij F.; Moskau: OLMA-Press, 2001; Rossija i SSSR

Änderungen an den Statistiken des Zweiten Weltkriegs vor, die auf einer verzerrten Interpretation neuer westlicher Studien über deutsche Verluste beruhten.

Lopuchowski und Kavalerchik zeigen, dass alle Bemühungen des Teams von Kriwoschejew darauf abzielten, ein politisch akzeptables Verhältnis der Verluste an der Ostfront zu erreichen. In den ersten Ausgaben wurde es mit 1,3 zu 1 angegeben, was bedeutet, dass die sowjetischen Verluste 30 % höher waren als die Deutschlands und seiner Verbündeten. In der Ausgabe von 2001 wurde das Verhältnis jedoch auf 1,1 zu 1 korrigiert. Die Autoren gehen nicht auf den Zusammenhang zwischen dieser Fälschung und der noch stärkeren Unterstützung des offiziellen Kultes um den „Großen Vaterländischen Krieg" durch das Putin-Regime ein, aber informierte Leser können ihre eigenen Schlüsse daraus ziehen. Lopuchowski und Kavalerchik berichten jedoch, dass diese Zahlen wenig Ähnlichkeit mit den tatsächlichen Verlusten haben, die sich zwar nicht genau berechnen, aber hinreichend genau schätzen lassen. Im Laufe ihrer komplizierten Berechnungen entsteht ein weiteres wichtiges Bild: das eines Stalinistischen Staates, der sich weder um das Leben seiner Bürger noch um Informationen über deren Schicksal scherte. Und es scheint, dass das Desinteresse des russischen Staates an der Aufklärung des Schicksals einzelner Soldaten trotz aller Rhetorik über den „großen Sieg" auch heute noch offensichtlich ist.

Nehmen wir die folgenden Beispiele, die in diesem mit Zahlen überladenen und nicht besonders leserfreundlichen Buch versteckt sind.

Zwischen 2010 und 2012 entdeckten Teams von Freiwilligen, die an Umbettungsarbeiten beteiligt waren, allein in der Region Smolensk die sterblichen Überreste von 548 Rotarmisten, Soldaten und Offizieren. Nur 60 der Erkennungsmarken enthielten lesbare Informationen, die eine Identifizierung der Toten ermöglichten. Von diesen 60 waren nur 4 in den offiziellen Totenberichten als tot aufgeführt; 33 wurden als vermisst gemeldet; 3 wurden in anderen Quellen als Opfer erwähnt; und über 20 gab es keinerlei Informationen, so, als hätten sie nie existiert.[310] Natürlich sind die Kunststoffmarken der Soldaten für ihre Zerbrechlichkeit bekannt, und viele Soldaten hielten es für ein böses Omen, ihre Daten auf Papier zu notieren und es im Inneren des Identifizierungs-Medaillons zu verstecken. Hinzu kommt, dass die sowjetische Führung die Erkennungsmarken der Soldaten unerklärlicherweise nicht mehr ausgab, kurz bevor sich das Kriegsgeschehen im November 1942 zugunsten der UdSSR wendete. Dennoch zeigt dieses

---

w woinach ChCh weka: kniga poter [Russland und die UdSSR in den Kriegen des 20. Jahrhunderts: Das Buch der Verluste]/ ed. von Kriwoschejew Grigorij F. Moskau: Vetsche, 2010.

310 Lopuchowski, Lev; Kawalertschik, Boris. The Price of Victory. S. 98.

statistische Beispiel aus Smolensk, wie in der katastrophalen ersten Phase des Krieges die Identität der Soldaten als erstes geopfert wurde.

Nicht weniger verblüffend ist ein Beispiel aus der Geschichte des postsowjetischen Russlands. Nach dem Zusammenbruch der Sowjetunion übergab Deutschland Russland etwa 500.000 Akten sowjetischer Kriegsgefangener, die in deutscher Gefangenschaft gestorben waren. Diese Informationen sind jedoch noch nicht verarbeitet worden, was bedeutet, dass die meisten dieser Personen wahrscheinlich immer noch als vermisst gelten[311]. Auch hier sind Lopukhovsky und Kavalerchyk vorsichtig und vermeiden verallgemeinernde Schlussfolgerungen, aber die Gründe für die Untätigkeit sind leicht zu verstehen. Die Familien der Kriegsgefangenen wären erleichtert, das Schicksal ihrer Angehörigen zu erfahren und ihre letzten Fotos zu sehen, aber diesen Opfern des Naziregimes ein menschliches Gesicht zu geben, würde dem Stalinistischen Modell des Kriegshelden widersprechen und nicht zur Legitimierung der derzeitigen russischen Regierung beitragen.

Ein großer Teil des Buches ist der Überprüfung von Kriwoschejews Berechnungen über die unwiederbringlichen Verluste gewidmet. Militärhistoriker zählen zu dieser Kategorie alle gefallenen Soldaten sowie diejenigen, die an Verwundungen oder Krankheiten gestorben sind, weiters die Vermissten und die Kriegsgefangenen, unabhängig von ihrem Schicksal. Im Falle der UdSSR ist der letztgenannte Vorbehalt wichtig und erfordert eine sorgfältige Anpassung der Daten. Historikern des Zweiten Weltkriegs zufolge entließen die Deutschen zwischen dem 25. Juli und dem 13. November 1941 sowjetische Kriegsgefangene verschiedener nicht-russischer Nationalitäten: Wolgadeutsche, Balten, Ukrainer und Belarusen. Lopuchowski und Kavalerchik geben die genaue Zahl der Entlassenen an – 318.770 — und geben an, dass die meisten von ihnen Ukrainer waren – 277.761[312]. In den späteren Phasen des Krieges ließen die Deutschen weiterhin sowjetische Kriegsgefangene frei, vor allem Behinderte und solche, die sich freiwillig der Hilfspolizei anschlossen oder zu „Hiwis — Hilfswilligen" wurden (Nichtkombattanten, die an der Front halfen; in der letzten Phase des Krieges kämpften einige der Hiwis auch mit Waffen gegen die sowjetische Armee). Bis zum 1. Mai 1944 hatten die Deutschen weitere 504.406 Personen entlassen. Im letzten Kriegsjahr schickten die Deutschen außerdem etwa 200.000 sowjetische Kriegsgefangene zu den „Ostarmeen"; ihre Aufgabe war es, verschiedene Hilfeleistungen zu erbringen[313]. Die Militärhistoriker stehen vor dem Problem, herauszufinden, wieviele der Entlassenen bei der Rückkehr in diese

---

311 Ebd. S. 106.
312 Ebd. S. 78.
313 Ebd. S. 78–79.

Gebiete wieder in die Rote Armee eingegliedert wurden. Nach Angaben von
Lopuchowski und Kavalerchik wurde etwa die Hälfte der 1941 Entlassenen 1943
wieder in die sowjetische Armee eingegliedert, während es unwahrscheinlich
ist, dass die später Entlassenen noch einmal Wehrdienst leisteten. Dies ist nur
ein Beispiel für die Schwierigkeiten, denen sich die Historiker des Zweiten Weltkriegs im Falle der UdSSR gegenübersehen. Die Autoren interessieren sich jedoch nicht für die objektiven Schwierigkeiten bei der Berechnung der Verluste,
sondern für die Manipulationen des Teams von Kriwoschejew. Zu Beginn des
Buches geben Lopukhovsky und Kavalerchyk Beispiele für bedeutende Schlachten, in denen die sowjetischen Verluste von den offiziellen Historikern besonders heruntergespielt werden sollten. Eines dieser Beispiele ist die Kyjiwer
Verteidigungsoperation (7. Juli — 26. September 1941). Kriwoschejews Gruppe
weist darauf hin, dass die Gesamtverluste bei dieser kolossalen militärischen
Katastrophe 700.544 Menschen betrugen, von denen 616.304 Menschen unwie-
derbringliche Verluste waren sowie 84.240 — Verwundete[314].

Diese Zahlen erscheinen aus zwei Gründen problematisch. Erstens beliefen
sich die kombinierten Kräfte der Südwestfront und der Militärflottille von Pinsk
nach Angaben der Gruppe von Kriwoschejew nur auf 630.000. Allein dies deutet
bereits darauf hin, dass die offiziellen Historiker versuchten, die Zahl der sowjetischen Truppen zu Beginn der Schlacht zu unterschätzen, so dass die Zahl der
Truppen geringer war als die der Verluste! Zweitens ist die Zahl der Kriegsgefangenen, die von den deutschen Truppen während dieser Operation gefangen genommen wurden, um 50.000 höher als die sowjetischen Verluste nach Kriwoschejew. Die Autoren kommen zu dem Schluss, dass die unwiederbringlichen Verluste
der sowjetischen Seite bei der Kyjiwer Offensive nicht 616.304, sondern etwa
719.000 bis 730.000[315] betrugen.

Um das Ausmaß der sowjetischen Verluste zu verringern, kombinierte das
Team von Kriwoschejew mehrere Methoden. Die wirksamste Methode bestand
darin, Verstärkungen, die während der Schlacht eintrafen, bei der Ermittlung der
Stärke der Roten Armee oder ihrer Verluste nicht zu berücksichtigen. Zu den anderen beliebten Strategien gehörten die Verwendung offizieller Verlustmeldun-
gen und der Tatsache, dass Divisionen verlegt wurden. Im ersten Fall ging man
davon aus, dass eine Einheit, die keine Verlustmeldung abgab, keine Verluste erlitten hatte, auch wenn die Einheit nicht mehr existierte, weil sie von deutschen
Truppen auseinandergejagt oder umzingelt worden war[316].

---

314 Ebd. S. 24.
315 Ebd. S. 25.
316 Ebd. S. 54.

Im zweiten Fall wurden die Verluste der Division bei der Berechnung der Stärke der neuen Front ab dem Zeitpunkt der Verlegung berücksichtigt. Die Gruppe von Kriwoschejew ignorierte jedoch die Verluste, die die Division zuvor erlitten hatte. Manchmal übersahen Kriwoschejew und seine Mitarbeiter ganze strategische Operationen der sowjetischen Truppen, wie z. B. die Operation Mars (November-Dezember 1942), von der die Historiker die zuvor veröffentlichte offizielle Zahl von 70.400 Opfern kannten, oder die Sumy-Charkiw-Defensivoperation (Oktober-November 1941) mit Verlusten von mindestens 75.720[317].

Bei der Schlacht von Kursk berücksichtigte das Team von Kriwoschejew in seinen Berechnungen nicht die gesamte Steppenfront (das ist die sowjetische Bezeichnung für die Heeresgruppe, die sich in der Nähe von Kursk in den Kampfformationen der Zentral- und Woronesch-„Fronten" befand).

Bei der Untersuchung der Schlacht entdeckten Lopuchowski und Kavalerchik, dass die Unterlagen der Regierungskommission unter der Leitung von Georgi Malenkow, die von Stalin eingesetzt wurde, um die Gründe für das Scheitern des Gegenangriffs der 5. Garde-Panzerdivision zu untersuchen, immer noch nicht freigegeben sind[318]. In der ersten (defensiven) Phase der Schlacht von Kursk waren die sowjetischen Verluste 3,8-mal höher als die deutschen, was aus unerfindlichen Gründen die allgemeine Regel der Kriege des 20. Jahrhunderts widerlegt: Normalerweise erleidet die verteidigende Seite dreimal weniger Verluste[319].

Generell stellen die Autoren fest, dass sich das tatsächliche Verhältnis der unwiederbringlichen Verluste an der Ostfront nur sehr langsam veränderte. Ausgehend von einer erheblichen Lücke bei der Kyjiwer Offensive (20 zu 1 zugunsten der Deutschen) und dem undenkbaren Ungleichgewicht bei der Verteidigung Moskaus (24 zu 1) kommen wir erst 1944 zu gleichen Verlusten, als die Rote Armee einen enormen zahlenmäßigen und waffentechnischen Vorteil erlangte und eine Reihe wichtiger Siege errang[320]. Allein diese Tatsache zeigt dem aufmerksamen Leser, dass die Effizienz der sowjetischen Armee und ihre Einstellung zu den Humanressourcen zur Zeit der großen Siege eine kleine Veränderung erfuhren.

In dem Bestreben, die Zahl der von Nazideutschland gefangen genommenen sowjetischen Kriegsgefangenen zu minimieren und die Zahl der von der Roten Armee gefangen genommenen Deutschen zu maximieren, zählte das Team von Kriwoschejew die sowjetischen Baubrigaden, Freiwilligenmilizen und Service-

---

317 Ebd. S. 14, 26.
318 Ebd. S. 67.
319 Ebd. S. 63.
320 Ebd. S. 27, 37, 72.

kräfte nicht mit, bezog jedoch ähnliche gegnerische Formationen in ihre Berechnung ein. Sie berücksichtigten auch eine große Zahl deutscher Soldaten, die nach dem 9. Mai 1945 kapitulierten, mindestens 1,6 Millionen[321]. Die größte Manipulation der Zahlen betraf jedoch die Gesamtzahl der deutschen Truppen und deren Verluste an der Ostfront. Anstatt die tatsächliche Zahl der deutschen Truppen an der Ostfront vor Ausbruch des Zweiten Weltkriegs – 1 Million 131.000 — anzugeben, gaben die offiziellen russischen Militärhistoriker deren geplante Gesamtzahl an —3 Millionen 214.319[322]. In der Ausgabe von 2001 erhöhte das Team von Kriwoschejew unter Berufung auf neue deutsche Daten die Zahl der Toten und Vermissten auf deutscher Seite an der Ostfront von 3 Millionen 526.500 auf 5 Millionen 300.000, was ein Gesamtverlustverhältnis von 1 zu 1,1 zugunsten Deutschlands ergibt. Aber die neuen deutschen Daten betrafen alle Fronten des Zweiten Weltkriegs, nicht nur die Ostfront[323]!

Lopuchovsky und Kavalerchik kommen zu dem Schluss, dass die genaueste Schätzung der gesamten sowjetischen unwiederbringlichen Verluste, die heute vorgenommen werden kann, zwischen 14 Millionen 466.600 und 14 Millionen 824.700 Menschen liegt und nicht bei 11 Millionen 444.100, wie Kriwoschejews Team behauptet; die deutschen Verluste an der Ostfront betrugen 5 Millionen 232.400[324]. Die Autoren erklären, dass die Anerkennung des vollen Ausmaßes der sowjetischen Verluste eine angemessene Anerkennung der „enormen Opfer, die das Land auf dem Altar des Sieges bringen musste" wäre, und dass die Fälschung der Zahlen ein „Frevel" sei, da das eine Beleidigung des „gesegneten Andenkens" der Gefallenen darstelle[325].

---

321 Ebd. S. 116.
322 Ebd. S. 112.
323 Ebd. S. 138–141.
324 Ebd. S. 86, 91, 113–114.
325 Ebd. S. 136–150.

Erklärungsversuche für den Verrat

Mark Edele, dessen Buch sich mit sowjetischen Überläufern befasst, kann diese Begründung nicht gelten lassen. Er weist zu Recht darauf hin, dass das Thema der massenhaften freiwilligen Kapitulation vor dem Feind während des Zweiten Weltkriegs für die russische Geschichtsschreibung ein Tabu bleibt[326] Aber dieses Thema wird auch von der westlichen Wissenschaft und von Büchern, die sich an ein Massenpublikum richten, fehlinterpretiert. Der Mythos von der Massenkapitulation als „Plebiszit" gegen das sowjetische System entstand in den ersten Jahren des Kalten Krieges, als russische politische Emigranten der Revolutionszeit Kontakte zu Vertriebenenlagern in der Westzone knüpften, um die Kommunikation mit ehemaligen sowjetischen Kriegsgefangenen herzustellen. Die einflussreichen Menschewiki[327] Boris Nikolajewski und David Dalin behaupteten, dass sich die meisten der Millionen von sowjetischen Kriegsgefangenen in einem frühen Stadium des Krieges freiwillig ergaben und dass dieser Prozess Ausdruck einer massenhaften Unzufriedenheit mit der sowjetischen Herrschaft war. Westliche Experten und Journalisten akzeptierten diese bequeme Erklärung; sie wurde auch von westlichen Historikern der Sowjetunion als gültig angesehen. Nikolajewski war ein häufiger Gast in Leopold Heimsohns Seminar an der Columbia University, wo die nächste Generation von Historikern studierte, und Dalins Sohn Alexander wurde Professor an der Stanford University und eine führende Autorität auf dem Gebiet der Sowjetunion in der Kriegszeit[328]. Sein klassisches Werk, „Deutsche Herrschaft in Russland, 1941–1945"[329] hat jahrzehntelang die westliche Wahrnehmung des Verhaltens der Sowjetbürger unter der Nazi-Besatzung geprägt.

Diese intellektuelle Tradition in der westlichen Wissenschaft wurde von Sozialhistorikern nachfolgender Generationen in Frage gestellt, und heute würden nur wenige Experten darauf bestehen, dass sich Millionen sowjetischer Kriegsgefangener 1941 aus freiem Willen oder aus politischen Gründen ergeben haben. Im Gegenteil, die zeitgenössische westliche Wissenschaft über die sogenannte sowjetische Subjektivität nimmt den Begriff des „neuen sowjetischen Menschen" ernst

---

326 Edele, Mark. Stalin's Defectors: How Red Army Soldiers Became Hitler's Collaborators, 1941–1945. Oxford: Oxford University Press, 2017. S. 159.
327 Vertreter der gemäßigten Fraktion der Russischen Sozialdemokratischen Arbeiterpartei, die nach dem Sieg der radikaleren Bolschewiki entweder Repressionen erlitten oder ins Exil gingen.
328 Ebd. S. 152.
329 Dallin, Alexander. German Rule in Russia 1941–1945: A Study of Occupation Policies. London: Macmillan, 1957. Bereits sein Vater begann, den Nachnamen auf Englisch mit zwei „l" zu schreiben.

und argumentiert, dass die Bevölkerung die bolschewistische Ideologie tatsächlich übernommen hat. Im Falle des Zweiten Weltkriegs bedeutet dies, dass die Rote Armee als ideologisch kohärent dargestellt wird und die Anzahl der Mitglieder der Kommunistischen Partei und des Komsomol in ihren Reihen einer genauen Prüfung unterzogen wird. Der prominenteste Vertreter dieses Ansatzes ist der deutschstämmige amerikanische Historiker Jochen Hellbeck[330]. Edele dekonstruiert seine Theorien im neunten Kapitel. Hier, wie auch bei der Interpretation anderer Aspekte der Stalinistischen Gesellschaft, besteht das Problem der Befürworter der sowjetischen Subjektivität darin, dass sie unkritisch an die Quellen der Stalinistischen Periode herangehen und sich auf die Generation konzentrieren, die eine sowjetische Schulung erhielt[331]. Wie Edele jedoch zeigt, machten die Mitglieder dieser Organisationen selbst am Ende des Krieges und nach einer langen Zeit der Rekrutierung von Soldaten in die Partei und (besonders) in den Komsomol noch immer weniger als die Hälfte der gesamten Roten Armee aus[332].

In einer anderen Veröffentlichung widerlegt er auch die weit verbreitete Annahme, dass die Rote Armee hauptsächlich aus jungen Männern bestand, die in den 1920er Jahren geboren und unter Stalin ausgebildet worden waren. 40 Prozent der sowjetischen Soldaten, die bis zum Kriegsende überlebten, waren zwischen 1893 und 1905 geboren; das wissen wir, weil diese Altersgruppen bei der ersten Demobilisierung im Juli-September 1945 in so großer Zahl betroffen waren[333].

Edele sucht also einen Kompromiss zwischen extremen ideologischen Positionen und im Kontext eines sensiblen politischen Themas. Sein Buch, das auf gründlichen Recherchen beruht, bietet eine ausgewogene und in den richtigen Kontext gestellte Behandlung des Themas. Einerseits weist Edele nach, dass die Überläufer eine kleine Minderheit in der Gesamtmasse der sowjetischen Kriegsgefangenen darstellten. Andererseits ist ihr Anteil immer noch viel höher als in jeder anderen Armee der Alliierten. Dieses Phänomen erfordert eine komplexe kontextuelle, und nicht nur politische, Erklärung. Unter den britischen, französischen und amerikani-

---

330 Siehe: Die Stalingrad-Protokolle. Sowjetische Augenzeugen berichten aus der Schlacht / hrsg. von Hellbeck, Jochen. Frankfurt am Main: Fischer, 2012; Hellbeck, Jochen. Stalingrad: The City That Defeated the Third Reich. New York: Public Affairs, 2015.
331 Eine ausführlichere kritische Betrachtung dieser Frage habe ich in meiner Rezension zu folgendem Werk gegeben: Halfin, Igal. Stalinist Confessions: Messianism and Terror at the Leningrad Communist University. Social History. Vol. 37. Nr. 3 (August 2012). S. 347–349. In meinem Buch „Powsjakdennyj stalinism" [Alltäglicher Stalinismus] habe ich auch einen alternativen Ansatz zum Verständnis der sowjetischen Gesellschaft vorgeschlagen.
332 Edele, Mark. Stalin's Defectors. S. 168.
333 Edele, Mark. Soviet Veterans as an Entitlement Group, 1945–1955. Slavic Review. Bd. 65. Nr. 1 (Spring 2006). S. 115.

schen Kriegsgefangenen machten die Überläufer nur 0,02% aus, während ihre Zahl unter den sowjetischen Kriegsgefangenen 1942–1945 zwischen 4,62% und 6,24% lag[334]. Für Historiker ist das Fehlen von Informationen für das Jahr 1941 ein Hindernis, da in dieser Phase die freiwillige Kapitulation der sowjetischen Soldaten wahrscheinlich am bedeutendsten war. Die Deutschen begannen erst 1942, als die Euphorie des Blitzkriegs vorbei war, systematisch einschlägige Statistiken zu erheben und die Überläufer von anderen Kategorien sowjetischer Kriegsgefangener zu trennen. Das bedeutet, dass wir die Gesamtzahl der sowjetischen Überläufer, die wahrscheinlich in die Hunderttausende, möglicherweise sogar in die Millionen ging, nie erfahren werden. Die deutschen Daten für 1942–1945 geben eine Gesamtzahl von 117.000 an, aber wenn wir ihren Anteil an der Gesamtzahl der Kriegsgefangenen für die ersten sechs Monate des Jahres 1941 auf 6% schätzen, sind dies weitere 201.000; außerdem weisen einige deutsche Berichte für diesen Zeitraum darauf hin, dass die Zahl der Kriegsgefangenen, die sich freiwillig ergaben, an einigen Orten sogar 60% erreichte. Wendet man die letztgenannte Zahl auf die Zahl der Kriegsgefangenen von 1941 an, ergibt sich eine Gesamtzahl von 2,1 Millionen, die sich dem Feind ergeben haben, obwohl Edele anmerkt, dass dies wenig wahrscheinlich ist[335].

Die deutschen Daten für 1942–1945 umfassen nur diejenigen, die sich ergeben konnten und von den Deutschen als Deserteure anerkannt wurden. Es ist bekannt, dass die Sowjets viele solcher Versuche verhinderten, wobei einige Überläufer an Ort und Stelle hingerichtet und andere zu Strafbataillonen geschickt wurden; Informationen über die Gesamtzahl solcher Versuche wurden nicht veröffentlicht. Vielleicht gibt es solche Statistiken einfach nicht. Edele ist der Ansicht, dass zu der Zahl der erfolgreichen Überquerungen der Frontlinie mindestens die gleiche Zahl der erfolglosen Versuche hinzugefügt werden sollte[336]. In diesem Fall sind die Zahlen sogar noch erschütternder. Potenzielle Überläufer gingen Risiken ein: Sie hätten von ihren eigenen Truppen gefangen genommen, von den Deutschen im Eifer des Gefechts getötet und von sowjetischen Kriegsgefangenen in den Lagern erwürgt werden können, bis die Deutschen im Frühjahr 1942 begannen, die Überläufer zu trennen. Die Desertionen zum Feind hörten jedoch während des gesamten Krieges nicht auf. Darüber hinaus liefen im Jahr 1945 2.015 Soldaten der Roten Armee zu den Deutschen über, als kaum jemand am Ausgang des Krieges zweifelte[337]. Der Autor geht nicht auf die Gesamtzahl der Deserteure ein, von denen die meisten ins sowjetische Hinterland flohen, aber selbst wenn man

---

334 Edele, Mark. Stalin's Defectors. S. 35, 21.
335 Ebd. S. 30–31.
336 Ebd. S. 29.
337 Ebd. S. 21.

den von Edele zitierten Zahlen von Kriwoschejew Glauben schenkt (er scheint diese Daten an keiner Stelle des Buches in Frage zu stellen), verzeichnete die offizielle sowjetische Statistik während des Krieges 1,5 Millionen Deserteure – solche, die sich der Wehrpflicht entzogen oder ihre Militärtruppe verloren hatten[338]. Laut Roger Rees, einem anderen maßgeblichen westlichen Wissenschaftler über die Rote Armee im Zweiten Weltkrieg, war die Gesamtzahl der sowjetischen Soldaten, die versuchten, sich dem Dienst oder dem Kampf zu entziehen, überraschend: 4,4 Millionen, das sind 13 Prozent der gesamten während des Krieges mobilisierten Soldaten[339]. Solche Zahlen müssen genauer erklärt werden, und Edele's Studie über die freiwillige Kapitulation ist ein ausgezeichneter Anfang. Edele taucht tief in Archive und Memoiren ein, um die Gründe für den Übertritt auf die deutsche Seite herauszufinden, aber die von ihm verwendeten Quellen sind manchmal fraglich. Es besteht kein Zweifel daran, dass es 1941 häufig zu freiwilliger Massenkapitulation kam, und in einigen Fällen kapitulierten Befehlshaber zusammen mit ihren Untergebenen. Über die Beweggründe dieser Befehlshaber und ihrer Soldaten wissen wir jedoch in der Regel nur, was sie den Deutschen erzählten oder in ihren Memoiren schrieben, als sie während des Kalten Krieges im Westen im Exil lebten. In beiden Fällen wäre es ein Fehler anzunehmen, dass ihre Aussagen (so wie sie uns überliefert sind) ein wahres Spiegelbild der Motive sind, die sie an jenem schicksalhaften Tag antrieben. Betrachten wir einen Fall, der uns nur aus einer einzigen Quelle bekannt ist — dem Bericht eines Zeugen aus dem Jahr 1992. Kurz nach der deutschen Besetzung eines Dorfes in der Nähe von Poltawa ergab sich eine große Einheit der Roten Armee — mehrere hundert Soldaten unter der Führung eines Obersts — freiwillig, „mit der Erklärung, dass sie zu Hause geblieben wären, wenn sie gewusst hätten, dass die Deutschen „gegen Juden und Moskowiter" kämpfen"[340]. Diese unbestätigte Geschichte, die ein halbes Jahrhundert später erzählt wurde, gilt als eines der vielen Gerüchte, die 1941 auf der sowjetischen Seite der Front, in der Zeit der Niederlagen und des Informationsvakuums kursierten. Sie kann ebenso gut als Quelle für die Ermittlung der Stimmung der Ukrainer in der Roten Armee oder als Beispiel für die fälschliche Beschuldigung derselben Ukrainer für Misserfolge angesehen werden. Aber selbst wenn wir dieser Geschichte bedingungslos vertrauen, wer genau hat die zitierten Worte gesagt und wie können wir wissen, dass die gesamte Gruppe von mehreren hundert Personen

---

338 Kriwoschejew, Grigorij F. O desertirstwe w Krasnoi Armii. Wojenno-istoritscheskij schurnal. (Jahrgangsnummer?) 2001. Nr. 6. S. 94.
339 Reese, Roger. Motivations to Serve: The Soviet Soldier in the Second World War. Journal of Slavic Military Studies, 20. Nr. 2 (May 2007). S. 270.
340 Edele, Mark. Stalin's Defectors. S. 32, 108.

ihnen voll und ganz zustimmte? Und selbst wenn sie es taten, warum sollten wir dieser Aussage glauben, die nach der Kapitulation gemacht wurde und wahrscheinlich dazu diente, der deutschen Seite zu gefallen?

Selbst im bekannten Fall von Major Iwan Kononow und seinem Regiment, der durch deutsche Quellen bestätigt wird, stellt Edele Diskrepanzen zwischen den Nachkriegsgeschichten von Kononow und seinen Anhängern und der auf der Grundlage deutscher Dokumente rekonstruierten Chronologie der Ereignisse fest. Diese Unstimmigkeiten beziehen sich auf den späteren Teil von Kononows Geschichte, als er als Organisator von „Kosaken"-Einheiten, die auf deutscher Seite kämpften, zum aktiven Kollaborateur wurde; sie scheinen jedoch auch darauf hinzudeuten, dass es im früheren Teil, der die freiwillige Kapitulation betrifft, mögliche Verzerrungen gab. Auf jeden Fall betrachteten die Deutschen nur Kononow und seine Offiziere als Überläufer (obwohl Kononow die Regimentsoffiziere entwaffnet hatte, bevor er ihnen seinen Plan mitteilte); die Soldaten wurden als gewöhnliche Kriegsgefangene behandelt, da der Rest des Regiments zu diesem Zeitpunkt umzingelt war und sich in einer miserablen Lage befand[341].

Edele war sich bewusst, dass solche Aussagen durch eine größere Stichprobe bestätigt werden mussten, er arbeitete gründlich in den Archiven und fand schließlich unglaublich interessantes Material. Obwohl keine allgemeinen Statistiken über Überläufer geführt wurden, führte ein Nachrichtenoffizier der 296. Infanteriedivision der Wehrmacht detaillierte Aufzeichnungen über jeden der 334 sowjetischen Überläufer, die er zwischen April 1942 und Dezember 1943 befragte. Anhand dieser Quelle konnte Edele die Altersgruppen, den sozialen Hintergrund, die Nationalitäten und die von den Überläufern selbst angegebenen Gründe für ihr Überlaufen analysieren. Die Berechnungen bestätigen die weit verbreitete Annahme, dass Soldaten, die nach 1917 geboren wurden, und ethnische Russen am seltensten zum Feind überliefen, während ältere Soldaten und Minderheitengruppen eher dazu neigten. Da die Gesamtstatistiken über die Einheiten der Roten Armee, die gegen die 296. Division in den Jahren 1942 und 1943 kämpften, nicht bekannt sind, verglich Edele den Anteil der ethnischen Gruppen unter den Überläufern mit dem Anteil der ethnischen Gruppen an der Bevölkerung der UdSSR und erhielt die folgenden Daten: -3,1 % bei den Russen, + 2,6 % bei Ukrainern, + 6,3 % bei Kasachen[342]. Der Autor weist zu Recht darauf hin, dass diese beiden nicht-russischen Gruppen „besonders stark unter der Hungersnot von 1932–33 gelitten haben"[343], erwähnt aber auch andere mögliche Einflussfakto-

---

341 Ebd. S. 65.
342 Ebd. S. 86.
343 Ebd. S. 87.

ren: So befanden sich die Familien der meisten Ukrainer bereits in den von
Deutschland kontrollierten Gebieten, wo die neue Regierung eine Landumvertei-
lung versprach, und die Kasachen (wie alle Vertreter der zentralasiatischen Sowjetrepubliken) litten wahrscheinlich unter der schlechten Behandlung durch sowjetische Offiziere und einfache Soldaten. Kasachen und Ukrainer erklärten ihre
Desertion jedoch häufiger als andere Gruppen mit politischen Gründen[344]. Über-
raschenderweise befanden sich unter den sowjetischen Überläufern auch Juden,
die versuchten, sich bei den Deutschen über die Misshandlungen zu beschweren,
die sie in der Roten Armee erlitten hatten. Edele meint, dass sie entweder sofort
erschossen oder den Einsatzgruppen zur Exekution übergeben wurden[345]. Eine
unerwartete Entdeckung ist, dass die Mehrheit der Deserteure Arbeiter und nicht
Bauern waren, aber das kann durch die Gebiete erklärt werden, in denen Einheiten der Roten Armee gebildet wurden, durch die sowjetische Klassifizierung von
mechanisierten Berufen, die auch in ländlichen Gebieten üblich waren, oder
auch durch die Überzeugung der Überläufer, dass sie als Arbeiter für die deutsche Seite nützlicher sein würden.

Unter den Gründen für die freiwillige Kapitulation, die von 334 Überläufern
angegeben wurden, waren die wichtigsten das Niederlagensyndrom und die Unzufriedenheit mit der Politik der UdSSR (jeweils 34%). Die nächstwichtigen Faktoren
waren die deutsche Propaganda (19,5 %), die Lebensbedingungen in der Roten
Armee (11,1%) und der Wunsch, zu ihren Familien zurückzukehren (12,3 %). Das
Überleben, d. h. der Wunsch, das eigene Leben zu retten, stand sogar an fünfter
Stelle — 8,7 %[346]. Die Tatsache, dass das Überleben erst an dieser Stelle landete, ist
eine ernüchternde Erinnerung an die wahre Natur der Antworten: Sie waren ein
Versuch, sich vor dem deutschen Offizier, der die Überläufer verhörte, im bestmög-
lichen Licht darzustellen. Edele ist sich der Unvollkommenheit der Stichprobe bewusst, hält die Daten jedoch für einen zuverlässigen Indikator für allgemeine
Trends. Einer dieser Trends in der Stalinschen Sowjetunion — und hier stimme ich
dem Autor voll und ganz zu — ist das Vorhandensein einer „gleichgültigen Mehrheit, die einfach nur versuchte, in einer Welt bewaffneter Kämpfer für die Ideologie zu überleben"[347]. Meiner Meinung nach hätte Edele die Tatsache, dass „weit
mehr als ein Drittel der Überläufer" in seiner Datenbank „ihre Fahnenflucht aus
politischen Gründen erklärten"[348], skeptischer sehen können, was aber weder die

---

344 Ebd. S. 113.
345 Ebd. S. 93–94.
346 Ebd. S. 111.
347 Ebd. S. 174.
348 Ebd. S. 154.

Existenz politisch motivierter Überläufer noch das Vorhandensein bedeutender Bereiche aktiver Unzufriedenheit in der sowjetischen Gesellschaft leugnet.

Wenn der Autor von den Überläufern als einer Gruppe spricht, verwendet er eine ungewöhnliche Metapher. Er argumentiert, dass die meisten von ihnen „als Flüchtlinge vor dem Stalinismus gesehen werden sollten: Sie sahen keinen anderen Ausweg aus der Geißel der Diktatur und des Krieges als die Kapitulation vor dem Feind"[349]. Diese Sichtweise des Problems ist erfreulich neu, obwohl die Überläufer in eine andere Diktatur überliefen, die in denselben totalen Krieg verwickelt war, und — nüchtern betrachtet — nicht erwarten konnten, den Konflikt hinter sich zu lassen. Edele unternimmt einen ausgezeichneten Versuch, die Überläufer zu vermenschlichen; ich hätte mir nur gewünscht, dass er die Gleichgültigkeit der Führung der Roten Armee gegenüber dem Verlust von Menschenleben und den berüchtigten „Kadaver-Attacken", sinnlosen Massenangriffen der Infanterie auf befestigte feindliche Stellungen, erwähnt hätte, eine Taktik, die sogar während der Schlacht um Berlin, insbesondere auf den Seelower Höhen, praktiziert wurde. Diese Tatsache würde erklären, warum 1945 mehr als zweitausend sowjetische Soldaten vor den Deutschen kapitulierten. Sicherlich machten die „politischen" Deserteure nicht 34 % aller Überläufer aus, aber es gab tatsächlich einige, die aus politischen Gründen die Frontlinie überschritten. Edele hat jedoch völlig recht, wenn er — etwas entgegen seiner eigenen Interpretation der statistischen Stichprobe — sagt, dass „das Hauptmotiv für die Entscheidung überzulaufen, der Wunsch zu überleben war."[350].

Wie sah die Zukunft für die Überläufer aus? Nach 1942 konnten sie sich entscheiden, in Kriegsgefangenenlagern zu bleiben, wo sie eine privilegierte Gruppe darstellten, aber in Wirklichkeit arbeiteten die meisten, wenn nicht alle, schlussendlich mit den Deutschen zusammen und traten der Armee oder der Polizei bei. Die Nachkriegsprozesse gegen deutsche Kollaborateure zeigten, dass die meisten von ihnen keine Überläufer waren[351]. Sie rekrutierten sich vielmehr aus einer viel größeren Gruppe von Kriegsgefangenen, die versucht hatten, aus den tödlichen Lagern zu fliehen, und aus Zivilisten, die den Dienst bei der deutschen Polizei oder bei den Freiwilligen Helfern der Wehrmacht (den Hiwis) als eine gute Position ansahen. Im September 1943 lag die Zahl der ehemaligen Sowjetbürger in deutschen Uniformen zwischen 800.000 und einer Million. Die Gesamtzahl derjenigen, die den Deutschen während des Krieges dienten, betrug wahrscheinlich 1,6 Millionen, von denen 51 % Russen und 16 % (132.000) Ukrainer waren[352]. Edele

349 Ebd. S. 10.
350 Ebd. S. 100.
351 Ebd. S. 13.
352 Ebd. S. 132.

zitiert den deutschen Historiker Rolf-Dieter Müller, um eine Ansicht zu untermauern, die die russischen Historiker früher oder später akzeptieren müssen: „Ohne die Hilfe russischer Freiwilliger in vielen Truppenteilen wäre die Wehrmacht nicht in der Lage gewesen, im Osten Krieg zu führen — zumindest nicht nach der Wende in Stalingrad"[353].

In Anlehnung an den einflussreichen Artikel von Alfred Rieber über die Bürgerkriege in der Sowjetunion entwirft Edele seine eigene konzeptionelle Vision des Zweiten Weltkriegs an der Ostfront als „einer Reihe von Bürgerkriegen"; er sieht auch aktive russische Kollaborateure wie Kononow als im „sowjetischen Bürgerkrieg 1941–1945" Besiegte[354].

Eine solche Rhetorik in Verbindung mit der Vermenschlichung der Überläufer weist auf die Möglichkeit einer russischen, aber nicht-sowjetischen Perspektive auf den Zweiten Weltkrieg — eine Perspektive, die in Putins Russland undenkbar ist. Kombiniert man dies mit einem kritischen Blick auf die von russischen Emigranten geschaffenen Mythen, so erhält man eine Vision, die eines Tages zu einem wichtigen Mittel für den Wiederaufbau der Zivilgesellschaft werden könnte.

Im Wesentlichen bieten die drei in diesem Kapitel besprochenen Bücher einen möglichen Weg zu einer neuen humanistischen Sicht des Krieges für alle Nachfolgestaaten der Sowjetunion, die auf unterschiedliche Weise auf den Mythos des „Großen Vaterländischen Krieges" reagiert haben, den sie in seiner späten sowjetischen Form geerbt haben. Manchmal besteht jedoch die Versuchung, die sowjetischen Mythologien durch nationale Mythologien zu ersetzen, die oft sehr ähnlich aufgebaut sind. Ein auf das Volk ausgerichtetes Kriegsnarrativ könnte den Schwerpunkt von der Geschichte staatlicher Siege oder nationaler Niederlagen auf den alltäglichen Überlebenskampf verlagern, der für die meisten einfachen Menschen in Kriegszeiten ein grundlegender Bestandteil ihrer Erfahrung ist. Dadurch würde auch eine neue Art von Helden in den Vordergrund rücken — diejenigen, die sich unabhängig von ihrer nationalen oder politischen Zugehörigkeit dem Bösen entgegenstellten; diejenigen, die die Ausgelieferten retteten und die Machtlosen verteidigten. Die drei hier besprochenen Bücher sind, jedes auf seine Weise, Meilensteine auf dem langen und schwierigen Weg zu einem neuen Verständnis der Ostfront.

---

353 Ebd. Siehe auch: Müller, Rolf-Dieter. An der Seite der Wehrmacht. Hitlers ausländische Helfer beim „Kreuzzug gegen den Bolschewismus" 1941–1945. Frankfurt am Main: Fischer, 2010. S. 226.
354 Edele, Mark. Stalin's Defectors. S. 162, 148. Rieber, Alfred J. Civil Wars in the Soviet Union, Kritika: Explorations in Russian and Eurasian History. 4. Nr. 1 (January 2003). S. 129–162.

Kriege der Erinnerung auf der Kinoleinwand

Im Herbst 2012 bewarb sich die Ukraine nach einer zehnjährigen Pause offiziell mit Mykhailo Illienkos Film „Der durchs Feuer ging" in der Kategorie Bester fremdsprachiger Film um einen Oscar. Der Film wurde nicht in die engere Wahl gezogen. Der Ausgangspunkt für dieses Kapitel ist jedoch die Tatsache, dass zum ersten Mal seit vielen Jahren ein neuer ukrainischer Spielfilm ausgewählt wurde, um die nationale Filmindustrie auf der internationalen Bühne zu vertreten. Die Geschichte dieses Films beleuchtet mehrere wichtige Zusammenhänge. Dazu gehören die Situation der ukrainischen Filmindustrie in der späten Janukowitsch-Zeit, die Suche nach einem Kompromiss in Fragen der historischen Erinnerung, die Versuche der Künstler, dem zunehmenden ideologischen Druck aus Russland zu widerstehen, und der Wunsch, im Westen gesehen zu werden. Es ist ironisch (oder vielleicht unvermeidlich), dass diese ambivalente ukrainische filmische Antwort auf den russischen Druck jenem Hollywood, dem Herzstück der amerikanischen Filmindustrie, präsentiert wurde, das normalerweise nationale Filmtraditionen verächtlich ignoriert und stattdessen dem Publikum anderer Länder ein eindimensionales Bild dieser ihrer Länder bietet. Diesem Modell kultureller Hegemonie und stereotyper Wahrnehmung versucht die ukrainische Kultur zu widerstehen, insbesondere in der Konfrontation mit ihrem ehemaligen imperialen Herrscher, Russland.

Die offizielle Linie des Großmachtnationalismus und des historischen Stolzes im postsowjetischen Russland ist eng mit seinen Bemühungen verbunden, seinen politischen und wirtschaftlichen Einfluss in den ehemaligen Sowjetrepubliken wiederherzustellen. Offensichtlich sieht die russische Regierung in der Filmindustrie ein wichtiges Instrument, um ihren eigenen Bürgern Patriotismus einzuflößen und russischsprachige Einwohner des „nahen Auslands" für sich zu gewinnen. Seit der Etablierung des Putin-Regimes sind viele Filme über die russische Geschichte in ihrer stark mythologisierten patriotischen Version erschienen, die mit Hollywood-Techniken gedreht wurden[355]. Man kann behaupten, dass diese filmische Version der Geschichte eine imperialistische, koloniale Dimension hat, da Russland sich heroische historische Ereignisse und positive mythische Figuren von anderen Völkern des Reiches aneignet. Wie wir weiter unten sehen werden, trifft diese Aussage auch auf die Ukraine zu, eine ostslawische Nation, die die Ru-

---

[355] Siehe: Norris, Stephen M. Blockbuster History in the New Russia: Movies, Memory and Patriotism. Bloomington: Indiana University Press, 2012; Van Gorp, Jasmijn. Inverting Film Policy: Film as Nation Builder in Post-Soviet Russia, 1991–2005. Media, Culture and Society. 2011. Bd. 33. Nr. 2. S. 243–258.

ssen gemeinhin als ihren „kleinen Bruder" bezeichnen. Moderne Nationalstaaten und nicht-russische nationale Identitäten werden in diesen Filmen als Fiktionen dargestellt, hinter denen sich ein „echtes" russisches Wesen verbirgt, während die Vergangenheit dieser Staaten als Teil der russischen Geschichte betrachtet wird.

Bei der Darstellung der Konflikte des 20. Jahrhunderts (insbesondere des Zweiten Weltkriegs, als es zu einer direkten Konfrontation zwischen nicht-russischen nationalen und gemeinsamen sowjetischen imperialen Identitäten kam) wird die Darstellung komplizierter. In solchen Fällen stellen die Schöpfer des russischen Kulturmythos einen „schlechten" und einen „guten" Ukrainer dar, oder eine Situation, in der ein „schlechter" Ukrainer seine „wahre" russische Identität findet. Kulturelle Darstellungen der Ukraine und der Ukrainer nehmen in der russischen Geschichtsmythologie einen besonderen Platz ein, was auf die vertraute Vorstellung von ethnischer Nähe und die etablierte Tradition zurückzuführen ist, viele Ereignisse der ukrainischen Geschichte als „heroische Seiten" der russischen Geschichte zu bezeichnen. Keine andere postsowjetische Nation stellt allein durch die Tatsache ihrer Existenz eine so große Herausforderung für die russischen Kulturmythen dar; selbst Belarus, das dritte ostslawische Land, hat stets seine Verwandtschaft mit Russland betont.

Der „Große Vaterländische Krieg" (wie der Zweite Weltkrieg in Russland immer noch genannt wird) ist nach wie vor ein zentrales Element der offiziellen Erinnerungspolitik des Putin-Regimes; er bildet die diskursive Grundlage für Russlands Konstruktion des eigenen Geschichtsbildes. Kein anderes historisches Ereignis im postsowjetischen Russland hat eine so umfangreiche Filmografie hervorgebracht[356]. Staatliche Institutionen und kremlnahe Oligarchen finanzieren großzügig patriotische Kriegsfilme. Der russische Staat beteiligt sich aktiv an der nationalen Filmindustrie per Unterstützung „würdiger" Filmprojekte durch das Kulturministerium und den Föderalen Fonds für die soziale und wirtschaftliche Unterstützung der einheimischen Kinematografie (den sogenannten Kinofonds). Im Jahr 2012 stellte der russische Bundeshaushalt 5,9 Milliarden Rubel (188 Millionen US-Dollar) für diesen Zweck zur

---

[356] Siehe: Smorodinskaya, Tatiana. The Fathers 'War Through the Sons' Lenses. In: Cinepaternity: Fathers and Sons in Soviet and Post-Soviet Film. Hrsg. von Goscilo, Helena und Hashamova, Yana. Bloomington: Indiana University Press, 2010. S. 89–112; Baraban, Elena. Forget the War: Wartime Subjectivity in Post-Soviet Russian Films. Canadian Slavonic Papers. 2012. Bd. 54. Nr. 3–4 (September–December). S. 295–318.

Verfügung, während das typische Budget für einen Film in Russland nur einige Millionen Dollar beträgt[357].

Interessanterweise spielen die meisten russischen Filme über den Zweiten Weltkrieg ihre Produktionskosten an den Kinokassen nicht wieder ein. Selbst die beiden hoch budgetierten und viel beachteten Kriegsfilme aus der Trilogie von Sergej Michalkow, „Der Exodus" (2010) und „Die Zitadelle" (2011), scheiterten an den Kinokassen. Der russische Filmkritiker Daniil Dondurej argumentiert, dass der Staat Kriegsfilme unterstützt, weil er genau weiß, dass sie nicht auf Profit ausgerichtet sind, sondern vom Publikum in wiederholten Sendungen im Fernsehen gesehen werden sollen[358]. Die russischen Behörden sehen in diesen Filmen einen wichtigen Bestandteil ihrer Propagandaaktivitäten sowohl für ihre Bürger als auch für die Bürger der ehemaligen Sowjetrepubliken, in denen die Filmverleihnetze häufig von russischen Unternehmen kontrolliert werden und russische Filme noch immer in großem Umfang in Kinos und im Fernsehen gezeigt werden. Die außenpolitische Dimension dieser Propaganda ist weitgehend mit dem Thema des Zweiten Weltkriegs verbunden. In den aktuellen „Erinnerungskriegen" zwischen Russland und anderen postsowjetischen Staaten geht es meist um Unterschiede in der Interpretation dieses Themas, insbesondere um die „Befreiung" dieser Staaten durch die Rote Armee und die Bewertung ihrer nationalen Befreiungsbewegungen[359]. Was die Ukraine betrifft, ist die russische Filmpropaganda ebenfalls zu einem Instrument des innenpolitischen Kampfes geworden.

Anders als in Russland wird in der Ukraine die Bedeutung des Zweiten Weltkriegs für die nationale Geschichte nach wie vor kontrovers diskutiert. Der Kult des antisowjetischen nationalen Widerstands ist im westlichen Teil des Landes stark verankert, während in der Zentral- und Ostukraine das sowjetische Narrativ des Krieges bis vor kurzem nicht in Frage gestellt wurde. Die Regierung von Präsident Viktor Juschtschenko (2005–2010) unternahm erste ernsthafte Schritte, um die Kämpfer der Ukrainischen Aufständischen Armee genauso als Kriegsveteranen anzuerkennen wie Ukrainer, die in der Roten Armee gedient haben. Auf ihre Initiative wurde den Anführern des nationalen Widerstands, Stepan Bandera und

---

357 Nevafilm. The Film Industry in the Russian Federation: A Report for the European Audiovisual Observatory. November 2012, S. 8, https://rm.coe.int/090000168078353b [Letzter Zugriff am 29.07.2024].

358 Dondurej, Daniil. Ne otchodja ot kassy [Ohne von der Kasse wegzugehen.]. Zeitschrift Itogi. Nr. 49. (Jahr?) S. 78–79.

359 Siehe z. B. Arbeiten, die in Russland veröffentlicht wurden: Bordjugow, Gennadi. Woiny pamjati na postsowetskom prostranstwe [Kriege des Gedächtnisses im postsowjetischen Raum]. Moskau: AIRO-XXI, 2011; Kasjanow Georgi; Miller, Alexej. Rossija–Ukraina. Kak pischetsja istorija [Russland—Ukraine. Wie Geschichte geschrieben wird]. Moskau: RGGU, 2011. S. 6.

Roman Schuchewytsch, der Status von Nationalhelden verliehen, und zwar im wahrsten Sinne des Wortes — durch die posthume Verleihung des Titels „Held der Ukraine"[360]. Doch selbst unter Juschtschenko unterstützte der Staat die Produktion patriotischer historischer Filme nur sporadisch und in sehr bescheidenem Umfang. Juschtschenkos Nachfolger und politischer Gegner, Präsident Viktor Janukowitsch, war ganz auf die Wahlunterstützung der Ostukraine angewiesen, die aber das sowjetische Narrativ des „Großen Vaterländischen Krieges" benutzte. Unter Juschtschenko konnten russische Filme wegen negativer Darstellung der Ukrainer verboten werden; unter Janukowitsch war dies nicht der Fall.

Die Ukraine ist nicht nur ein wichtiger Markt für das russische Kino, sondern diente auch lange Zeit als Produktionsstandort für russische Filme (bis zum Krieg im Donbas). Für russische Produzenten war es billiger, sowohl Studios als auch Personal für Dreharbeiten in der Ukraine zu mieten, wo es seit der Sowjetära Filmstudios gibt, aber die lokale Filmindustrie praktisch zum Erliegen gekommen ist. Ukrainischen Zeitungen zufolge bestanden 2011 drei Filmstudios (in Kyjiw, Odesa und Jalta), die lediglich dank russischer Filme sowie russischen und einigen ukrainischen Fernsehserien überlebt haben (außerdem gab es in der Gegend um das Filmstudio in Odesa eine Agrarindustrie, die Melonen und anderes für kommerzielle Zwecke anbaute[361].) Es ist nicht verwunderlich, dass ukrainische Schauspieler und Techniker gerne mit russischen Filmproduzenten zusammenarbeiten wollten. Das Ironische an dieser Interaktion ist, dass sie oft Rollen spielen mussten, die traditionelle russische Stereotypen von Ukrainern als faule, komische, singende und tanzende kleine Brüder oder pro-nazistische Nationalisten bedienten. Der Schauspieler (und seit 2012 künstlerischer Leiter des Ivan Franko National Academic Drama Theatre in Kyjiw) Ostap Stupka war ein typischer Darsteller solcher Rollen. Auch jüngere Regisseure und Kameraleute waren bestrebt, eine Beschäftigung in der russischen Filmindustrie anzunehmen. Im Mai 2011 strahlte der staatliche russische Sender ‚RTR-Russia' zur Feier des Siegestages die Miniserie „Hasenbraten à la Berlin" aus, die während des Krieges spielt und in der eine Reihe negativer ukrainischer Charaktere zu sehen sind. Der unter Juschtschenko verbotene Sender wurde unter Janukowitsch wieder in die meisten Kabelfernsehprogramme aufgenommen und gab dem ukrainischen Publikum

---

360 Siehe: Marples, David R. Heroes and Villains: Creating National History in Contemporary Ukraine. Budapest: Central European University Press, 2008; Narvselius, Eleonora. The 'Bandera Debate': The Contentious Legacy of World War II and Liberalization of Collective Memory in Western Ukraine. Canadian Slavonic Papers. 2012. Bd. 54. Nr. 3–4. S. 469–90; Osipian, Ararat L. Regional Diversity and Divided Memories in Ukraine: Contested Past as Electoral Resource. East European Politics and Societies. 2012. Bd. 26. Nr. 3. S. 616–642.
361 Segodnja. 2011. 9. November; KP w Ukraine. 2011. 23. Juni.

die Möglichkeit, diesen Film des ukrainischen Regisseurs Serhij Krutin zu sehen, der einst beim patriotischen Regisseur Mykhailo Illienko am Kyjiwer Institut für Theater, Film und Fernsehen studiert hatte[362].

Wenn sich die lang anhaltende kulturelle Hegemonie eines ehemaligen Imperiums mit wirtschaftlichen Interessen verbindet, wird die „Reaktion des Imperiums" zu einer noch größeren Herausforderung. Dies bestätigt die Geschichte des ukrainischen Films im ersten Jahrzehnt des einundzwanzigsten Jahrhunderts: Jurij Illienkos bizarrer Film „Gebet für Hetman Mazepa" (2001, neue Fassung 2010), der symbolisch die koloniale Macht in Form von sexualisierter Gewalt darstellt, löste einen Skandal aus und wurde in Russland verboten (vor allem wegen einer homosexuellen Vergewaltigungsszene zwischen Zar Peter dem Großen und einem russischen Soldaten). Die Tatsache, dass er in Russland verboten wurde, hatte jedoch eher eine symbolische Bedeutung, da dieser komplexe allegorische Film in der Ukraine nicht vertrieben wurde, nicht einmal in Kinos, die Arthouse-Filme zeigen[363]. Im Jahr 2009 feierte Russland den 200. Jahrestag von Gogols Geburt mit der Veröffentlichung des teuren historischen Kostümdramas „Taras Bulba", in dem patriotische Untertöne in Bulbas Eröffnungsrede über die „russische Seele" geschickt eingesetzt wurden. Die ukrainische Filmindustrie war nur in der Lage, mit einem billigen Heimkino-Film namens „Duma über Taras Bulba" zu reagieren, der auf einem Stück von Mykola Gogol basierte und von einem Provinztheater aufgeführt wurde. Er konnte nicht mit der großartigen russischen Version mithalten, in der ein prominenter ukrainischer Schauspieler, der ehemalige Kulturminister Bohdan Stupka, die Hauptrolle spielte. Es überrascht nicht, dass der russische Film wiederholt im ukrainischen Fernsehen gezeigt wurde.

Bezeichnenderweise wurde sowohl im „Gebet" als auch in „Duma" die ukrainische Version der Geschichte anhand des traditionellen Themas des Kosakenruhmes dargestellt, der Teil des grundlegenden Mythos der nationalen Vergangenheit ist. Der russischen Filmmythologie des Zweiten Weltkriegs direkt entgegenzutreten, ist eine schwierigere Aufgabe, und zwar nicht nur wegen der Spaltung der ukrainischen Bevölkerung in diesen Fragen.

Mit der finanziellen Unterstützung nationalistischer Organisationen und einzelner Sponsoren aus der ukrainischen Diaspora hat der Regisseur Oles Jantschuk mehrere Filme über antisowetische Nationalhelden gedreht. Dazu gehören biografische Filme über Stepan Bandera („Attentat", 1995) und Roman Schuchewytsch („Unbezwingbarer", 2000) sowie ein Film über eine der Hundertschaften

---

362 Den. 2011. 13. Mai.
363 Für eine Analyse dieses Films siehe: Romanets, Maryna. Postcolonial On/scenity: The Sexualization of Political Space in Post-independence Ukraine. Canadian-American Slavic Studies. 2010. Bd. 44. Nr. 1–2. S. 178–199.

der Ukrainischen Aufständischen Armee („Eiserne Hundertschaft", 2004). Der ukrainische Filmkritiker Oleksandr Rutkovsky vergleicht diese Filme mit den schlimmsten Beispielen des sowjetischen Kinos über die bolschewistischen Führer und Partisanen der Kriegszeit, die sich die Aktivisten der Kommunistischen Partei nach feierlichen Sitzungen ansehen mussten[364]. Jantschuks Filme wurden nie in den Kinos gezeigt und beschränkten sich bestenfalls auf einige wenige Fernsehvorführungen auf den wenig populären ukrainischen Kanälen. Wie Jantschuk selbst in einem Interview mit der Zeitung „Halytschyna" feststellte, wurden sie jedoch regelmäßig von dem regionalen Fernsehsender „Halytschyna" ausgestrahlt, der die westlichen Regionen der Ukraine abdeckt. Ihm zufolge kennen Kinder im Schulalter überall dort, wo es diesen Sender gibt, diese Filme[365]. Dies verdeutlicht, dass Filme, die nationalistische Helden verherrlichen, nur in der Westukraine ein Massenpublikum finden, wo sie aktiv waren und wo sie bereits von rechtsnationalistischen lokalen Behörden geehrt werden. Dort besteht keine Notwendigkeit, sich mit der von Russland geschaffenen Mythologie auseinanderzusetzen.

Was den Inhalt von Jantschuks Filmen angeht, so ist es bemerkenswert, dass sie der Nachkriegszeit unverhältnismäßig viel Leinwandzeit widmen.

Im Mittelpunkt stehen ukrainische Partisanen, die sich gegen die Agenten des NKWD/KGB/MGB und den Einmarsch der Roten Armee wehren (auch wenn die Handlung teilweise in Polen oder der Tschechoslowakei spielt, wie in „Die Unbesiegten" und „Die Eiserne Hundert"). In einer solchen Situation fällt es dem Publikum viel leichter, sich auf die Seite der ukrainischen Aufständischen zu schlagen. Anders sähe es aus, wenn der blutige, chaotische, manchmal brudermörderische Kampf während des Zweiten Weltkriegs gezeigt würde, zu dem auch so schwierige Themen wie der Holocaust und die Angriffe auf die polnische Bevölkerung Wolhyniens gehörten. Es ist bemerkenswert, dass in keinem der drei Filme nationalistische Gruppen zu sehen sind, die Einheiten der Roten Armee angreifen, geschweige denn sowjetische Beamte oder Zivilisten in Galizien. Diese Realitäten sind aus sowjetischen Darstellungen der UPA wohlbekannt. Zwei der Filme zeigen jedoch fast identische Szenen von Überraschungsangriffen der UPA auf deutsche Truppen. Die oben genannten kontroversen Themen erwiesen sich selbst für Filme, die ursprünglich für ein west-ukrainisches Publikum bestimmt waren, als zu heikel. Russische Regisseure zeigten keine solche Sensibilität.

2010 verbot das ukrainische Kulturministerium den Vertrieb des russischen Militär-Science-Fiction-Films „Wir sind aus der Zukunft 2". Der erste Teil, „Wir

---

364 Dserkalo tyschnja. 2000. 18. November.
365 Halytschyna. 2012. 31. März.

sind aus der Zukunft" (2008), war in vielerlei Hinsicht ein typischer gut gemachter Kriegsfilm über den Zweiten Weltkrieg mit interessanten intertextuellen Bezügen zum klassischen sowjetischen Kino. Er unterschied sich jedoch von anderen russischen Kinoprodukten durch seine Zeitreisekomponente. Vier junge, nicht sehr patriotische Männer aus St. Petersburg, von denen einer ein Neonazi ist, begeben sich auf ein Schlachtfeld des Zweiten Weltkriegs, um dort Dinge aus der Vergangenheit auszugraben und diese als „schwarze Archäologen" zu verkaufen. Auf magische Weise werden sie in das Jahr 1942 zurückversetzt und lernen im Kampf, das sowjetische Vaterland zu lieben. Wie in vielen russischen Kriegsfilmen gibt es auch hier eine negative ukrainischsprachige Figur — im Gegensatz zu der üblichen Rolle eines Nationalisten oder Kollaborateurs ist es hier ein NKWD-Wächter.

In der Fortsetzung dieses Films stehen die Rolle der Ukrainer im Zweiten Weltkrieg und die unterschiedlichen Narrative des russischen und des ukrainischen historischen Gedächtnisses im Mittelpunkt des Films. „Wir sind aus der Zukunft 2", der von einem anderen Regisseur inszeniert wurde und in dem einige der gleichen Schauspieler die Hauptrollen spielten, erreichte nicht den künstlerischen Erfolg seines Vorgängers, wurde aber zu einer Sensation, weil er in der Ukraine verboten wurde. Wieder reisen dieselben vier Freunde in die Westukraine, um an einer Wiederaufführung der Schlacht von Brody teilzunehmen. Da diese Schlacht, die im Juli 1944 stattfand, das einzige bedeutende militärische Gefecht zwischen der SS-Division Galizien und der Roten Armee war, scheint es, dass sie als Aufeinandertreffen zweier heroischer historischer Narrative ausgewählt wurde[366].

Im Film findet dieses Zusammentreffen jedoch statt, bevor die Schlacht rekonstruiert wird, und zwar während eines Tanzabends unter freiem Himmel, bei dem eine Schlägerei zwischen Russen und Ukrainern von Feuerwehrleuten mit einem kalten Wasserstrahl aufgelöst werden muss. Bemerkenswert ist, dass die im Film dargestellten Bewohner der Westukraine nie als „Ukrainer", sondern nur als „Galizier" bezeichnet werden. Diese Unterscheidung steht im Zusammenhang mit dem Versuch, die „Ukrainer" als ein eher pro-russisches Element darzustellen. In dem Teil der Handlung, der in der Gegenwart spielt, werden die Ukrainer durch den verwöhnten, körperlich nicht sehr ausdrucksstarken Seryj (gespielt von Dmytro Stupka, Sohn von Ostap Stupka, Enkel von Bohdan Stupka, ebenfalls Schauspieler am Ivan-Franko-Theater) dargestellt, dem Sohn eines Mitglieds der

---

366 Zur Heroisierung der SS-Division „Galizien" in der ukrainischen Diaspora und in der Westukraine siehe: Khromeychuk, Olesya. The Shaping of 'Historical Truth': Construction and Reconstruction of the Memory and Narrative of the Waffen SS 'Galicia' Division. Canadian Slavonic Papers. 2012. Bd. 54. Nr. 3–4. S. 443–467.

Werchowna Rada, der mit seinem ukrainischsprachigen Freund einen Gelände-
wagen fährt. Wenn er mit etwas nicht zufrieden ist, droht er damit, seinen Vater
auf dessen teurem Telefon anzurufen, um das Problem zu lösen. Wie man sich
denken kann, reisen die zwei Ukrainer und vier Russen in das Jahr 1944 zurück,
um eine ideologische Transformation zu erleben, bei der sie eine „echte" historische Erfahrung durchmachen.

Interessanterweise finden sich die sechs Neuankömmlinge aus der Zukunft
nicht inmitten der Schlacht wieder, die sie nachspielen sollen (das Aufeinandertreffen zwischen der Galizischen Division und der Roten Armee). Sie werden sofort von UPA-Kämpfern unter der Führung eines blutrünstigen Feldkommandan-
ten (Ostap Stupka), einem Liebhaber des Selbstgebrannten, gefangen genommen.
Um die ideologische Zugehörigkeit der Gefangenen zu testen, zwingt er sie, eine
Gruppe von Dorfbewohnern, darunter Frauen und Kinder, hinzurichten, weil sie
angeblich den Sowjets geholfen haben. Als die Zeitreisenden sich weigern, erschießen die ukrainischen Aufständischen die Dorfbewohner und befehlen dann
den beiden ukrainischsprachigen Figuren, vier russischsprachige Dorfbewohner
zu töten.

Durch einen Artillerieangriff der Deutschen kommt es zu einer unerwarteten
Rettung. Die sechs geretteten Jungs brechen zu einem neuen Abenteuer auf; am
Ende des Films schließen sie sich einer kleinen Einheit der Roten Armee an, die
einen massiven deutschen Gegenangriff abwehrt. Es ist ganz offensichtlich, dass
die Filmemacher ein kollektives Bild aller ukrainischen bewaffneten Gruppen
während des Zweiten Weltkriegs zeichnen wollen, vor allem als kaltblütige Mör-
der der eigenen Zivilbevölkerung.

In einem symbolträchtigen Handlungs-Kontrapunkt lässt der Regisseur Seryjs
Freund Taran zunächst das Denkmal auf einem Grab sowjetischer Soldaten
schänden, und ihn dann auf dieselben Soldaten vor ihrem Todeskampf treffen,
als er das neugeborene Kind eines Hauptmanns der Roten Armee und einer Mi-
litärkrankenschwester rettet. Wie eine Pietà kniet Taran mit dem Baby im Arm
vor den Soldaten, wird zu Stein und ersetzt so das von ihm zerstörte Denkmal.

Weniger subtil ist die Verwandlung von Seryj, der nach seiner Rückkehr in
die Gegenwart zum Russischen wechselt und einen Teilnehmer der historischen
Nachstellung, der als Offizier der Roten Armee verkleidet ist, um ein (billiges) Mo-
biltelefon bittet, um seine Mutter anzurufen — und nicht wie zuvor seinen Vater.
Diese Verwandlung ist offenbar ein Zeichen dafür, dass er seine „wahre" russische Identität wiederentdeckt hat.

Bevor der Film im Februar 2010 in Russland in die Kinos kam, verbot das ukrainische Kulturministerium eine für dieselbe Zeit angesetzte Vorführung in der
Ukraine mit dem Vorwurf, der Film stifte „ethnischen Hass an und erniedrige die

nationale Würde der Ukrainer"[367]. Februar 2010 war der letzte Monat der Präsidentschaft von Viktor Juschtschenko, dennoch erwies sich das Verbot als schwierig aufzuheben, selbst nachdem die pro-russische Regierung von Viktor Janukowitsch an die Macht kam. Im November 2010 kündigte einer der führenden ukrainischen Fernsehsender, ICTV, seine Absicht an, „Wir sind aus der Zukunft 2" zur besten Sendezeit um 21 Uhr auszustrahlen. Nach dem lautstarken Protest einiger ukrainischer Aktivisten musste diese Entscheidung jedoch aufgegeben werden (die Ausstrahlung war für die jährliche Gedenkwoche für die Opfer des stalinistischen Holodomor von 1932–1933 geplant)[368]. Schließlich strahlte ICTV den Film im Mai 2012 doch aus.

Von Zeit zu Zeit versuchte die Janukowitsch-Regierung den Eindruck zu erwecken, dass sie eine unabhängige Politik des Filmvertriebs verfolge und nicht ein von Russland vorgegebenes Programm ausführe.

Im März 2012 zog das ukrainische Kulturministerium einen anderen russischen Film zurück, „August. Der Achte", der die russische Invasion in Südossetien im August 2008 verherrlichen sollte[369].

Doch schuf Janukowitsch 2011 genau nach dem Vorbild Russlands das Nationale Programm zur Entwicklung des Kinos und den Nationalen Rat zur Unterstützung des Kinos. Diese Neuerungen zielten vor allem darauf ab, das Image der Janukowitsch-Regierung im ukrainischen Kulturbereich zu verbessern und die Kontrolle über die Verteilung der staatlichen Mittel für die Kultur zu stärken. Die Höhe der Mittel war unbedeutend (95 Millionen Hrywna oder 12 Millionen Dollar im Jahr 2011). Zu diesem Zeitpunkt wurden keine Filmprojekte zu sensiblen historischen Themen finanziert[370].

Im Mai 2012 startete in der Ukraine ein weiterer umstrittener russischer Film über den Krieg von Andrei Maljukow, dem Regisseur von „Wir sind aus der Zukunft 2". „Das Match" erzählt die Geschichte des Lebens in Kyjiw unter der deutschen Besatzung während des Zweiten Weltkriegs. Der Film wurde in Kyjiw, Charkiw und Wassylkiw in der Nähe von Kyjiw gedreht, und im Abspann wird die aktive Beteiligung ukrainischer Techniker, Schauspieler und zahlreicher Statisten erwähnt. Oles Sanin, einer der begabtesten jungen ukrainischen Regisseure, arbeitete bei diesem Projekt als Regieassistent. Ukrainer spielten viele Nebenrollen sowie die beiden negativen Hauptfiguren, den Polizisten Deschenja (Ostap Stupka) und den Baraziy, den Bürgermeister der von den Nazis beherrschten Stadt (Stanislaw Boklan vom Kyjiwer Jungen Theater). Der Film „Das Match"

---

367 Kyjiwer Vedomosti. 2010. 19. Januar; Segodnja. 2010. 16. Februar.
368 Den. 2010. 24. November.
369 Dserkalo tyschnja. 2012. 11. März.
370 Segodnja. 2011. 3. September; Den'. 2012. 15. Februar.

ist das beste Beispiel dafür, wie die russische Filmindustrie unter dem späten Janukowitsch die Ukraine als Drehort und die Ukrainer als Arbeitskräfte für die Produktion russischer historischer Mythen nutzte. In diesem Fall handelt es sich um die russische Version der Kriegsereignisse auf ukrainischem Gebiet, die in der Ukraine gedreht wurde und für den weiteren Konsum durch das ukrainische und russische Publikum bestimmt war.

In bester Tradition der zeitgenössischen russischen Geschichtsmythenbildung wird in „Das Match" eine aktualisierte Version eines alten sowjetischen Mythos wiederbelebt und gefestigt. Der Film verherrlicht die Spieler der Fußballmannschaft von Dynamo Kyjiw, die nach der offiziellen sowjetischen Version im August 1942 ein „Todesspiel" gegen eine deutsche Amateur-Luftabwehrmannschaft gewannen und von den Nazis erschossen wurden. Nach dem Zusammenbruch der UdSSR stellte sich heraus, dass die ukrainische Mannschaft in der Tat wiederholt gegen deutsche und ungarische Amateur-Militärmannschaften gewonnen hatte. Diese Mannschaft wurde „Start" genannt und bestand aus nur fünf Spielern der Vorkriegsmannschaft von Dynamo Kyjiw.

Die Gestapo verhaftete sie aufgrund einer Denunziation, in der es hieß, alle Dynamo-Spieler seien ehemalige NKWD-Mitarbeiter und der Dynamo-Club sei die Sportabteilung des NKWD (die letzte Behauptung stimmte).

Die Gestapo verhaftete sie aufgrund einer Denunziation, wonach alle Dynamo-Spieler ehemalige NKWD-Offiziere seien und der Dynamo-Klub die Sportabteilung des NKWD sei.

Die Spieler wurden erst viel später, im Frühjahr 1944, zusammen mit anderen Kriegsgefangenen wegen des versuchten Mordes an einem deutschen Polizisten hingerichtet[371]. Die sowjetische Legende des „Todesspiels" lebt jedoch seit langem im Gedächtnis der Bevölkerung weiter, was durch einen Film aus dem Jahr 1962 sowie durch Bücher und Denkmäler untermauert wird. Die Filmemacher des Films „Das Match" beschlossen, ihre Version dieses historischen Mythos mit einem Verweis auf den Sieg über die Deutschen auf dem Fußballplatz und dem Hinweis zu beenden, dass die deutsche Staatsanwaltschaft im Jahr 2005 keinen direkten Zusammenhang zwischen diesem Sieg und den Erschießungen der Spieler festgestellt hat. Mit anderen Worten: Der Zuschauer wurde aufgefordert, seine eigenen Schlüsse aus dem heroischen Pathos des Films zu ziehen und nicht aus den Leugnungen des ehemaligen Feindes.

Wenn die Filmemacher von „Match" versucht haben, die sowjetische politische Mythologie wiederherzustellen, so taten sie dies im vollen Bewusstsein der

---

[371] Siehe: Prystajko, Wadym. Tschy buw „mattsch smerti"? Dokumenty swidtschat [Gab es das „Todesspiel"? Dokumente belegen es]. Kyjiw: EksOb, 2006.

russisch-ukrainischen politischen Spannungen der Orangenen Revolution und der Präsidentschaft Juschtschenkos. Der Film zeigt nicht einen, sondern zwei Siege der „Start"-Mannschaft: den ersten über die Deutschen und den zweiten über eine andere Kyjiwer Mannschaft namens „Rukh". Während des Krieges gab es in Kyjiw tatsächlich eine Mannschaft dieses Namens, aber für das russischsprachige Filmpublikum wird das Wort „Rukh" vor allem mit der „Volksbewegung der Ukraine" assoziiert, die in ihren Köpfen mit Nationalismus und dem Zusammenbruch des Sowjetimperiums verbunden ist. In Maljukows Film ist „Rukh" eine „ukrainische" Mannschaft, im Gegensatz zur „sowjetischen" „Start". Dem Drehbuchautor zufolge wird sie von einer negativen ukrainischen Figur organisiert, dem Berater des Bürgermeisters für Kultur und Sport, gespielt vom Kyjiwer Schauspieler Oleksandr Kobzar. Die Filmemacher behielten den echten Namen dieser Figur, Georgy Shvetsov, bei, der wie ein russischer Name klingt, stellten ihn aber als ukrainischen Nationalisten dar. Sein Chef, der Bürgermeister von Kyjiw, der die Sprache und Gestik von Präsident Juschtschenko imitiert, ist ein noch größerer Nationalist. Der Bürgermeister erwähnt auch, dass er von der Führung der Organisation der ukrainischen Nationalisten in dieses Amt berufen wurde. Diese Tatsache ist historisch nicht korrekt, da die OUN die Besetzung von Führungspositionen in der Kyjiwer Stadtverwaltung durch Deutsche nicht kontrollierte. Im Film wird diese Bemerkung jedoch dem übergeordneten Ziel untergeordnet, zeitgenössische ukrainische Patrioten mit ukrainischen Nationalisten der Kriegszeit und über diese mit den Nazis in Verbindung zu bringen. Der Name des Bürgermeisters, Baraziy, bezieht sich offensichtlich auf den dritten von den Nazis ernannten Bürgermeister von Kyjiw, Volodymyr Bahaziy, ein Mitglied des Melnyk-Flügels der OUN, der im Sommer 1942 von den Deutschen hingerichtet wurde[372]. Im Film ist der Bürgermeister in Anna verliebt, die Geliebte der positiven Hauptfigur, des Torwarts der Fußballmannschaft, Nikolai Ranevych. Außerdem zwingt er das Mädchen, mit ihm zusammenzuleben, um Ranewytschs Leben zu retten. Ein anderer Ukrainer, Deschenja (Ostap Stupka), Ranjewitschs ukrainischsprachiger Nachbar in einer Gemeinschaftswohnung, ist die ehrloseste Figur des Films. Er bestiehlt seine Nachbarn, späht Frauen im Badezimmer aus und spricht abfällig über Juden. Unter der Naziherrschaft wird er Polizist und nimmt an Hinrichtungen teil (man fragt sich, was Stupka eigentlich dachte, der in einem Interview erklärte, er habe die Rolle angenommen, weil seine Figur „recht interessant und lebendig" sei[373]).

---

372 Siehe: Berkhoff, Karel. Schnywa rospatschu [Harvest of Despair: Life and Death in Ukraine Under Nazi Rule]. S. 61–62.
373 Gaseta po-kijewski. 2011. 3. Juni.

Das Publikum wird aufgefordert, sich mit den „Unseren" aus der Mannschaft „Start" zu identifizieren. Der erste Feind, den die „Unseren" besiegen, ist die ukrainische Mannschaft. Der einzige „ideologische Feind" im Film ist ein ukrainischer Beamter, der dem Protagonisten die Geliebte wegnimmt. Der Film zeigt auch Vertreter der so genannten „ukrainischen Polizei" mit gelb-blauen Armbinden, die Juden schlagen und später den Deutschen helfen, sie zur Hinrichtung nach Babyn Jar zu fahren. Die Szene in Babyn Jar ist lang und aufwendig: Sie zeigt in Zeitlupe, wie ukrainische Polizisten und deutsche SS-Männer Patienten in der psychiatrischen Klinik der Stadt brutal ermorden. Hier liegt eine historische Ungenauigkeit vor, denn die Psychiatriepatienten wurden von Soldaten der deutschen Einsatzgruppe in einem Gaswagen auf dem Gelände der psychiatrischen Klinik vergast[374]. Diese Verzerrung der Tatsachen war jedoch offensichtlich ein wichtiges Detail in dem ideologischen Programm, das die Filmemacher vermitteln wollten. Die brutalen Schläge mit Knüppeln und Schaufeln auf hilflose Geisteskranke, die danach einer nach dem anderen erschossen wurden, stehen symbolisch für reine Gewalt ohne Ideologie, für ein absurdes sadistisches Massaker an unschuldigen Menschen, zu dem angeblich nur die SS und die ukrainische Polizei fähig waren. Eine russischsprachige Ärztin, die Zeugin dieses Massakers wird, wird verrückt.

Alle negativen Figuren im Film sprechen Ukrainisch, und alle positiven Figuren sprechen Russisch. Die einzige Ausnahme ist der ältere ukrainischsprechende Hausmeister, der Anna bei der Rettung des jüdischen Mädchens hilft, aber das ist eine klare Geste, um die sprachliche Kodierung von guten und schlechten Charakteren zu verschieben. Es ist erwähnenswert, dass der einzige ukrainischsprachige Spieler der Mannschaft „Start", Mykola, während des „Todeskampfes" ins Russische wechselt und seine Mannschaftskameraden beginnen, ihn „Nikolai" zu nennen. Als Bürgermeister Baraziy merkt, dass die Deutschen ihm nicht mehr trauen, beschließt er, Anna zu retten. Schließlich ist der Moment gekommen, in dem er im Gespräch mit ihr ins Russische wechselt. Im Angesicht des Todes offenbart sich sein „wahres Wesen".

Die Kontroverse um den Film „Match" begann bereits vor seiner Veröffentlichung in der Ukraine. Eine leichte Verzögerung im offiziellen Genehmigungsverfahren sorgte weltweit für Schlagzeilen, was zum Teil auf die bevorstehende Europameisterschaft 2012 in der Ukraine und Polen im Sommer zurückzuführen war. „The Independent" veröffentlichte etwas verfrüht einen Artikel mit dem Titel „Ukraine blocks football film over Nazi 'death match'"[375]. Tatsächlich wurde die Verleihgenehmigung noch vor dem geplanten Premierentermin erteilt. Wäh-

---

374 Kusnezow, Anatolij. Babyj Jar: Roman-Dokument. Kyjiw: Radjanski pysmennyk, 1991. S. 113.
375 The Independent. 2012. 20 April.

rend der Premiere im Kino „Ukraina" musste die Polizei jedoch wegen der Proteste von Mitgliedern der rechtsnationalistischen Swoboda-Partei anrücken. Unter den festgenommenen Demonstranten waren auch die Söhne von Jurij Illienko, dem Regisseur von „Gebet für Hetman Mazepa"[376].

In Riwne stellten sich die städtischen Behörden auf die Seite der ukrainischen kulturellen und politischen Organisationen, die gegen den Vertrieb des Films protestierten, und zahlten dem größten Kino der Stadt eine Entschädigung von 10.000 UAH für die Verletzung der Vertriebsbedingungen[377].

Während die Söhne von Jurij Illienko bei der Premiere von „Match" protestierten, stellte sein Bruder Mychailo Illienko seinen Film „Der durchs Feuer ging" (2012) fertig, den ersten ukrainischen Film, der eine ukrainische nationale Alternative zur russischen Mythologie des Zweiten Weltkriegs bietet ... „Der durchs Feuer ging" war nicht nur der erste ukrainische Film, der in der Ukraine massiv verbreitet wurde. Sein Einspielergebnis pro Kopie bei einer Auflage von dreißig Exemplaren übertraf das eines durchschnittlichen Hollywood-Blockbusters, das damals bei durchschnittlich siebzig Exemplaren lag[378]. Der Film wurde auch von den ukrainischen Intellektuellen begrüßt. Die moderne ukrainische Schriftstellerin und Intellektuelle Oksana Sabuschko erklärte, der Protagonist des Films stelle den Höhepunkt der Suche der Ukraine nach einem neuen Nationalhelden dar[379].

Der Protagonist des Films verdient es, näher betrachtet zu werden. Die Macher des Films behaupten, dass das Drehbuch auf der wahren Geschichte des sowjetischen Luftwaffenpiloten Iwan Dotsenko (manchmal auch Datsenko genannt) basiert, einem ethnischen Ukrainer, der für seine Kriegsheldentaten den Titel „Held der Sowjetunion" erhielt. Sein Bomber wurde am 19. April 1944 von der deutschen Luftabwehr über Lwiw abgeschossen, woraufhin die ganze Flugzeugmannschaft für tot gehalten wurde. In den 2000er Jahren schufen einige ukraini-

---

376 „W Kijewe pytalis sorwat pokas filma ‚Mattsch', saderschano okolo 20 nazionalistow" [In Kiew versuchte, die Vorführung des Films „Match" zu stören, etwa 20 Nationalisten wurden festgenommen]. Fokus. 26. April 2012, http://focus.ua/society/228948/ [Letzter Zugriff am 29.07.2024]. Der jüngere der Iljenko-Brüder, Andrij, wurde 2012 ins Parlament gewählt, als Nummer fünf auf der Liste der Partei „Swoboda", und 2014 wiedergewählt. Sein älterer Bruder Pylyp leitete von 2014 bis 2019 die Staatliche Filmagentur der Ukraine.

377 „U Riwnomu domohlysja saborony filmu pro ‚mattsch smerti'". Nachrichten TSN. 2012. 27. April.

378 Prytula, Stanislaw. Jak robytsja ukrajinske kino [Wie ukrainisches Kino gemacht wird]. Polit. ua, 15. Februar 2013, http://polit.ua/articles/2013/02/15/prytula.html [Letzter Zugriff am 15.12.2013, Artikel seit 2019 nicht abrufbar].

379 Sabuschko, Oksana. Wyklykannja heroja, abo chto projschow kris rujiny. Radio Swoboda [Die Beschwörung des Helden, oder der durch die Trümmer ging], 1. März 2012, http://www.radio svoboda.org/content/article/24500830.html [Letzter Zugriff am 29.07.2024].

sche Journalisten jedoch eine attraktive Legende, derzufolge Dotsenko überlebte und nach dem Krieg irgendwie Anführer eines Indianerstammes in Kanada wurde. Sie zitierten verschiedene Versionen der Geschichte, die angeblich wiederholt von dem berühmten sowjetischen tschetschenischen Tänzer Machmud Esambajew erzählt wurde, der angeblich während der Weltausstellung 1967 in Montreal einen ukrainisch sprechenden Stammesführer traf[380]. Esambayev starb jedoch im Jahr 2000, und niemand konnte eine der ihm zugeschriebenen Versionen der Legende bestätigen oder dementieren. Auf jeden Fall wurde die Hauptfigur des Films in Iwan Dodoka umbenannt, was den Filmemachern Spielraum für ihre Fantasie ließ. Die von ihnen gewählte Handlung bietet eine neue Version des nationalen Mythos. Anstatt den sowjetischen Kult der „Befreiung" durch die Rote Armee, der sich tief in das Massenbewusstsein eingeprägt hatte, völlig zu verwerfen, versuchten sie, ihn zu modifizieren: Ihr Held ist kein UPA-Kämpfer, sondern ein sowjetischer Soldat, der das Stalinistische System herausfordert.

Die ukrainische Identität des jungen Iwan Dodoka wird im Film durch Verweise auf den Holodomor von 1932–1933 und die Volksreligiosität konstruiert; sein Vater versteckte die Familienikonen im Getreide, das in einer Ecke verborgen seine Familie ernähren sollte. Der Regisseur zeigt Iwans Dienst in der Roten Armee durch das Prisma des Fantastischen, typisch für die ukrainische „poetische Filmschule" des späten sowjetischen Kinos. Dodoka wird nicht abgeschossen, als er eine westukrainische Stadt bombardiert, sondern als er einem Storchenschwarm hilft, über die Frontlinie zu fliegen. Elemente des Bizarren werden schnell surreal, um nicht zu sagen: absurd. Es stellt sich heraus, dass Iwan aus einer Kosakenfamilie von Zauberern stammt und seine Flugkünste einer ukrainischen Zauberformel verdankt. Ein anderer ukrainischer Zauberspruch vertreibt wilde Tiere. Weitere Versuche, die Poetik der Folklore mit der zeitgenössischen Massenkultur zu verbinden, geraten nahe an eine Karikatur. Am deutlichsten wird dies in dem Moment, als Iwan sich in einen Werwolf verwandelt. Von den Deutschen gefangen genommen und dann in Stalins Gulag inhaftiert, erhebt er sich mit Hilfe seines eigenen Gürtels in die Luft und verschwindet als Wolf im Wald.

Dank einer Reihe unglaublicher Zufälle gelingt es Iwan (gespielt von dem Kyjiwer Schauspieler Dmytro Linartovych), über Sibirien nach Nordamerika zu gehen. Auf diese Weise verbindet er allegorisch zwei ukrainische Mythen: den sowjetischen Mythos der Militärheldentaten und den Mythos der Diaspora über die

---

[380] Sabuschko, Oksana. Wyklykannja heroja, abo chto projschow kris rujiny. Radio Swoboda [Die Beschwörung des Helden, oder der durch die Trümmer ging], 1. März 2012, http://www.radio svoboda.org/content/article/24500860.html [Letzter Zugriff am 29.07.2024].

Zuflucht in der freien Welt. Am Ende des Films findet er sich mit dem Gedanken ab, dass er die Ukraine und seine Familie nie wiedersehen wird, und beginnt, in einem abgelegenen Dorf der Indianer, die ihn aufgenommen haben, ein ukrainisches Haus zu bauen. Er trägt ein Stammes-Kostüm, aber geschmückt mit dem goldenen Stern des „Helden der Sowjetunion". Offensichtlich waren die Filmemacher nicht daran interessiert zu zeigen, wie er sich der organisierten ukrainischen Diaspora anschließt. Die Flucht aus der Stalinistischen Realität musste an einem poetischen, naturnahen Ort enden. Es war auch wichtig, seine Abgrenzung von der poststalinistischen sowjetisch-ukrainischen Identität zu betonen.

In einer Szene des Films reitet Iwan auf einem Pferd und trifft eine sowjetische Delegation, die eine kanadische Maisfarm besucht (eine Anspielung auf die Chruschtschow-Ära); eines der Delegationsmitglieder ist jener ukrainische NKWD-Offizier, der ihn einst zu töten versuchte. Als der Offizier Ivan auf Russisch fragt: „Genosse Indianer, sind Sie ein Einheimischer?", antwortet er im archaischen Bauerndialekt aus der Zeit, als sich die Bauern noch nicht als Mitglieder einer modernen Nation betrachteten: „Einheimisch."

Tatsächlich existiert der neue Held in einem poetischen diskursiven Raum, der sowohl von der sowjetischen Ukraine als auch von einer ukrainischen Enklave in einer nordamerikanischen Großstadt gleich weit entfernt ist.

„Der durchs Feuer ging" stellt eine interessante ukrainische Antwort auf die russische Geschichtsmythologie dar, die das russische Kino verbreitet hat. Der relative Erfolg des Films an den Kinokassen deutet auch darauf hin, dass er den Erwartungen eines postkommunistischen ukrainischen Publikums entsprach, das 2012 noch nicht bereit war, sich im postsowjetischen „Krieg der Erinnerung" auf die Seite der UPA und der Division Galizien zu stellen. Wahrscheinlich gefiel dem Publikum die heroische, etwas surreale Handlung; vielleicht wurde der Film als Kontrapunkt zur Übersättigung der ukrainischen Erinnerungspolitik unter Juschtschenko mit Opfererzählungen wahrgenommen. Dennoch stellt „Der durchs Feuer ging" eine problematische Antwort auf die russische imperiale Mythologie dar. Im Gegensatz zu den Hollywood-Techniken, die im russischen Kriegskino verwendet werden, bedient sich „Der durchs Feuer ging" der Sprache des ukrainischen poetischen Kinos der 1960er Jahre, die vom jungen Publikum nicht vollständig verstanden oder zu wörtlich gelesen wird, weil die Bildsprache eine symbolische Interpretation erfordert[381]. Der Protagonist bewegt sich von einem

---

[381] Der Filmhistoriker Bohdan Nebesjo glaubt, dass die Rückkehr zur Tradition der „poetischen Schule" in den letzten Jahren der Sowjetunion tatsächlich ein Rückschritt war, der die Entwicklung des modernen ukrainischen Kinos behinderte. Siehe den Artikel von Nebesjo, Bohdan. Questionable Foundations for a National Cinema: Ukrainian Poetic Cinema of the 1960s. Canadian Slavonic Papers. 2000. Bd. 42. Nr. 1–2. S. 35–46.

unterdrückten Grenzzustand in einen anderen: von der poetischen ukrainischen Natur am Rande des Imperiums in die Welt der nordamerikanischen Ureinwohner — und zwar genau in dem Moment, in dem diese in ihrem Land eine unterdrückte Minderheit sind; der Häuptling des Stammes, dem sich Iwan anschließt, erzählt ihm von der Beschlagnahmung ihres historischen Landes.

Der Film folgt einer starken Tradition des sowjetischen Kinos, indem er den eingeschworenen Feind des Protagonisten darstellt. In diesem Fall ist es der NKWD-Offizier Stepan, ebenfalls ein Ukrainer, der aus demselben Dorf stammt und ein Auge auf Iwans geliebte Frau geworfen hat. Natürlich würde dem ukrainischen Kommunisten im sowjetischen Kino ein „böser" Nationalist gegenüberstehen, aber das Modell bleibt dasselbe. Iwans bester Freund ist sein ehemaliger Flugschüler, ein russischer Pilot namens Kolya Jeremin (gespielt von dem russischen Schauspieler Artem Antonchenko); seine Geliebte ist Tatarin, aber nicht von der Krim, sondern aus Russland (gespielt von Olga Grishina, einer Schauspielerin des Kyjiwer Russischen Dramatheaters, deren vorherige Filmkarriere hauptsächlich in russischen Fernsehserien bestand). Es ist, als würde sich hier das alte sowjetische Rezept erfüllen, dass ein Kriegsfilm den Internationalismus der Roten Armee zeigen sollte. Für Iwan bleibt die Ukraine eine Kindheitserinnerung, ein Teil seiner Erinnerung und nicht das Land, für das er gegen die Nazis oder das Stalinistische Regime gekämpft hat. Mit anderen Worten: Der Film verbindet ein negatives Bild der sowjetischen Herrschaft in der Ukraine mit einem allgemein positiven Bild der Kampfhandlungen der Sowjetunion. Die poetische Darstellung der ukrainischen Identität untergrub nicht die tiefen Strukturen der imperialen Mythologie.

Die Bedeutung dieses ersten Versuchs, einen ukrainischen Kriegsfilm zu drehen, darf jedoch nicht unterschätzt werden. Nachdem die Ukraine zwei Jahrzehnte lang ein Produktionsstandort für russische Filme war, die die russischen Geschichtsmythen reproduzierten, gewann „Der durchs Feuer ging" die Sympathie sowohl der Öffentlichkeit als auch der Intellektuellen, die bereit waren, eine alternative ukrainische Vision zu akzeptieren. Zuvor waren ukrainische Low-Budget-Filme, die ukrainische nationalistische Aufständische verherrlichten, nicht in der Lage, landesweit ein derartiges Interesse zu wecken. Aber das Publikum war auch der russischen filmischen Darstellung der ukrainischen Identität als unecht oder gar verräterisch überdrüssig. Die Unzulänglichkeiten des Films haben eine gemeinsame Grundlage mit seinem Erfolg: die Verwendung einer erkennbaren sowjetischen Kriegserzählung als Bezugspunkt.

Register

„Das Match" 161, 162, 164, 165

„Der durchs Feuer ging" 153, 165, 167, 168

„Der Exodus" 155

„Die Zitadelle" 155

„Duma über Taras Bulba" 157

„Fremdstämmigen" 59, 65, 67, 75, 78

„Gebet für Hetman Mazepa" 157, 165

„Ivan's War" 38

„Klassenfeinde" 106

„mörderische Ärzte" 64, 67

„Mutterland" 28

„nationale Solidarität" 102

„nationalistische Tendenzen" 79, 80

„Nowe Ukrajnske Slowo" 109

„Prawda" 31, 49, 64, 73, 79, 80

„Rukh" 163

„russische Welt" 96

„Start" 162–164

„Taras Bulba" 157

„Ukraine im Feuer" 75

„Ukrainske Slowo" 109, 115

„unsterbliche Regiment" VI, 10, 35, 97, 128

„Wir sind aus der Zukunft " 159

„Wir sind aus der Zukunft 2" 158, 159 161

8. Mai VI, 9, 10, 11, 82, 94, 96, 97

9. Mai 4, 9, 10, 82, 85, 93, 94, 96, 97, 128, 136, 144

11. November 9, 93, 96, 97

Adventisten 53, 111

Afghanistan 93

Alexijewitsch, Swetlana 10, 39, 129, 131–137

Alltagsrassismus 64

Antisemitismus 53, 54, 58, 66, 67, 72, 106

Antisowjetischen 71, 74, 126, 131, 155

Arbeiterklasse 19, 55, 74, 75, 77

Archetypus 93, 131

Arsenal 84

Aufständische 7, 45, 46, 48, 101, 126, 131, 155, 158, 160, 168

Ausbeuter 76–79, 120

Ausgebeutete 77

Babyn Jar 34, 53, 164

baltischen Republiken 110

Bandera, Stepan 101, 155, 157

Bandera-Leute 70, 89, 132

bäuerlicher Widerstand 104

Berkhoff, Karel 49–53, 102–116, 123

Berlin 9, 85, 151, 156

Besatzung 49, 50, 56, 70, 72, 84, 108, 113, 123, 126, 128, 161

– Besatzungsbehörden 111

– Besatzungsmächten 119

– Besatzungspolitik 106

– Besatzungszeit 87

– Besatzungszone 61, 120

– Nazi-Besatzung 67, 115, 132, 145

Bolschewiki 28

Bourgeoisie 19, 123

Breschnew, Leonid 10, 17–19, 41, 53, 91, 92, 94, 95

Charkiw 50, 74, 87, 91, 113, 161

– Charkiwer Prozess 61

– Sumy-Charkiw- Defensivoperation 143

Chmelnyzkyi, Bohdan 23, 55, 78

– Bohdan-Chmelnyzky-Straße 56

Chreschtschatyk 27, 85, 92

Chruschtschow 6, 12, 17, 18, 27, 56, 63, 66, 80, 87, 88, 91, 92, 94, 95

– Chruschtow-Ära 167

Churchill 76

Dalin, David 146

Demobilisierung 5, 146

Denkmal 5, 18, 34, 51, 83, 89–91, 93, 94, 160, 162

Deportation 60, 62, 71, 108, 114, 120, 121

Der Große Terror 71, 105, 106

Der Große Vaterländische Krieg 6, 13–15, 17–21, 30, 41, 82, 94–96, 98, 101, 128–130, 136, 138–140, 152, 154, 156

Deserteure 42, 46, 147, 148, 150, 151

Deutschland 8, 15, 23, 26, 67, 68, 75, 114, 124, 129, 134, 140, 141, 144, 150

– Nachkriegsdeutschland 106

Diaspora 22, 37, 50, 62, 63, 68, 71, 157, 166, 167

Die Große Sozialistisch Oktoberrevolution 84, 86

Displaced Persons 68

Dnipro-Gebieten 114

Donbas VI, 14, 21, 30, 74, 96, 98, 156
Doroshenko, Dmytro 22
Dowschenko, Oleksandr 17, 25, 56, 74, 76, 79

Edele, Mark 40, 81, 130, 145–152
Ehrenburg 73
Emigranten 145, 152
– Nachkriegsemigranten 45
Emigration 114
Entstalinisierung 91
erfundene Tradition 88
Erinnerungskanon 8, 24, 88
Erinnerungskriege 9, 155
Erinnerungsort 90
Erinnerungspolitik V, 5, 8, 34, 81, 82, 85, 96, 97,
    128, 138, 154, 167
Erster Weltkrieg 9, 15, 35, 47, 75, 93, 118, 139
Esambajew, Machmud 166
ethnische Säuberung 7, 35, 60, 72, 73, 125
    69, 152
ethnische Zugehörigkeit 54, 69, 107, 108,
    118, 121
Euromaidan 21, 30, 74, 101
Europa 40, 68, 78, 79, 103
– Mitteleuropa 85

Fall Beilis 66
Filmpropaganda 155
Finnischer Krieg 18
Fitzpatrick, Sheila 103
Flüchtlinge 33, 39, 61, 68, 120, 122,
    124, 151
Fowler, Mayhill 125
Franko, Iwan
– Ivan Franko National Academic Drama
    Theatre 156
– Ivan-Franko-Theater 159
– Iwan-Franko-Volksgarde 126
Frau im Krieg 136
Front 3, 19, 39, 40, 43, 81, 88, 89, 117, 133, 135,
    136, 141, 143, 144, 148
– Fronterfahrung 117
– Frontlinie 44, 45, 147, 151, 166
– Ostfront 35, 140, 143, 144, 152
– Steppenfront 143
– Südwestfront 142

Galizien 7, 25, 48, 49, 61, 63, 72, 77, 101, 116, 121,
    123, 124, 158, 159, 167
– Ostgalizien 61, 119
Galizischer Markt 58
Gefangenschaft 42, 141
Gemeinschaft 21, 23, 52, 67, 73, 131
– Dorfgemeinschaft 111
Gestapo 51, 84, 114, 162
Gewalt 8, 38, 40, 41, 55, 67, 70, 81, 101, 110, 114,
    123, 134, 157, 164
Ghetto 123
Gogol, Mykola 157
Gogun, Alexandr 41–43, 49
Gräber 90, 91
großer Sieg 97, 140, 143
großes russisches Volk 74, 75, 78
Gulag 39, 128, 166

Hierarchien von Macht 41
Hitler, Adolf 15, 21, 29, 50, 64, 71, 73, 93, 106,
    107, 119–122
Holocaust 34–36, 52, 53, 61, 63, 65–67, 71, 72,
    83, 122, 124, 158
Holodomor 37, 161, 166
Hruschewskyj, Mychajlo 77
Hryhorjew, Nikifor 46
Hrynevych, Vladyslav 82

Identität 4–7, 13, 21, 42, 51, 55, 59, 66, 69, 74,
    83, 85, 101, 108, 110, 117, 119, 127, 128, 141,
    154, 160, 166–168
– Gruppenidentitäten 73, 133
– Identitätsentscheidung 97
– Identitätszeichen VI
Illienko, Mykhailo 153, 157, 165
Imperialistisch 14, 15, 75, 153
Israel 62, 63

Janukowitsch, Viktor 17, 156, 161, 162
– Janukowitsch-Zeit 153
Juden 44, 52–56, 58, 59, 61–67, 71, 72, 83, 106,
    110, 120–123, 148, 150, 163, 164
Jüdisch 44, 55, 56, 58–61, 64–66, 71, 110, 111, 121,
    122, 164
Jüdisches Antifaschistisches Komitee 71
Juschtschenko, Viktor 101, 155, 156, 161, 163, 167

Kaganowitsch, Lasar 80
Kalter Krieg 16, 17, 48, 75, 76, 95, 97, 113,
   145, 148
Kanada 92, 93, 96, 97, 113, 166
Kanon V, 8, 9, 12, 96, 101
Karpaten-Sitsch 29
Karpatenukraine 29
Kasachen 149, 150
Katyn 120
Kavalerchik 129, 139–142, 144
Kirow 89
klassenmäßigen Kriterien 60
Kleinrussland 80
Kloster 107, 112
Koch, Hans 106, 107
Kollaboration 6, 102, 122
kollektives Gedächtnis 41, 83
Kolonial 153, 157
– Kolonialideoligie 79
– kolonialistisch 121
– Kolonialvergangenheit 10
Komintern 16
Kommunistische Partei 14, 19, 27, 114, 146, 158
Komsomol 56, 146
– Komsomolzenjugend 105
Konflikt 5, 18, 30, 59, 65, 66, 151
Kononow, Iwan 149, 152
Kopeljow, Lew 39
Kosior, Stanislaw 62
Kostjuk, Hryhorij 104
Kovpak, Sydir 28
Kreml 64, 69, 74, 75, 88, 127
– kremlnah 154
Kriegsgefangene 35, 36, 53, 55, 68, 108, 112, 120,
   123, 124, 141–143, 145–147, 149, 151, 162
Kriegsveteranen VI, 33, 66, 155
Krim 24, 30, 168
Krimtataren 24, 71
Kristallnacht (nur Fußnoten 122)
Kriwoschejew, Grigorij 139–144, 148
Kurkow, Andrij 97
Kutusow 55
Kyjiw V, VII, VIII, 3, 5, 11, 12, 15, 16, 18, 25, 27, 32,
   34, 50–52, 55, 56, 58, 59, 62–67, 70, 77, 79,
   80, 83, 85–91, 96, 97, 104, 105, 112–114, 156,
   161 163
Kyjiwer Rus 78, 168

Lenin 15, 51, 75
– Lenin-Denkmäler 5
– Lenin-Ordner 95
– Lenin-Stalin-Partei 66
– Leninstraße 56
Lienzer Kosaken 131
Lopuchowski, Lew 129, 138, 139–143
Lwiw 56, 61, 67, 110, 119–127, 165

Maidan V, 88
– Euromaidan 21, 30, 74, 101
Majstrenko, Iwan 103
Malakow, Dmytro 104, 113–116
Malenkow, Georgi 143
Marples, David 82
Martin, Terry 59, 60
Masepa, Iwan 78
Massenkultur 27, 65, 93, 94, 166
Melnyk-Leute 70
Merridale, Catherine 38–40, 136
Michalkow, Sergej 155
Mittel- und Osteuropa 8, 30, 34
Mobilisierung 5, 49, 119
– Massenmobilisierung 65
– Zwangsmobilisierung 46
Modell des Kriegsgedenkens 89, 91
Moskau 9, 16, 18, 25, 28, 40, 47, 48, 69, 75,
   76–78, 84, 85, 91, 126, 133, 143
Münchner Pakt 30
Museum 18, 84, 94
– Nationalmuseum VI, VIII
Mutter-Heimat-Statue 94
Mythos V, 12, 18, 34, 40, 41, 74, 95, 117, 130, 136,
   145, 152, 157, 162, 166
– Kriegsmythos 101
– Kulturmythos 154

Narrativ V, 3–6, 12–15, 18–24, 27–30, 32–34,
   37–39, 41, 76, 78, 81, 83, 88, 101, 130, 136,
   138, 155, 156, 159
– Heldennarrativ 8
– Klassennarrativ 17
– Kriegsnarrativ 12, 13, 20, 152
nationale Republiken 76
Nationalgedächtnis 24
Nationalismus 10, 25, 62
– Bürgernationalismus 63

– Großmachtnationalismus 15
– Internationalismus 55
Nationalität 54–56, 58, 62, 64, 68, 69, 71, 72, 74,
   77, 117, 118, 141, 149
– Diasporanationalitäten 62, 63
– Nationalitätenpolitik 53
– Nationalitätenspalte 108
– Nationalitätsverräter 71
Nationalmuseum des Zweiten Weltkriegs VI, VIII
Nationalsozialismus 28, 30, 34, 55, 65, 83
Nationalstaat 4, 20, 33, 35, 72, 124, 154
Nazis 27, 34, 53, 56, 63, 64, 73, 82, 103, 108, 110,
   114, 116, 119, 120, 124, 130, 161–163, 168
Newski, Alexander 55
NKWD 43–45, 60, 61 84, 95, 120, 122, 125,
   158, 162
– NKWD-Agenten 47, 104
– NKWD-Archiven 80
– NKWD-Gebäuden 51
– NKWD-Offiziere 42, 162, 167, 168
– NKWD-Wächer 159
Nordamerika 166–168

Odesa 47, 156
Orangene Revolution 101, 163
Orthodox 54, 55, 67, 78, 112
– Orthodoxie 128
– russisch-orthodox 16
Ostarbeiter 114, 124
Osteuropa 8, 27, 30, 34, 118, 119
Ostfront 35, 140, 143, 144, 152
Ostslawisch 64, 67, 75, 128 153, 154
OUN 7, 25, 26, 28, 29, 36, 48, 53, 109, 112,
   116, 163
– OUN-Aktivistin 34, 61
– OUN-Marschgruppen 110
– OUN-Mitgliedern 69

Park des Ewigen Ruhmes V
Park des Ruhmes 18, 89
Partisanen 27, 28, 36, 41 49, 112, 114–116,
   131, 158
Patriotismus 15–18, 25, 41, 78, 153
– Lokalpatriotismus 74
– Nationalpatriotismus 77
– Staatspatriotismus 9
Pihido, Fedir 104, 105, 111, 113, 114

Pogrome 54, 58, 64, 65, 67, 122
– Jugendprogrome 56
– Novemberpogrome 122
Polen 7, 8, 18, 30, 34, 49, 61, 62, 71, 88, 108, 110,
   120, 121, 124, 125, 158, 164
Politbüro 79
Poroschenko, Petro 101
Portnov, Andriy 21
Proletarier 19

Regimentssöhne 137
Region Winnyzja 70, 72, 107, 109–111, 115, 117, 119
Reich 7, 33, 59, 74, 113, 118, 153
Reichskommissariat Ukraine 50, 102, 109, 110,
   113, 123
Religion 55, 111, 112
– Religionsfreiheit 111
– Religionskriterien 25
– Religionsunterricht 112
Republiken 60, 76, 110
– Sowjetrepubliken 153
Revolution 15, 29, 46, 47, 54, 55, 71, 73, 78, 93, 101
– Oktoberrevolution 84
Ritual des Gedenkens 91
Roma 34, 35, 54, 63, 64, 77, 78
Rote Armee 7, 13, 15, 18, 40, 41, 46, 69, 103, 125,
   129, 133, 142, 143, 146, 148, 155, 166
Rotes Kreuz 52, 112
Russen 7, 58, 59, 68, 75, 108, 110, 129, 149, 151,
   159, 160
Russisches Reich 7, 33, 59, 74
russisch-orthodoxe Kirche 16

Schdanow 64
Schewelew, Juri 50
Schewtschenko, Taras 23, 47, 78
– Schewtschenko-Denkmäler 51
– Taras-Schewtschenko-Universität 77
Schlacht von Kursk 143
Scholudenko 88–90
Schuchewytsch, Roman 48, 83, 101, 156, 157
Schukow, Georgi 56, 83
Sibirien 54, 61, 108, 166
Sklokina, Iryna 91
Slowakei 29, 49
Smolensk 140, 141
Smolich 79, 80

Snyder, Timothy 35, 52, 53, 119, 122
Soldaten V, 8, 18, 38, 39, 45, 54, 58, 81, 84,
    89–94, 96, 109, 111, 112, 123, 130, 134, 135,
    138, 140, 141, 144, 146–151, 157, 160 164
Solschenizyn, Alexander 39
Sowjetisch 117, 131
sowjetische Frau 131, 134, 137
– sowjetische Frauenbeteiligung 129
Sowjetmensch 84
Sowjetunion 10, 12–21, 23, 30, 37, 39, 41, 43, 47,
    48, 52, 54, 58, 60–63, 68, 71, 73, 75 77, 78,
    81, 87, 91, 95, 115, 121, 125, 125, 131 134,
    136, 141, 145, 150, 152, 165, 167, 168
– Nachkriegssowjetunion 93
Sozialgeschichte 13, 22, 33, 37, 102
SS-Division Galizien 7, 101, 124, 159, 167
St.-Georgs-Band 10, 30, 96
Stalin 4, 6, 10, 12–17, 19, 23, 25, 27, 29, 32, 33, 41,
    42, 51, 54–56, 59, 60, 62, 64, 56, 68, 69, 71,
    73–76, 79, 83, 86, 88–92, 95, 107, 118, 120,
    121, 127, 138, 139, 143, 146
– Stalinkult 82
– Stalinplatz 88
– Stalinregime 104, 121
– Stalinzeit
Stalingrad 35, 46, 47, 49, 62, 71, 152
Stalinismus 12, 52, 73, 80, 119, 125, 151
– Nachkriegsstalinismus 89
– Neostalinismus 95
– Stalinismusforscher 107
– Stalinisten 73
Stalinistisch V, VIII, 7, 9, 10, 12, 15, 18, 20, 23, 24,
    42, 55, 64, 66, 67, 72, 74, 79, 80, 83–91, 103,
    105, 125, 126, 128, 130–132, 140, 141, 146,
    150, 161, 166, 167, 168
– poststalinistisch
– Stalinistische Politik 125
– Stalinistisches Regime 122
Stereotyp 156
Studynskyj, Kyrylo 62
Stupka, Bohdan 157, 159
Stupka, Ostap 156, 159–161, 163
Suworow 55

Tag des Sieges 4, 10, 17, 85, 86, 92, 95. 96
Tariq Amar 118–127
Teliha, Olena 34, 70

Todesmarsch 110
Totalität V, 5, 9, 12, 33, 82, 93, 115
Totalitarismus 82
Transkarpatien 29, 88
Tronko, Petro 56
Tschechoslowakei 29, 88, 158
Tschernjachowskij 90, 91
Türkei 71

Überläufer 130, 145–147, 149–152
ukrainische Kultur 51, 79, 117, 125, 153
Ukrainische SSR 6, 20, 37, 44, 54, 60, 61, 70, 78,
    108, 118, 119, 125
Ukrainische Volksrepublik 46
– Westukrainische Volksrepublik
ukrainisches Volk 21, 25, 75, 78
ukrainisische Nation 51
Ukrainisierung 51, 60, 74, 75, 79, 109, 125
– Ukrainisierungspolitik 55, 67
unbekannter Soldat 83
Untergrund 132
– Untergrundgruppe 43, 45
– Untergrundkäpfer 35
– Untergrundmitglied 132
– Untergrundorganisation 126
UPA 7, 26–28, 30, 35, 42, 46, 49, 63,
    158, 167
– UPA-Kämpfer 160, 166
– UPA-Mitglieder 82
– UPA-Partisanen 45

VBU-Prozess 74
Vertrag von Perejaslawl 78
Völker der UdSSR 17, 75, 131
Völkerfreundschaft 54, 60, 66, 74, 76, 79, 80

Watutin 83, 89–91
Wehrmacht 116, 149, 151, 152
Weiner, Amir 70–73, 107–111, 114, 115, 117, 119
Weißrussen 118
Weißrussland 20
Werchowna Rada 47, 160
Wereschtschak, Sofija 132
Werschyhora, Petro 47, 48
Westen V, 9, 15, 17, 18, 27, 29, 33, 34, 37, 38, 45,
    48, 58, 68, 70–73, 75, 91–93, 95, 101, 113,
    120, 123, 137, 148, 153

Westukraine 20, 21, 63, 69, 72, 75, 110, 116, 132, 158, 159
Widerstand V, 6, 27, 28, 48, 63, 102, 104, 105, 125, 126, 128, 138, 155
– Massenwiderstand 42
– Volkswiderstand 45
– Widerstandsbewegung 49
– Widerstandsfähigkeit 119
Wiedervereinigung 4, 6, 17, 18, 23, 29, 74, 75, 77, 78, 88
Wolhynien 7, 35, 36

Woloschyn, Augustin 29
wurzelloser Kosmopolitismus 59, 65, 67, 73
Wyschnja, Ostap 65

Zaherzinia 88
Zar 76–78, 157
– Zarenmedaille 10
Zentralkomitee der KP(B)U 27, 62, 65, 66, 77, 84, 92, 124
Zentralna Rada 33
Zentralukraine 51

www.ingramcontent.com/pod-product-compliance
Lightning Source LLC
Chambersburg PA
CBHW070408100426
42812CB00005B/1671